欠发达地区发展探索的文化与旅游之路

——基于甘肃省的发展实践

魏鹏 著

知识产权出版社
全国百佳图书出版单位
—北京—

图书在版编目（CIP）数据

欠发达地区发展探索的文化与旅游之路：基于甘肃省的发展实践/魏鹏著. —北京：知识产权出版社，2022.7

ISBN 978-7-5130-7362-2

Ⅰ.①欠…　Ⅱ.①魏…　Ⅲ.①不发达地区—旅游业发展—研究—甘肃
Ⅳ.①F592.742

中国版本图书馆CIP数据核字（2020）第260958号

责任编辑：刘　翯　　　**责任校对：**谷　洋
封面设计：红石榴文化·王英磊　　　**责任印制：**孙婷婷

欠发达地区发展探索的文化与旅游之路

——基于甘肃省的发展实践

魏　鹏　著

出版发行：	知识产权出版社有限责任公司	网　　址：	http：//www.ipph.cn
社　　址：	北京市海淀区气象路50号院	邮　　编：	100081
责编电话：	010-82000860转8119	责编邮箱：	liuhe@cnipr.com
发行电话：	010-82000860转8101/8102	发行传真：	010-82000893/82005070/82000270
印　　刷：	北京建宏印刷有限公司	经　　销：	新华书店、各大网上书店及相关专业书店
开　　本：	720mm×1000mm　1/16	印　　张：	12.5
版　　次：	2022年7月第1版	印　　次：	2022年7月第1次印刷
字　　数：	210千字	定　　价：	89.00元

ISBN 978-7-5130-7362-2

前　言

我国幅员辽阔，区域经济发展不平衡，广大中西部地区仍处于欠发达水平，在理论上寻求答案、在实践中寻求经验，选择正确的道路推动经济社会发展，实现同步奔小康的伟大目标，是欠发达地区亟待解答的历史问题。

甘肃是我国西北地区重要的生态屏障和战略通道，改革开放特别是实施西部大开发战略以来，经济社会发展取得很大成就，正处在加快发展的重要阶段。由于自然、地理、历史等原因，甘肃经济社会发展还面临许多困难和问题，与全国的差距仍在拉大①，是非常典型的欠发达地区。但甘肃拥有非常丰富的历史文化资源，是华夏文明的重要发祥地、古代东西方文化的融汇地和多民族聚集区，文化资源富集、文化类型多样、文化特色鲜明。甘肃现有世界文化遗产 7 处，古文化遗址 7000 多处，各类石窟寺 337 座，各类不可移动文物点近 17000 处，全国重点文物保护单位 131 处，国家级历史文化名城 4 座，重大革命文物遗址 300 多处。

为了实现发展，甘肃历届省委、省政府带领甘肃人民，不断探索发展道路。

2010 年 5 月，《国务院办公厅关于进一步支持甘肃经济社会发展的若干意见》明确提出要把甘肃建设成为文化大省，积极发展文化产业、旅游业，构建具有甘肃特色的现代产业体系，为甘肃文化建设指明了方向。

2011 年 11 月，甘肃省委制定了《关于进一步加快文化大省建设的意见》，就贯彻党的十七届六中全会精神，建设文化大省进行了全面安排部署。

---

① 国务院办公厅关于进一步支持甘肃经济社会发展的若干意见（国办发〔2010〕29 号）[Z]. 2010 - 5 - 2.

2012 年，甘肃立足甘肃文化资源优势，全面贯彻中央关于文化建设的部署要求，全面落实习近平总书记关于文化建设的重要讲话精神，把文化建设作为“四个全面”战略布局重要组成部分，作为承担国家责任的重要使命，作为推动全省经济社会发展全局、实施“3341”项目工程的重要战略支撑，创造性地提出建设华夏文明传承创新区的战略构想，以创新区建设为平台和统领，全面加快甘肃文化大省建设步伐，把华夏文明传承创新区作为全面建成小康社会的三大战略平台之一。

2013 年 1 月 21 日，华夏文明传承创新区获国务院办公厅批复同意，成为国家级文化发展战略平台。华夏文明传承创新区就是要按照国家关于甘肃发展的战略定位和建设文化大省的总要求，打破现有行政界限，统筹全省文化资源和各类生产要素，以文化建设为主题，以经济结构战略性调整和经济发展方式根本性转变为主线，确定了“围绕‘一带’，建设‘三区’，打造‘十三板块’”（简称“1313 工程”）的工作布局。

2019 年 8 月 19 日至 8 月 22 日，习近平总书记沿河西走廊考察调研甘肃。1000 多公里行程中，访敦煌、登长城、瞻仰烈士公墓、考察文化工作，总书记一路前行、一路嘱托，中华文明始终是鲜明的主题词，文化自信始终是响亮的最强音。习近平总书记指出：“甘肃自然风光优美，要利用独特的文化遗产和自然遗产优势，统筹旅游资源保护利用和开发，完善旅游设施和旅游服务，放大文化旅游业综合效应。”在敦煌，习近平总书记强调，要铸就中华文化新辉煌，就要以更加博大的胸怀，更加广泛地开展同各国的文化交流，更加积极主动地学习借鉴世界一切优秀文明成果。要加强对优秀传统文化传承弘扬的支持和扶持，保护好我们的国粹。要深入挖掘敦煌文化和历史遗存蕴含的哲学思想、人文精神、价值理念、道德规范等，更要揭示蕴含其中的中华民族的文化精神、文化胸怀，不断坚定文化自信。要推动敦煌文化研究服务共建“一带一路”，加强同沿线国家的文化交流，增进民心相通，共同构建亚洲命运共同体、人类命运共同体，共同创造更多、更优秀的人类文明成果。在嘉峪关关城，他指出，长城“是中华民族精神的重要标志”，他强调，当今世界，人们提起中国，就会想起万里长城；提起中华文明，也会想起万里长城。长城、长江、黄河等都是中华民族的重要象征，是中华民族精神的重要标志。我们一定要重视历史文化保护传承，保护好中华民族精神生生不息的根脉。习近平总书记对甘肃文化建设赋予重大使命、给出全新定位，为甘肃的文化保护与传承发展指明了方向。

甘肃建设文化和旅游大省，打造华夏文明传承创新区，行动在路上，取得了斐然的成绩，但也存在诸多的不足，面临一些新的机遇、问题和挑战。及时总结发展的理论与实践经验，对于探讨欠发达地区的发展理论具有突出的案例价值，对于确定下一步的行动方向与方案具有重要的现实意义，对于经济欠发达但文化资源富集地区具有重要的示范作用。

目　录

第 1 章　文化和旅游产业发展概论

1.1　文化与文化产业

1. 文化的概念与内涵

(1) 文化的概念

中国历史悠久、文化底蕴深厚，自古以来就是礼仪之邦，“文化”概念的形成源远流长。在汉语中，“文”和“化”并列使用始见于《周易·贲卦·彖传》：“观乎天文，以察时变；观乎人文，以化成天下。”孔颖达在《周易正义》中说：“观乎人文以化成天下者，言圣人观察人文，则诗书礼乐之谓，当此法教而化成天下也。”《说苑·指武》提到“凡武之兴，为不服也；文化不改，然后加诛”，《三月三日曲水诗序》提及“设神理以景俗，敷文化以柔远”，《补亡诗·由仪》有“文化内辑，武功外悠”等类似的表达。“人文”即以人伦仪则、道德秩序去规范和教化人民脱离野蛮，可见“文化”的基本含义就是“以文教化”，指以与武力征服相对待之使之开化和文明化的活动。从精神教化层面谈文化的思路乃是中国古人沿袭的基本趋向。不过，今天使用的“文化”一词则属于外来语汇，和英语的“Culture”以及德语的“Kulter”意义相近，它们都来自拉丁语的“Cultura”，本义包括种植、耕种、练习、动植物培养以及神明崇拜、精神修养等意思。与中国传统的“文化”一开始就较偏重精神教化不同，西方的“Culture”更多地展现了由物质生产活动逐渐引入精神生产活动的特点。无论是中国还是西方，对“文化”一词进行的阐述都体现出，文化总是与人有关，与人的生存行为和生存境界有关。

有关“文化”的定义，联合国教科文组织“世界文化项目”主持人、加拿大学者谢弗在《文化概念》中研究了英语世界以往公开发表的讨论“文化”概念的专著以后，梳理出按历史顺序排列的9种有代表性的定义，并根据他自己整理出来的九种文化概念的发展规律和趋势，提出了第十种文化概念，即宇宙学的文化概念。

一是哲学的文化概念。古罗马哲学家西塞罗认为，“文化是心灵的哲学（或修养)”。

二是艺术的文化概念。中世纪和文艺复兴时代的艺术家和艺术家团体提出“文化是所有艺术的总称”。

三是教育学的文化概念。19世纪的教育理论家和教师们提倡“文化是习得的行为”。

四是心理学的文化概念。19世纪英国的学者Arnold在1869年发表的《文化和无政府状态》一书中认为：“文化是或应当是学习和追求完美；而文化所追求的完美的主要特点是美的智慧，换句话说就是温文尔雅和和蔼可亲。”

五是历史学的文化概念。19世纪法国和德国的一些历史学家和博物馆馆长认为“文化是过去时代的遗产”。

六是人类学的文化概念。经典性的表述是由Tylor在1871年的《原始文化》里所提到的，“从宽泛的人类学意义上讲，文化或文明是一个复杂的整体，它包括知识、信念、艺术、道德、风俗，以及作为社会成员的人所掌握的任何其他能力的习惯”。

七是社会学的文化概念。20世纪初社会学家们将“文化”表述为“一个社会的所有成员共同享有的价值观念、传统和信仰”。

八是生态学的文化概念。当代的环境运动将环境引入对文化的理解中，提出“文化是人类同自然环境相互作用的手段。”

九是生物学的文化概念。其典型定义是：“文化是不同物体的组织结构和行为规范。”

十是宇宙学的文化概念。谢弗教授提出：“文化一般是指物种，特殊地是指人类观察和感知世界，把自己组织起来，处理自身事务，提高和丰富生活，以及把自己安置在世界上的那种方式。”①

---

① 闵家胤. 西方文化概念面面观［J］. 国外社会科学，1995（02）：64－69.

联合国教科文组织在《世界文化发展十年实用指南：1988—1997》基本文件中，依此采用了一个更具有包容性、更加宽泛的文化概念："在不否认表现在艺术和智力活动中的创造性的重要性的同时，他们认为拓宽对文化的认识是重要的，要把行为模式，个人对他或她自身的看法、对社会的看法、对外部世界的看法都包括进来。从这一视角出发，一个社会的文化生活可以看成是它通过它的生活和存在方式，通过它的感觉和自我感觉，它的行为模式、价值观念和信仰的自我表现。"①西方学者对文化的概念众说纷纭，中国学者对文化的定义也有不同的理解。但总体来说，文化可以相对分解为精神文化、制度文化、物质文化，这已经是一种共识，在精神文化层面，最重要的是两个方面，即价值观念和思维方式。在文化的所有形态中，起决定作用的是"精神"。

美国的人类学家克罗伯和克拉克洪在 1952 年出版的《文化，关于概念和定义的检讨》中，罗列出的 1871—1951 年这 80 年关于文化的定义至少有 164 种。这些定义可按类别分为六组：记述的定义，历史的定义，规范性的定义，心理的定义，结构的定义，发生的定义。到了 20 世纪 80 年代，仅正式的文化定义就有 360 多种。而到现在文化的定义就更加不计其数了，这些定义大致可以分为以下五类②。

一是描述性定义：该类定义一般以对文化内容或成果的详加罗列和具体描述为特征，也是最为常见的中外学者所采用的定义方法之一。被誉为"人类学之父"的英国学者泰勒的文化定义是其代表："文化或文明，就其广泛的民族学意义来说，是包括全部的知识、信仰、艺术、道德、法律、风俗以及作为社会成员的人所掌握和接受的任何其他的才能和习惯的复合体。"我国学者梁漱溟也依此路对文化进行定义：文化，就是人们生活所依靠之一切……文化的本义，应在于经济、政治，乃至一切无所不包，文化也可以说是人类生活的样法。"所谓一家文化不过是一个民族生活的种种方面。总括起来，不外三个方面：首先，精神生活方面，如宗教、哲学、艺术等。宗教、文艺是偏重于感情的，哲学科学是偏重于理智的；其次，社会生活方面，我们对于周围的人——家族、朋友、社会、国家、世界——之间的生活方法都属于社会生活；最后，物质生活方面，如饮食、

---

① 联合国教科文组织．世界文化发展十年实用指南［M］．北京：北京大学出版社，1989.

② Kroeber. A. L，Kluchhohn C. Culture，A Critical Review Of Concept. And Definitions［M］. New York：Vintage Books，1952.

起居种种享用。”许多学者对文化的定义有广义和狭义之分，其在广义上使用的文化一般是取描述性的意义，如任继愈就把广义的文化理解为包括文艺创作、哲学著作、宗教信仰、风俗习惯、饮食器服之用等的总摄的描述。这种现象描述性定义的特点是，将文化内容进行罗列，因此非常具体。

二是社会性定义：该类定义从文化对社会发展水平和阶段之反映的维度去说明文化自身，突出文化作为社会动态演变状态所规定的标志意义。如 1973 年出版的第三版《苏联大百科全书》这样定义文化：“文化，是社会和人在历史上一定的发展水平……文化这个概念用来表明一定的历史时代、社会经济形态、具体社会、氏族和民族的物质和精神的发展水平（例如古代文化、社会主义文化、玛雅文化），以及专门的活动或生活领域（劳动文化、艺术文化、生活文化）。”我国学者杨邦宪认为：“文化是一种社会历史范畴，是指人类创造社会历史的发展水平、程度和质量的状态。”这种定义的最大特点是用人类现有文明比照历史上的存在形态，说明不同时期拥有不同的文化。

三是主体性定义：该类定义尤其注重发明和强调“人”这一主体对文化的特殊意义和本质地位。弗洛伊德、卡西尔、列维－斯特劳斯的文化概念都可以划入这一类。在弗洛伊德看来：“所谓文化，就是有条不紊地牺牲力比多，并把它强行转移到对社会有用的活动和表现上去。”卡西尔认为人不是什么理性和社会性的存在，人的本质乃在于他的“符号活动”，人类包括神话形象、日常言语、科学符号的整个符号体系是人所有的先验而自在的能力，其外化和实现即展现为文化的结晶，他认为这恰好也是人自身的创造过程，文化的本质是与人的符号本性的同一。美国文化人类学家克罗伯和克拉克洪继续卡西尔的符号—文化学派的线索，强调“文化”概念的人的内在根据，认为“文化是由外显和内因的行为模式构成；这种行为模式通过象征符号而获得和传递”。列维－斯特劳斯的结构人类学不仅视文化为一系统，其模式与社会关系及结构相对应，而且穷溯其源，更视文化与社会的结构植根于人类的心灵，所谓文化不过是人类内在结构的缩影而已。

四是功能性定义：该类定义试图从文化对人的意义、功用和价值的角度去界说，强调文化是属于人的独具特色的行为工具和生活方式。如英国功能派的马林诺夫斯基说，文化是“一个满足人的要求的过程，为应付该环境中面临的具体、特殊的课题，而把自己置于一个更好的位置上的工具性装置”。功能—结构学派创立者拉德克利夫·布朗认为：一种文化的不同方面的中心功能就是要维护这种文化的社会结构。孙中山的文化定义也应当被看作功能派定义，他认为：“简单地说，文化是人类为了适应生存的要求，和生活需要所产生的一切生活方式的综合和它的表现。”

五是历史性定义：把文化放在历史发展的层面，从文化的累积和传承的过程中去理解文化是该类定义的特点。美国社会学家福尔森认为：“文化是一切人工产物的总和，包括一切有人类发明并有人类传递后代的器物的全部，以及生活的习惯。”日本文化学家祖江孝男则指出：“文化就是由后天被造就的，成为群体成员之间共同具有且被保持下来的行为方式（也可以叫模式）。”美国人类学家摩尔根的古典进化论以及怀特的新进化论，也都重视对文化的历史阶段性的进化发展的考察与分析，怀特把作为“象征”（人类行为和文明的基因）的总和的文化视作“是肉体之外的基于象征系统的事物和行为在时间上的连续统一体”。

上述对文化的定义，各有特色，都从各自的角度对文化的实质性含义作了阐述，都有其合理性和存在的价值。毫无疑问，文化是一种历史现象，它与人的生存和发展有着全面的联系。自人类学家发现并认真研讨文化后，“人是文化的存在”这一观念便风靡全球了。它告诉人们，人创造了文化，文化也塑造了人；没有与人无关的文化，也没有与文化无关的人；人与文化同在，在人的不同的发展的历史阶段里，都对应地有其所需要的文化存在，在人的不同的生存的空间领域里，也相应地有其所需要的文化存在。没有一成不变的文化，即使在一定的历史时期形成的优秀文化传统，也要接受“在我们这个时代”人们的重新审视或改写；没有完成了的完美文化，只有走向完美的文化，为了让文化不断地趋向完美，人的创造性活动在历史上已经发挥了重大的作用，同时也付出了沉重的代价。文化永远是一种与人的生存和发展有着全面联系的动态的社会历史现象。从文化的构成上来看，它确实包含着两大方面的因素：人的创造物（物质的和精神的）与人的创造活动（创造能力、行为方式和过程）。作为人的创造物，无论其是物质产品还是精神产品，文化是确证人的本质力量的对象化存在，是人进行再次创造的关键。作为对象化的创造物，它凝聚着人的诸多智慧，因此，总体的创造物实质上就是一个具有综合性的、庞大的、丰富的智慧信息库。这个信息库所储存的东西，是人继续前进和发展所不可或缺的。

《中国大百科全书·哲学卷》从构成因素着眼，对文化进行界定："文化即人类在社会实践过程中所获得的能力和创造的成果。"文化有广义和狭义之分，"广义的文化包括人类物质生产和精神生产的能力、物质和精神的全部产品。狭义的文化则指精神生产能力和精神产品，包括一切意识形态，有时专指教育、科学、文学、艺术、卫生、体育等方面的知识和设施，以及世界观、政治思想、道德等与意识形态相区别的方面。"

由此可见，文化是指人类创造出来并可以通过学习获得和为后人传递下去的一切物质和非物质产品。

（2）文化的内涵

文化所包含的基本要素有：第一，物质要素。即文化的物质部分，包括人类创造的一切物质产品，其中以生产工具最为重要，在各种物质要素中它是起决定作用的要素。第二，精神要素。即精神文化，包括哲学、科学、宗教、艺术以及各种思想观念，其中以价值观念最为重要，它是人们判断是非、选择行为方向和目标的标准，是文化的精髓或灵魂，是核心要素。第三，语言和象征符号要素。即文化的工具体系，是人的交往所必需的基础工具，一切知识的继承和传递只有借助语言和符号才能实现。语言不同，所体现的文化也往往不同。符号包括身体的姿势、表情、动作、声音、图形、标志等，是一种无声的语言，不同的符号也是不同文化特色的体现。第四，规范体系。即文化的外部表现，是人们在社会互动过程中根据需要制定或衍生出来的各种社会规范，各种规范互相配合，共同调节人们的各种社会行为，以维护社会秩序。

准确把握文化概念的内涵，还需要进一步将文化与文明区别开来。这两个概念常常容易被混同使用，而实际上却存在很大的差别。文明是指人类社会发展所取得的最先进成就，包括物质技术和精神方面的先进成就，即物质文明和精神文明。两者比较来看，文化是一个总概念，指人类创造的一切物质和非物质成就，而文明则是一个分概念，指人类所取得的最先进成就，是文化发展中的进步方面。

一般来说可将文化分为三个层次。

第一层次，物质文化。物质文化是意识文化的重要载体。建筑、园林、服饰、饮食、器物等物质形态都融进了精神要素的内容，具有文化的内涵。

第二层次，制度文化。制度文化包括反映社会形态和社会性质的制度，如奴隶社会、封建社会、资本主义、社会主义社会制度等；也包括各种具体制度，如政体制度、家庭制度等；还包括形形色色的规章制度，如生产管理制度、奖罚条例、单位人事制度、考勤制度等。

第三层次，意识文化，又称精神文化、观念文化。意识文化包括心理、心态、信念、观念、思想等纯意识领域，也包括哲学、伦理、道德、宗教、美学、音乐、诗歌、文学、绘画等理论化和对象化的意识领域。

英国著名哲学家罗素说过："人类自古以来有三个敌人，其一是自然，其二是他人，其三是自我。"这也正好说明了人类文化的三个分类。人生天地间，首先面对的是大自然，依靠自然生存的人类不能只局限在自然之中，还要突破自然的局限，创造生产工具和衣食住行所需的物品，这是物质文化；人类在生存过程中，必须与他人协作和合作，而为协调这种人与人之间的关系，就创造出了制度文化，包括人类为了与他人和谐共处以维持群体生活所创造的社会组织、社会规范和典章法律等；而在人类生活中，又有无数情感、心理和认知的疑惑和困难需要安抚和解决，这样又有了音乐、文学以及价值观、世界观和宗教信仰，这就是精神文化。这三类文化在其功能的联系中构成一个文化体系，并表现为不同的文化结构，即表层结构、中层结构和深层结构。文化的三个层次是相互渗透的整体。精神文化是文化的核心。对于文化概念的狭义理解，只包括精神文化，哲学则是精神意识文化的聚集点。由此，作为人的创造性活动，文化就具有如下的特征性功能。

首先，由于人的创造活动是同最初的劳动实践结合起来的，并在以后的历史演变过程中从诸多方面得到发展和提升，因此，文化能够对人掌握世界的方式，以及人所具有的各种尺度不断地进行新的整合。

其次，由于人的创造活动必然构成一个"人的世界"，而且随着人的创造活动本身的不断发展和提高，这个人的世界也将随之而文明、完善起来，因此文化是人的世界走向文明和完善的基本动力。文明和文化是有着不解之缘的，没有文化，文明就无从谈起，同样，没有文明，文化也就难以存在。文明是对文化所达到的水平的标志，这种标志不是抽象的，它常常以人的创造物的具象形式作为表征。这样，文明与文化两个概念的"所指"就有了交叉，二者相辅相成，相互包容，互为前提。不过，从根本上讲，由于文化的主体构成是人的创造活动，这就决定了它处于"人的世界”文明发展的动力地位。

最后，由于人的创造活动总是不断地增强和扩展着人的本质力量，这就预示着人将在自己更完美的创造活动中，把人的尺度和任何物种的尺度，结合得越来越理想，运用得越来越精当，使人“按照美的规律建造物体”和自我境界的不断提升，因此文化的终极功能，是使人自身得到解放和全面发展，把人的本质给予人。这里所说的文化的终极关怀，其实也就是人实现自己终极关怀的对象化活动。如果说不断增长的物质需求是人的创造活动的基础动力的话，那么不断增长的精神需求就是人的创造活动的主导动力，我们在强调文化的功能性特征时，应该看到文化对人的价值主要不在物质方面，而在精神方面，看其究竟为人类提供了一个怎样的意义世界。

由此看来，文化既有积累性、继承性，也有重构性、革新性。因为有了前者，文化必然是一种传统，又因为有了后者，文化总是要提出新的创造任务。

2. 文化产业的概念和内涵

在国际上，文化产业的概念至今还未得到十分严格和统一的界定，各国官方和学者也都认同这一概念具有多重含义，并在不同的历史、文化背景下和不同的意义上理解、使用着这一概念。因此，文化产业有时也被称作或引申为“文化工业”（Cultural Industries）、“创意产业”（Creative Industries）、“内容产业”（Content Industries）、“版权产业”（Copyright Industries）等。这些或宽泛或狭义的称谓充分反映了文化产业概念本身的丰富性和不确定性，所以，从发展的意义上理解文化产业的概念和范畴可能更为准确。在历史上，“文化产业”概念的提出起源于对“大众文化”的争议。阿多诺和霍克海默在《启蒙的辩证法》中首次提出“文化产业”的概念，并从艺术和哲学价值评判的双重角度对文化产业进行了否定性的批判。由于他们是在单数的意义上使用“产业”（Industry）一词，因此中文也常译为“文化工业”，以区别于复数的“产业”（Industries）。阿多诺和霍克海默认为，文化产品在工厂中凭借现代科学技术手段，以标准化、规格化的方式被大量生产出来，并通过电影、电视、广播、报纸、期刊等大众传播媒介传递给消费者，最终使文化不再扮演激发否定意识的角色，反而成为统治者营造满足现状的社会的控制工具。之后对于“文化产业”的概念、功能及其社会地位，理论界进行了旷日持久的讨论和争辩。在讨论中逐渐形成“学院派”和“应用派”两大派别。学院派通常是从“理论—意识形态”的角度来界定文化产业的，应用派则关注文化产业的生产与流通、经营与管理、传播与消费等实践问题。有人主张建立宽广的文化产业概念体系，把文化产业纳入整个社会生产和消费的循环链条中来总结和概括，也有人提出文化产业其实就是“创意产业”和“内容产业”。不仅如此，由于国家战略、地域特征和文化政策等方面的差异，不同的国家和地区对文化产业也有不同的提法，如美国主要以“版权产业”作为文化产业的总体理念，英国、澳大利亚等国主要采用的是“创意产业”的概念，日本和韩国等国更侧重的则是“内容产业”。

目前国内使用频度较高而且较易产生混淆的称谓是创意产业和文化产业，两大概念之间存在一定的交叉性，均强调创新精神、创造才能、技术和产品的更新对产业发展的决定性影响。“创意产业是在知识产权保护的基础上以个人创造性劳动为起源，以文化为核心结合先进技术并成为生产力创造财富的各类行业。”可见创意产业主要指创意要素起核心或主导作用的产业，文化产业主要指文化内容要素起核心或主导作用的产业。创意同时是文化产业的核心要素，文化内容往往是创意的结晶，以创意为特征的文化原创是文化产业发展的核心动力。因而，创意产业与文化产业存在大范围相交。但是，在现阶段产业发展层面，与创意产业概念所对应的具体产业门类有所虚化，概念走向泛化，创意逐渐被认可为知识经济时代产业发展的基本要素，概念的引领作用成为主要方面，侧重培植和激励全社会创造意识方面。相比较而言，由于全球化背景中世界各国更为注重文化的保护和合理利用，文化产业的内涵和外延相对趋于明确。

联合国教科文组织曾对“文化产业”给出过十分简洁的定义：文化产业就是按照工业标准，生产、再生产、储存以及分配文化产品和服务的一系列活动。

文化产业在我国是一个新兴的产业和新兴的学科，因而对它的分类有多种方式。

第一种为纵向层面分类模式。如花建的《产业界面上的文化之舞》一书中根据文化产业的价值链而将其划分为生产、销售、服务三大类：文化制造业，包括报社、出版社、杂志社、影视制作公司、音像制品公司、印刷厂、游乐设备厂、乐器厂、玩具厂、游戏软件公司、体育器材厂、旅游用品厂、文化用品厂、工艺品厂、剧团、电影厂和书画苑等。文化销售业，包括书画商店、书报摊、音像制品店、花鸟市场、花店、旅游用品商店、文化用品商店和古玩工艺品商店等。文化服务业，包括图书馆、博物馆、电视台、广播电台、演出公司、影剧院、娱乐场所、网吧、旅行社、旅游服务公司、游乐园、动植物园、观光点、纪念地、经营性文化培训学校、文化经纪人公司和艺术设计公司等。

第二种为横向层面分类模式。2002 年出版的《中国文化产业蓝皮书》中，主要从横向层面上将文化产业分成三类：主体或核心行业，包括文化娱乐业、新闻出版业、广播影视业、音像业、网络及计算机服务业、旅游业、教育行业等。前沿文化产业，包括文学、戏剧、音乐、美术、摄影、舞蹈、电影电视创作、工业与建筑设计，以及艺术博物馆、图书馆等。拓展的文化产业，主要指广告业和咨询业等。

第三种为从宏观到微观的分类模式。这是基于我国文化产业现状和便于统计的要求，将文化产业划分为宏观、中观和微观三个层面。其中，宏观层面的文化产业包括：科学研究、教育、文艺、体育、旅游、博览、装潢设计、广告、影视、图书出版、咨询、新闻媒体以及部分与文化有关的网络经济等产品制造、零售和服务行业。中观层面的文化产业包括：音像、图书、期刊、报纸媒体、影视、体育、文物、文艺、设计、文化经纪和代理等文化的生产、零售和服务行业。微观层面的文化产业包括由我国传统的宣传文化系统所管辖的广播电视、电影、文化艺术、图书出版、期刊和报纸等行业。

第四种为行业性分类模式。这是依据我国文化产业发展现状，把文化产业划分为 13 类。A. 新闻出版业，包括印刷业、图书报刊零售业、出版业、出版及记录媒介复制、报纸杂志。B. 广播电视电影业，包括广播电台、电视台、电影制片厂、电影院。C. 娱乐业，包括歌厅、舞厅、卡拉 OK 厅、录像厅、电子游戏城、保龄球馆、旱冰场、综合娱乐场所、工艺美术品拍卖、画廊。D. 艺术业，包括演出表演团体、表演场所。E. 群众文化业，包括群众艺术馆、文化馆、文化站、村镇文化中心、文化俱乐部（室）等。F. 图书馆业，包括图书馆、档案馆。G. 文物业，包括文物保护机构、文物拍卖机构、文物商店、文物科研单位等。H. 博物馆业，包括博物馆及其管理机构。I. 文化旅游业，包括旅游纪念品生产单位、旅游景点经营单位、旅游管理机构等。J. 博彩业，包括体育彩票、福利彩票、彩票管理机构、彩票销售点等。K. 竞技体育业，包括竞技体育团体、体育俱乐部、竞技体育场所、竞技体育管理机构等。L. 广告业，包括广告公司、广告制作室、广告设计室等。M. 其他，包括网络信息、文化经济与代理、文化科技与科研、文化交流、装饰装潢等。

有鉴于此，2003 年由中共中央宣传部牵头，成立了由国家统计局、原文化部、国家广播电视总局、新闻出版总署、国家文物局等单位参与的“文化产业统计研究课题组”，对文化产业的分类和统计做专题研究。2004 年国家统计局正式颁布了《文化及相关产业分类》，首次从统计上对文化及相关产业做了科学、权威的规范和界定。分类将“文化产业”的概念界定为：为社会公众提供文化、娱乐产品和服务的活动，以及与这些活动有关联的活动的集合。文化及相关产业的活动主要包括：①文化产品制作和销售活动；②文化传播服务；③文化休闲娱乐服务；④文化用品生产和销售活动；⑤文化设备生产和销售活动；⑥相关文化产品制作和销售活动。根据这一界定，文化及相关产业的范围包括：提供文化产品（如图书、音像制品等)、文化传播服务（如广播电视、文艺表演、博物馆等）和文化休闲娱乐（如游览景区服务、室内娱乐活动、休闲健身娱乐活动等）的活动，它构成文化产业的主体；同时，还包括与文化产品、文化传播服务、文化休闲娱乐活动有直接关联的用品、设备的生产和销售活动以及相关文化产品（如工艺品等）的生产和销售活动，它构成文化产业的补充。文化产业分类还可组合出文化产业核心层、文化产业外围层和相关文化产业层。其中，文化产业核心层包括：①新闻服务，②出版发行和版权服务，③广播、电视、电影服务，④文化艺术服务；文化产业外围层包括：⑤网络文化服务，⑥文化休闲娱乐服务，⑦其他文化服务；相关文化产业层包括：⑧文化用品、设备及相关文化产品的生产，⑨文化用品、设备及相关文化产品的销售。

从文化产业概念的内涵上看，文化产业首先是产业，属于经济学的范畴，既是经济发展的一部分，又有推动经济发展的作用。其次，文化产业又具有文化的属性。文化产业的本质特征在于它是从事物质和精神文化产品的生产、流通和以文化为内涵的各种服务活动或部门的集合。它为社会提供精神产品和服务的同时，也为国民经济发展创造物质财富；其目的在于不断满足人民群众日益增长的精神文化需求的同时，全面提升人的生活质量，促进全社会文明程度的整体提高。从文化产业的外延来看，它涵盖了生产、营销、消费的各个环节，它属于第三产业，但它的触须已伸展到第二产业。它包括出版业、影视业、网络信息业、娱乐业、演出业、旅游业、展示业、艺术品业、音像业和博物馆业等。还包括一些与文化艺术相关的产业部门，如广告业、装饰业和时装业等。

可以将文化产业的内涵概括如下。

文化产业是一个产业。文化是文化产业的基础和内容，产品与服务是文化的载体。与精英文化创作和传播方式不同，文化产业将工业化的方式和手段运用于对大众文化的传播。文化产业既然是一种“产业”，对它的理解就必然离不开产业经济学。在现代产业经济学中，产业是指介于微观经济细胞（企业和家庭）与宏观经济单位（国民经济）之间，生产和经营同类产品的企业群。就行业范围而言，文化产业大致包括文化艺术业（主要包括演出业、信息服务业、文化娱乐业、文艺培训业、艺术品经营业）、出版发行业和广播影视音像业。文化的产业化是由生产力水平和社会消费需要所决定的，是社会化大生产和市场开放化的必然要求。在文化日益走向世界一体化和产业化过程中，文化产业已成为世界范围内的有广阔利润空间的产业。

3. 文化产业与文化事业

（1）文化产业的经济性

“知识经济时代，经济与文化呈现出彼此依存、相互促进、共同发展的态势。”从微观角度来看，文化因素对人们的经济行为有着重要的影响；从宏观角度来看，文化因素还对经济发展起着关键性的作用。当今时代，文化与经济相互交融，文化发展影响着经济发展，文化素质决定着经济素质，从而经济学家及经济理论界特别关注文化因素的作用。从“传统文化经济学”到“现代文化经济学”，文化因素通过不同渠道影响人类的经济行为或经济发展。文化是一个复杂的总体，文化在不同的社会领域、不同的社会集团以及不同的社会成员身上都呈现具体的、特殊的形态，文化是非常复杂的，并且人类的所有行为都能够形成各种文化。迄今为止，人类社会经历了农业经济、工业经济和知识经济的文明发展阶段，文化经济的迅猛崛起，标志着人类社会新阶段的来临。在人类文明不同发展阶段，起核心作用的生产力要素是不一样的：农业经济阶段是自然力，工业经济阶段是资本和大机器，文化经济阶段则是人文精神和知识、技术的有机结合。因此，文化经济是与农业经济、工业经济甚至知识经济内涵都不同的新型经济，有着鲜明的时代特征，代表了一个全新的文明发展阶段。随着人们物质生活水平的提高和精神文化需求的增长，人们越来越重视产品的文化属性和文化个性，精神消费在消费结构中的比重也越来越大。可见，只有实现物质生产力的发展和经济的发达，才能实现文化的昌盛，这是经济社会发展的一般规律。

古代社会曾经出现过活跃的文化活动，创造出了灿烂的古典文化。但古代社会缺乏文化活动转化为生产力的社会经济机制，文化享受的对象主要是贵族奴隶主和封建地主阶级，物质与精神文明的成就集中于城市，在整体上仍然是经济、文化均落后的社会。

工业革命以后，资本主义经济快速发展，文化生产日趋活跃，出现了文化活动向经济生产的转型。文化在近现代之所以能迅猛发展，并转变为一种经济生产，原因就在于商品经济机制的引入。商品生产赋予文化产品以经济价值，市场机制的引人为文化生产配置了经济利益推进器。实践表明，在市场经济条件下，即使是人们称为“自由的”文化活动，如果没有经济利益驱动，也只能在少数专业职能人员的狭窄范围内十分缓慢地发展。如同物质生产一样，充分而有效的经济激励是调动智力劳动者的积极性、促进文化繁荣的重要杠杆。文化与经济的结合已成为21 世纪最引人注目的现象之一，各国的实践普遍表明：文化作为一种重要的因素推动了经济的快速发展。由于长期的计划体制束缚，中国的文化产业主要以事业单位的形式出现，因此文化产业在半个世纪以来发展缓慢。20 世纪后期世界各国迅猛发展的文化产业浪潮也为中国文化产业的兴起和发展提供了前所未有的机遇，如何界定文化事业与文化产业，把握其实质性内涵，是实现我国文化事业建设与文化产业发展全面推进的前提。明确以营利性作为界定文化事业与文化产业的标准，这无疑是正确的，要界定文化事业与文化产业，首先必须知道文化与文化产品是什么，因为文化与文化产品的性质决定其提供方式。作为一种产品，文化不失其一般性——商品性；作为一种特殊的精神产品，文化又具有其特殊性——意识形态性。文化产业不同于一般产业，这是由文化产品与服务的特殊性质决定的。文化产品与服务既具有经济的属性，也具有精神和意识形态的属性，即文化的精神属性；一方面表现在能满足人们对文化、精神和心理的需求，另一方面，它对人们的思想、意识和观念及行为会产生深远影响。不同阶级、不同历史时期、不同国家，会有不同的文化观念和产品。随着经济全球化的发展，各国文化的交流与激荡，乃至相互碰撞，会反映到社会经济生活中。要利用文化产品的精神属性的积极作用，发展我国的社会主义经济和文化事业，同时不能忽视文化的意识形态性质。

改革开放以来，我国经济建设取得了举世瞩目的巨大成就，人民生活水平不断提高，综合国力日益增强，国际地位迅速上升。这在客观上为文化与经济的互动、融合、一体化，为文化经济形态的形成与发展开辟了道路。经济发展的核心，是追求人—自然—社会—经济—文化的和谐统一，目标是促进和实现人的全面发展。文化经济既强调经济发展的数量和规模，又注重经济发展的质量和效益；既强调经济发展的外延，又注重经济发展的内涵；既强调经济发展的物质层面，又注重经济发展的文化品位。文化经济的基础是高速发展变化的高新技术和雄厚的物质基础，文化经济的动力和源泉是体现经济发展内涵的文化精神。可以说，文化的经济价值、文化的经济意义越来越被重视，中国社会正在步入崭新的文化经济时代。

正如谢名家所说："文化经济是一种科技经济，同时文化经济又是一种可持续发展经济。人们在挖掘已有文化资源，创造新的文化产品时，既能保留已有文化资源，又能增加文化含量，提高文化产品的积累，促进经济的发展。文化经济也是一种协调经济，它强调经济与文化的良性互动，它强调精神文化生活，意味着精神生产产品和消费的增加，使人与自然的和谐由理想变为现实。发展文化经济是新世纪、新时代的产物和标志，是未来社会实现持续进步的希望所在，是全面建设小康社会，实现中华民族伟大复兴的根本途径。"

(2) 文化产业与文化事业的异同

文化首先是一种事业，是一种公益性、非营利性、主要由政府部门提供、面向广大百姓、丰富人们日常生活内容的公共产品；同时，文化又可以形成产业，或者说具有产业属性，在外部环境条件具备时会发展成为一种产业，对于参与其中的市场主体——企业来说，能够在自身投入产出的核算和循环中变化发展。我国计划经济时期，文化与政治意识形态密切相关，基本上被作为一种行政事业来认识和对待。随着市场经济的不断发展，文化的产业特征逐步明显，开始得到政府和社会各界的关注。2004 年我国首次公布《文化及相关产业分类》，将文化产业定义为：为社会提供文化、娱乐产品和服务的活动，以及这些有关活动的集合，并将文化产业界定为核心层、外围层、相关服务层三个层次，以及新闻、出版、广播、电视、网络、文化用品等十几个行业。而所谓文化事业，是人们在文化艺术、新闻出版和广播影视等领域从事的具有一定目标、规模并对社会发展有重要影响的经常性活动。文化事业不仅包括有关这些领域的思想理论、价值准则、精神形态等主观内容，还包括这些内容的载体、传播方式、文化设施和文化组织机构与管理体制等客观因素。文化产业是从事文化产品生产和提供文化服务的经营性行业。文化产业是与文化事业相对应的概念，两者都是文化建设的重要组成部分。文化产业是社会生产力发展的必然产物，是随着我国社会主义市场经济的逐步完善和现代生产方式的不断进步而发展起来的新兴产业。

由此看来，文化事业与文化产业既有共性，又有差异。其共性主要表现在以下几方面。

一是产品的属性相同。文化事业与文化产业的产品都是精神文化产品，是满足大众的精神需求的。产品被产品的提供者赋予特定的意识形态和思想价值取向。

二是产品的社会功能相同。产品都具有愉悦功能，能满足人们不断增长的文化消费的需求，陶冶情操，提高修养，提高人们的生活尤其是精神生活的质量。产品均具有宣教功能，可以引导人们树立正确的价值观念，提高消费者的欣赏水平、审美水平、认识水平和研究水平等综合素质的使用价值，营造良好的社会风尚等，有助于公众自身创造力和工作积极性的激发，也有助于道德素养的提高，进而有利于社会的安定。

三是文化产品的社会功能决定了发展文化事业和文化产业均需坚持社会效益优先的原则。文化产品和服务所具有的社会功能价值，决定了文化产品具有不可估量的社会效益。文化产业的社会教育功能是潜移默化的，经过长时间发展的文化产业所显现的社会价值和社会影响难以估量。因此，必须在坚持把社会效益放在首位的前提下发展文化事业和文化产业。

而二者的差异主要在以下几方面。

首先，文化事业单位与文化产业单位性质不同。文化事业单位从经济活动角度看基本没有收入，不做经济核算，全部经费由国家财政拨款，是政府部门的附属单位，以行政方式管理，不拥有完整意义上的法人财产权。文化产业单位是企业单位，是以独立企业法人资格进行经营活动，从事文化产品生产、流通经营和服务性活动，以盈利为目的进行工商登记和独立经济核算的单位，享有完全意义上的财产权。前者的主体是政府部门，是事业单位；后者的主体是公司企业，是企业单位。

其次，投资渠道不同。任何产品的生产都需要资金，文化产品也不例外。但文化事业与文化产业的投资渠道却各不相同：文化事业的生产资金一般由国家或社会提供，而生产文化商品的资金来源则因社会制度而异。前者主要是国家财政拨款或社会捐赠等，后者是社会筹集、公司企业和个人投资。在我国社会主义市场经济体制下，多种经济成分并存，国家近年来大力提倡社会资本投资进入文化产业。

再次，生产目的不同。文化事业部门是生产公共产品，它的文化生产必须根据国家和政府的需要加以安排，其主要目标不是盈利，而是以寻求最高社会效益为原则；文化产业部门是为市场生产商品，以市场及消费者的需求为转移，企业在寻求社会效益的同时主要考虑经济效益。前者主要着眼于教育感化，注重社会效益；后者则主要以盈利为目的，追求利润和经济效益。

最后，调控方式不同。对事业单位国家可以通过行政命令对其所生产的文化产品、文化服务等进行直接调控。对企业单位则是以间接调控为主。其方式主要有法律法规、税收政策、价格杠杆等。国家通过这些方式，对企业进行规范以及对企业按社会效益原则进行引导。前者是由政府部门行政化运作，采取行政事业管理模式；后者是市场化运作，采取法人化的公司管理模式。

在现实生活中，文化事业与文化产业通常是密切相关的，交叉重叠的地方不少，其具体界限相当模糊，并随着情况的变化两者有时还会互相转换。文化产业与文化事业同属文化业，同样提供文化产品，从经济学的视角来看两者都存在供需关系，都适用于成本—效用—效益的分析框架，主要区别在于文化产业主要提供私人产品，文化事业主要提供公共产品，在本书中以“文化业”的概念统括两个概念。

4. 中国特色社会主义文化发展的要求

“只有社会主义才能救中国，只有中国特色社会主义才能发展中国，这是历史的结论、人民的选择。”① 中国人民在探索国家和民族的前途命运时，选择了社会主义，在破解中国发展难题、摸索适合中国国情的发展模式过程中，走出了一条既具有社会主义性质又具有民族特色的发展道路。在中国特色社会主义理论和实践的发展过程中，始终伴随着“我们需要什么样的文化，怎样推动文化繁荣发展，如何坚定地走中国特色社会主义文化发展道路”等重大问题。改革开放初期，在不断深化对社会主义本质的认识过程中，邓小平提出“我们要建设的社会主义国家，不但要有高度的物质文明，而且要有高度的精神文明”②，把精神文明建设纳入中国特色社会主义事业。党的十五大明确提出了“建设有中国特色社会主义的文化”这一重大命题，初步勾勒出我国文化发展的基本脉络。党的十六大以后，伴随着社会经济的快速发展，文化发展的滞后性凸显出来，文化改革发展提上议事日程。党的十七届六中全会通过了《中共中央关于深化文化体制改革推动社会主义文化大发展大繁荣若干重大问题的决定》，系统整合并有机深化了我国文化发展理论。党的十八大以来，习近平就传统文化、社会主义核心价值观、意识形态建设等方面做出过重要论述，丰富和发展了中国特色社会主义文化发展理论。

（1）坚守社会主义核心价值体系和核心价值观，加强社会主义意识形态建设

文化的内核是价值，文化的发展离不开价值引导。中国特色社会主义文化是社会主义文化，不是其他什么主义文化，必须沿着社会主义的方向前进，为社会主义建设服务。党的十六届六中全会明确指出，以“马克思主义指导思想，中国特色社会主义共同理想，以爱国主义为核心的民族精神和以改革创新为核心的时代精神，社会主义荣辱观”③ 为基本内容的核心价值体系是兴国之魂，决定着中国特色社会主义文化的发展方向。在此基础之上，十八大提出了“培育和践行社会主义核心价值观”的重大命题，更加注重对核心价值的凝练概括，进一步强化实践导向，明确主体要求，不断深化中国特色社会主义文化发展的价值内涵。

---

① 中共中央文献研究室. 十八大以来重要文献选编［M］. 上册. 北京：中央文献出版社，2014：110.

② 邓小平. 邓小平文选（第 2 卷）［M］. 北京：人民出版社，1994：367.

③ 中共中央关于构建社会主义和谐社会若干重大问题的决定［N］. 新华网，2006 - 10 - 18. http：//news. xinhuanet. com/politics/2006 - 10/18/content_5218639. htm.

社会主义核心价值观与社会主义核心价值体系具有内在的一致性，是社会主义制度的价值表达，在整个社会价值生态中居于主导地位。我国是一个人口庞大的多民族国家，最广泛地凝聚思想意志、形成价值共识是社会发展进步的思想前提，也是我国文化建设的重要任务。随着我国经济社会转型，思想领域呈现出更多不确定的复杂因素，新旧观念杂陈，多元价值观并存，社会思潮多变，思想分化严重，加上西方国家文化强势渗透，围绕价值之争的意识形态建设形势严峻。“任何对这个国家核心价值观体系构成的威胁和挑战，都必然地构成了对这个国家的文化安全的威胁与挑战”①。习近平在2013年的全国宣传会议上强调，“意识形态工作是党的一项极端重要的工作”②，要不断提升核心价值体系和核心价值观的社会影响力和社会认同度，弘扬主旋律、传播正能量，不断壮大主流舆论，区分先进与落后、正确与错误、积极与消极，涤荡错误思潮，抵御腐朽文化，有效引领整合社会思想意识，使中国特色社会主义文化沿着正确的方向前进。

（2）立足中国特色社会主义实践，传承和创新优秀传统文化

“中华文化是历史的结晶，但它并不是博物馆里的陈列品，而是活的生命体。”③ 传统文化根植于中华民族几千年的社会实践，是形成民族认同、价值认同的思想基础，并作为一种集体潜意识指导着人们的实际生活。若中华传统文化流离失所，中华民族在世界亦无立足之地。马克思曾指出：“人们自己创造自己的历史，但是他们并不是随心所欲地创造，并不是在他们自己选定的条件下创造，而是在直接碰到的、既定的、从过去继承下来的条件下创造。”④ 同样，文化发展具有历史承继性和约束性，中国特色社会主义文化不是凭空出现的，传统文化是中国特色社会主义文化发展的先在前提和思想根基。

文化发展是一个不断积累沉淀和突破发展的过程，延续文化命脉需要传承，实现文化发展需要创新。习近平在主持十八届中央政治局第十三次集体学习时指出“不忘本来才能开辟未来，善于继承才能更好创新”，对

① 胡惠林，等. 国家文化安全研究导论［M］. 上海：上海人民出版社，2013：91.
② 习近平. 习近平谈治国理政［M］. 北京：外文出版社，2014：153.
③ 韩美群，宋州. 文化建设的中国话语［M］. 武汉：武汉大学出版社，2014：30.
④ 马克思，恩格斯. 马克思恩格斯选集（第1卷）［M］. 北京：人民出版社，1995：585.

待中国传统文化“要坚持古为今用、推陈出新，有鉴别地加以对待，有扬弃地予以继承”①。在中国近现代史中，国人一度视传统文化为封建流毒，倡导全盘否定，誓与传统文化划清界限；也一度掀起“传统文化热”，倡导文化复古，把传统文化作为逃避俗世的安慰剂，各执一端的文化偏见都不利于文化的发展。中国特色社会主义文化发展具有民族性，要理性审视传统文化，明晰传统文化对个人、民族和国家的价值，深入挖掘和阐发中华优秀传统文化价值，反对文化虚无主义。同时，“理论在一个国家实现的程度，总是决定于理论满足这个国家的需要的程度”②，文化发展要面向现代化、面向未来，要立足中国特色社会主义伟大实践，满足中国特色社会主义事业发展需要。文化发展虽有其相对独立性，但依然摆脱不了现实的束缚。传统文化源于小农经济和宗法制度，其中不免存在与现代社会不相契合的地方，要加以批判分析，不能一味全盘接受，要弘扬改革开放以来的新思想、新观念、新风尚，反对文化复古，实现传统文化的创造性转化和创新性发展。

（3）加强文明交流互鉴，努力提高国际话语权，积极参与全球文化治理

习近平指出“人类文明因多样才有交流互鉴的价值”“人类文明因平等才有交流互鉴的前提”“人类文明因包容才有交流互鉴的动力”③，坚持文明多彩、平等、包容是进行文化发展应秉持的基本态度和原则。世界文明的发展是多向度的，历史长河流泻出波澜壮阔的文明图谱，书写了激荡人心的文明华章，共同铸就了五彩斑斓的人类文明。在全球化时代，“意义和价值生产的中心社会已超越疆界”④，文化封闭自足状态的打破成为中国特色社会主义文化发展的时空境遇。中国特色社会主义文化具有民族性和个性，但“特色”并不意味着“特殊”，它并没有与人类文明相背离，而是具有世界性和公约性。文化发展不是自说自话，而是要保持开放视野，树立世界眼光，在博采众长的基础上不断丰富和发展自身。

在积极吸收和借鉴人类文明成果的同时，要推动中华文化走出去，提高文化软实力，积极参与全球文化治理。“不参与国际发展就意味着失去

① 习近平. 习近平谈治国理政［M］. 北京：外文出版社，2014：164.

② 马克思，恩格斯. 马克思恩格斯选集（第 1 卷）［M］. 北京：人民出版社，1995：11.

③ 习近平. 习近平在联合国教科文组织总部的演讲［N］. 人民日报，2014－03－28.

④ 齐格蒙特·鲍曼. 全球化：人类的后果［M］. 郭国良，徐建华，译. 北京：商务印书馆，2013：3.

世界，单纯地谋求内部发展而不顾及外部世界的变化，就意味着缺乏世界性的竞争力”①。当前，“西强我弱”的国际文化格局依然存在，西方文化在全球范围内肆意扩张，凭借其在国际文化话语体系中的主导地位，以他们的价值标准肆意评判其他国家的发展。在这种文化态势下，我国常常陷入有理说不清，或者观点无法产生足够的影响力和感召力的尴尬，文化话语权有被剥夺和罢黜的危险。国家文化话语权是文化软实力的重要组成部分，是阐明国家文化价值，增强文化影响力，维护国家文化安全的重要因素。话语权的丧失意味着价值和意义生成的丧失，选择回避或沉默都意味着对文化话语权的放弃。中国文化向来不缺乏内涵，但缺乏传播文化的能力。要充分利用网络技术和新兴媒体，精心构建对外话语体系，畅通文化对话渠道，丰富文化传播形式，推进国际传播能力建设，打造文化品牌，重点展示我国“文明大国形象”“东方大国形象”“社会主义大国形象”②，讲好中国故事，传播好中国声音，积极参与全球文化治理，构建新的世界文化秩序。

（4）协调推进文化事业和文化产业发展，不断增强文化整体实力和竞争力

兼顾文化发展的社会效益和经济效益，协调推进文化事业和文化产业，是中国特色社会主义文化发展的基本要求。首先，要坚持面向大众、服务人民，以满足人民的精神文化需求为出发点和落脚点，大力发展文化事业。中国特色社会主义文化是人民共建共享的文化，具有鲜明的人民主体性。一要坚持文化发展为了人，满足人民精神文化需求。随着物质条件的改善和思想文化领域发生的新变化，人民的精神文化需求不断凸显出来，要“以科学的理论武装人，以正确的舆论引导人，以高尚的精神塑造人，以优秀的作品鼓舞人”③，解答人民群众的思想困惑，提升精神境界。要着眼于培育“四有新人”，加强理想信念教育，加强思想道德素质教育，更好地促进人的发展。二要坚持文化发展依靠人民。“人民，只有人民，才是创造历史的真正动力”④。文化发展根植于生动的社会实践，人民群众

---

① 本书编写组．聚焦文化体制改革［M］．北京：红旗出版社，2011：37.

② 习近平．习近平谈治国理政［M］．北京：外文出版社，2014：162.

③ 中共中央文献研究室．十四大以来重要文献选编［M］．上册．北京：人民出版社，1996：670.

④ 江泽民．江泽民文选（第3卷）［M］．北京：人民出版社，2006：29.

是文化发展的力量源泉。中国特色社会主义文化发展要牢固树立群众观点，充分尊重人民群众的主体地位和首创精神，营造良好的文化发展氛围，搭建文化创造平台，激发人民群众的文化创造活力，珍视人民群众的文化成果。三要坚持文化发展成果由人民共享。实现文化共享是维护社会公平正义的重要手段，中国特色社会主义文化是为千千万万的人民群众服务的，不能为少数人所垄断。要实施文化惠民工程，完善公共文化服务体系，加强城乡文化一体化建设，坚持“三贴近”原则，不断丰富文化形式。

其次，要加快发展文化产业，推动文化产业成为国民经济支柱性产业①。文化产业是文化发展的市场化、产业化状态，是满足人们精神文化需求的主要手段，也是文化软实力转变为经济硬实力的重要环节。其一，随着物质条件的改善和思想文化领域发生的新变化，人们的精神文化需求不断增长。与此同时，文化产业的滞后性导致文化产品的相对短缺，一方面无法满足人们的精神文化需求，另一方面也为西方文化渗透提供了可乘之机，客观上要求文化朝着更人性化、情感化、大众化、公共化、产业化的方向发展。其二，当前我国经济发展表现出速度变化、结构优化、动力转换三大特点。2015 年，我国 GDP 增长速度“破七”，比上年同期增长 6.9%，其中第一产业、第二产业、第三产业增长速度分别为 3.9%、6.0%、8.3%②，第一产业、第二产业增长疲软，第三产业成为拉动经济增长的重要着力点。文化产业属于第三产业，2000—2013 年中国文化产业增加值“年均增长 18.4%，高于同期 GDP 增速 8.4 个百分点”③。文化产业是绿色产业，生态破坏小、产值效益高，充分利用我国丰富的文化资源，推动文化产业的跨越式发展是拉动经济增长、调整经济结构、转变经济发展方式的重要支撑。因此要实现传统文化产业与新兴文化产业协调发展，调整文化产业格局，充分利用科技创新，增加文化产业的科技含量和创意性，推动文化产业成为国民经济支柱性产业。

华夏文明传承创新区遵循中国特色社会主义文化的发展理路，依托甘肃省丰富的文化资源，以传承创新优秀传统文化为核心，注重培育和弘扬

① 中共中央关于深化文化体制改革　推动社会主义文化大发展大繁荣若干重大问题的决定［N］. 新华网，2011-10-25. http：//news. xinhuanet. com/politics/2011-10/25/c_122197737. htm.

② 国家统计局数据. http：//www. stats. gov. cn/tjsj/zxfb/201601/t20160120_1306759. html.

③ 刘冰. 金砖国家文化产业发展比较研究［J］. 调研世界，2016（01）：15-20.

社会主义核心价值观，以“一带一路”为发展契机，打造中国文化品牌，推动中华文化走出去，不断探索文化发展的新模式和新业态，丰富人民的精神世界，是推动中国特色社会主义文化发展的新平台。

1.2 旅游与旅游产业

1. 旅游的概念

旅，，会意字，甲骨文字形，象征众人站在旗下，本义为一旗之兵，古代军队五百人为一旅，引申为离家而行。“旅”要求异地性，旅游者在这个过程中与现实生活空间暂时地、完全地区隔开。

游，，本义为旗子边缘的流苏或锯齿状饰品，它们都是随风而漂游，后被假借为表凫水之意。想一想游泳的状态，我们就知道“游”就要求人的身心参与，并且是要求得到自由的、舒适的、身心全面的融入，它表现了人身心体验性的特征。

游包括了“旅”与“游”。“旅”即旅行，是其主体在空间上发生位移的过程。“游”即游览，包括观光、度假、商务、会议、疗养、探亲访友、宗教、体育、购物、学习、考察等内容。

从旅游的关系来看，“游”是目的，是整个活动的出发点；“旅”是实现“游”的条件和手段，所以，一般来说，旅游要求快旅慢游，才能满足人们的实际需要。但是，现代人的旅游动机多种多样，有一种动机称为“体验旅行的乐趣”，即以旅行为目的，到了异地不作过多的停留即返回或者顺便在异地停留一下。例如，一种新的交通工具或交通线路就能吸引一些未尝试过它们的人。

从狭义上理解的旅游，仅是指进行旅游的主体的活动，不包括其他的活动。但是，在现代旅游活动过程中，旅游的主体并不是一个孤立的群体，而是越来越多地与外界发生联系，使外界发生变化。因此，要想了解旅游这个现象，光从狭义上理解是不够的，更多的人倾向于广义上的理解。广义上的旅游有不少定义，其中最有代表性的是 IAEST（旅游科学专家国际联合会）的定义：“旅游是非定居者的旅行和暂时居留而引起的一切现象和关系的总和。这些人不作主要居留，并且在原则上不从事赚钱活动。”广义上的旅游不仅包含了狭义的理解，还扩展到由这个活动所引起的一切现象和关系，即由此产生的一切社会的、经济的和文化的现象及其关系。

2. 旅游产业

旅游产业是指向旅游消费者提供异域体验性旅游产品的生产部门，是旅游生产企业总和。旅游产业系统是凭借旅游资源和设施，为人们的移动消费提供行、住、食、游、购、娱等服务的综合体系。由于存在着旅游需求和旅游供给，也就存在着厂商的活动，同时也就存在着旅游厂商通过旅游供给来满足旅游者消费需求的经济活动。而且，不同的厂商向某一特定市场提供相似的产品和服务，这样各个厂商之间存在着竞争或合作的可能，从而满足了传统经济学中“根据交叉需求弹性理论中的可替代性来限定产品”的基本要求。

旅游产品的异域性、体验性与综合性，使得旅游产品的外延要比一般产业宽泛得多。若以向旅游者提供旅游服务或产品这一基准来论，旅游产业既包括旅馆（在我国现行的《国民经济产业分类与代码》中属 K 门类 78 大类）、旅行社和旅游公司（K 门类 80 大类，统称为旅游业）等直接旅游企业以及旅游产业管理部门，也包括旅客交通运输企业（属 G 门类）、零售业（H 门类 64 大类）、餐饮业（H 门类 67 大类）、公共设施服务业（K 门类 75 大类）、娱乐服务业（K 门类 81 大类）、信息咨询服务业（K 门类 82 大类）等部分为旅游者提供产品或服务的企业。

师守祥等认为：从内涵上看，旅游业包括旅游产业和旅游事业，其中旅游产业是有关生产与销售的“经济概念”，即营利性的旅游部门的集合，旅游产业的根本目的在于通过对旅游的推动、促进和提供便利服务来从中获取收入，而旅游事业（包括政府部门、教育部门等非营利性机构）并非以发展经济为唯一目的。可以认为：第一，旅游业的范围要大于旅游产业，并且包含旅游产业；第二，旅游产业范畴的界定应符合经济学规范，即从供给的角度界定看，旅游产业由旅游资源业、景观业和旅游销售业等组成。[①]

---

① 师守祥. 旅游产业范围的界定应符合经济学规范 [J]. 旅游学刊，2007，(11)：7-8.

3. 旅游产业特征

旅游产业作为国民经济中诸多产业中的一个，基于旅游产品的特征性，该产业与其他产业相比较，具有三个方面的特征。

（1）*旅游产业是一个以旅游者的异域体验活动为中心而形成的配置产业*

从旅游产业的形成特点分析，旅游产业实质上是一个以旅游者的异域体验活动为中心而形成的配置产业。旅游产业涉及的范围是根据旅游活动的进行而演化形成的。旅游产业所规定的各个产业之所以成为旅游产业的组成部分，在于这些产业和企业都具有为旅游者提供服务的职能，凡是为旅游活动提供直接和间接服务的产业都是这个配置产业的组成部分。

（2）*旅游产业是一个跨地区、跨部门的产业*

正是由于凡是为旅游活动提供直接和间接服务的产业都是旅游产业这个配置产业的组成部分，使得从范围来看，旅游产业是一个跨地区、跨部门的产业。其地区范围不仅包括旅游客源地和旅游目的地，也包括在两地的经济运动中存在的旅游通道，这样一种空间结合组成了旅游产业的空间体系。因此，旅游产业内部构造在地域空间上是一个“哑铃经济”的模型，是发生在旅游客源地的众多经济现象和发生在旅游目的地的众多经济现象的体现，客源地和目的地之间的经济联系体现三者之间的矛盾运动。这表明了旅游产业具有宽泛的地区跨越性。

旅游产业所包含的产业要素范围是和旅游活动的形式相联系的。旅游产业要满足旅游者从居住地到旅游目的地的全部消费需要，涉及行、住、游、食、购、娱等多种需要，从满足社会的多个产业如交通运输业、饭店业、景区业、商业、饮食业、娱乐业、旅行社业等产业变成了旅游产业的组成部分。世界旅游理事会在旅游卫星账户的统计中，把凡是和旅游产业相关的各部门都划入了旅游业的范围中。不同的国家和地区在官方统计上对旅游产业所涉及的部门的划分也不相同，在实践操作中也没有一个统一的标准。值得注意的是，虽然这些相关产业在旅游产业运行中承担的作用和各自的功用有所不同，但是在满足旅游者旅游需要方面是相同的。同时，我们也可以看出，旅游产业的相关属性也使得旅游产业的各产业和企业的经济职能缺乏统一性，有的产业和企业虽然是旅游产业的组成部分，但其主要职能并不是旅游经济的职能。

2000 年 3 月联合国统计委员会正式批准了世界旅游组织提交的《旅游附属账户：建议的方法框架》（简称“框架”），使旅游业成为第一个以获得联合国首肯的国际性标准来测量和计量的产业。旅游卫星账户（TSA，Tourism Satellite Account）又称为旅游附属账户，是一种宏观统计计量方法。它是以国民经济核算为统计基础，按照国际统一的国民账户的概念和分类标准，在国民经济核算总账户下单独设立的一个子系统。通过编制这一账户，可以把由于旅游消费而引发的国民经济各行业中的直接和间接的旅游产出从相关行业中分离出来单独进行核算，从而达到在国际统一的统计框架下对旅游经济进行全面测量和分析比较的目的。旅游卫星账户区别于传统的旅游统计体系，为各旅游发展国家提供了一个国际统一标准的计量方法，不仅大大提高了旅游统计数据的可信度和区域间的可比性，还能够准确、全面地测度旅游经济在整个国民经济中的地位和作用，实现国际的可比和对旅游业经济影响的量化分析。①

表 1－1　世界旅游理事会旅游卫星账户

主账户	副账户
交通运输业　住宿业 其他接待行业 娱乐业　其他相关服务等	餐饮　洗衣服务　汽油天然气供应　商品批发 印刷业　日常家用家具　金融服务　清洁服务 家具供应　安全服务　租车　制造　运输管理　旅游促销 造船　飞机制造　度假地开发　玻璃产品制造　计算机

1.3　文化和旅游产业发展的协同

2018 年，根据《深化党和国家机构改革方案》，文化部、国家旅游局进行了职责整合，新组建文化和旅游部。作为国务院组成部门，文化和旅游部将统筹文化事业、文化产业发展和旅游资源开发，提高国家文化软实力和中华文化影响力。文化和旅游部的组建即是职能的融合，也显示了“文化“和”旅游”的内在联系以及协同发展的必要性和可行性。

1. 以人的内在精神需求满足为主要产出

文化和旅游是满足人们幸福体验的产业。文化和旅游部的组建被喻为

① 陶汉军，林南枝. 旅游经济学［M］. 天津：南开大学出版社，2009.

“诗和远方”的结合，文化和旅游的结合，文化可以更好地走向“远方”，旅游就更有“诗”意。诗和远方在一起，美好的灵魂和美好的地方在一起，文化和旅游产业的协同发展和人们正在日益增长的对美好生活的需求息息相关。旅游的本质是人追求幸福体验的一种活动①。而人作为历史文化的存在，生活于特定的文化模式与特定的价值中，文化定义了不同的人对幸福的体验，人们只有置身于特定的文化价值和文化场景之中，才能领悟到生命的意义，才能获得属于个人的幸福。② 同时具有文化体验和文化内涵的旅游，是推动旅游的幸福走向幸福的旅游的钥匙，是将旅游的幸福本质转化为幸福现实的关键；而游客只有置身于独特的文化模式中，经历到异域的文化体验，才能实现人的幸福。旅游可以促进文化交流，并且是一种更加深入、更加持久、更广范围更广的互动式交流，能够促使不同地域、不同阶层文化群体之间的互动、沟通和共同发展，有助于消除不同文化群体之间的偏见，也能更好地实现人的幸福。可见，追寻幸福，是文化和旅游关系的本源。③

文化和旅游是满足人们获得知识的产业。文化和旅游是“读万卷书”和“行万里路”的关系。人们对于知识的获取，既来源于有字之书，也来源于无字之书。“万卷书”是“有字之书”，“万里路”是“无字之书”。二者均为获得知识的重要手段。旅游的根本目的就是获得一种对地方或世界的自我认识的方式，是为了全面认识世界从而发现自我④，到文化遗产地旅游某种程度上就是去寻找遗产地与自己的联系，对于具有怀旧和文化身份认同需求的旅游者，文化是旅游目的地吸引力的关键组成部分⑤。旅游体验过程是游客获得更为广阔的知识实现自我构建的基础，更是在寻找个人和社会群体的联系与区别的身份，文化也因此具备了旅游吸引物属性，即旅游者个体对民族与国家集体身份认同的追求使文化或者文化符号

---

① 亢雄，马耀峰. 旅游如何成为人的幸福——兼论幸福的旅游何以可能［J］. 哲学动态，2010，31（5）：61－64.

② 谭大友. 人类生存的家园—— 自然生态、社会关系与精神文化的协调和统一［J］. 武汉大学学报：哲学社 会科学版，2004，57（1）：55－61.

③ 徐金海. 文化和旅游关系刍论：幸福的视角［J］. 旅游学刊，2019，34（04）：3－5.

④ Maccannell D. 旅游者：休闲阶层新论［M］. 张晓萍，等译. 桂林：广西师范大学出版社，2008：14.［MACCANNELL D. Tourists：A New Theory of Leisure Class［M］. ZHANG Xiaoping, et al, trans. Guilin：Guangxi Normal University Press，2008：14.］

⑤ Remoaldo P C，Vareiro L，Ribeiro J C et al. Does gender affect visiting a world heritage site?［J］. *Visitor Studies*，2014，17（1）：89－106.

成为旅游吸引物①。文化和旅游的相互作用使文化变成旅游资源。

2. 以地域空间为场所

“北峻南孅，北肃南舒，北强南秀，北傈南华”，梁启超以对比的方式精炼地描绘了我国南北地区自然环境和文化特征的差异，这一差异是认识文化和旅游地域性的基础。

任何一种“文化”都不能离开特定的地域空间。法国史学家布罗代尔撰写百科全书条目时，关于“文化”他写道：“它首先是一个空间概念，一个‘文化领地’……一个地域。有了这块地域……你必须想象出种类极其繁多的‘产品’和文化特征，从住房形式、建筑材料、屋顶材料，到诸如制造羽毛箭支的技能、方言或一组方言、烹调品味、特定的科技、信仰体系、示爱方式，甚至罗盘、纸张和印刷机。当这个地域形成某些特质，比如该地域的文化特征已经遍布整个地域，并且它的文化特征在可预见的未来将一直延续下去的时候，我们就可把它称为文明。”②

现代社会中，人们越来越倾向于“原子化”，在旅游过程中，人们通过更为广阔地认识世界从而实现发现自我的目的。③ 通过旅游体验及旅游过程中想象和践行，游客实现了自我的认知与构建，这一过程也是在寻找个人与更大的社会群体之间的联系的身份。④ 自我的发现与自我的身份识别，源于存在与人们脑中的“记忆”，这种“记忆”可能来源个体的经历（包括直接的经历，也包括基于各种信息的间接经历），也可能来源于人类集体的而在烙印在个体中的内容。对旅游者来说，“地点”就是个体与集体文化记忆的“砖石”，对于历史记忆的重构不能离开具体的地点，地理空间（地点）在文化体验的过程中具有文化情感的“触发”作用。“在地点居住的回忆的力量是巨大的”（西塞罗语），特定的地点在文化学上具有象征意义。不论是“大漠孤烟直，长河落日圆”，还是“劝君更尽一杯酒，

① 张朝枝. 文化与旅游何以融合：基于身份认同的视角 [J]. 南京社会科学，2018（12）：162－166.

② 尼尔·弗格森. 文明 [M]. 曾贤明，唐颖华，译. 北京：中信出版社，2012，英文版前言.

③ MacCannell D.. 旅游者：休闲阶层新论 [M]. 张晓萍，等译. 桂林：广西师范大学出版社，2008：1－122.

④ Desforges L. Traveling the world：Identity and Travel Biography [J]. *Annals of Tourism Research*，2000，27（4）：926－945.

西出阳关无故人”，无一不让人联想到边塞风光的奇情壮丽与民族历史的豪迈苍凉。

尽管地点本身并不具有主体性的“记忆”，但它们对作为主体性的旅游者的“文化回忆空间”却具有“索引”或指示坐标的意义。地点可以成为回忆的载体，“不仅因为它们能够通过把回忆固定在某一地点的土地之上，使其得到固定和证实。它们还体现了一种持久的延续，这种持久性比起个人的和甚至以人造物为具体形态的时代的文化的短暂回忆来说都更加长久”。①

文化和旅游与一定的地点分不开。“地点”激发了旅游者“文化记忆”的唤醒过程，从而实现了文化和旅游的融合。在这一点上，文化旅游地往往涉及“记忆之地”的族群记忆命题。它通过将一个具体地点（城市、山峰、村庄和庙宇等）符号化和命名的过程，赋予其神圣性、不可替代性和唯一性的特征，从而将这些地点（空间）嵌入族群的记忆之中。

“回忆的空间”促进了文化记忆的重建，而特定的文化记忆又成为族群成员文化身份构建的先决条件。借助文化和旅游的融合，通过对隐藏在“回忆空间”中的象征意义进行阐述，“让地点作为过去的沉默的证人开口说话，重新赋予它们失去的声音。”②值得注意的是，作为旅游者文化记忆中的“地点”（文化记忆空间）虽然与某个固定的地点相连（如罗马、雅典等），但从其象征意义上说又与其来源地是相分离的。“地点”被抽象成一种概念、理论和价值的图像，在旅游者心中变成一种记忆框架，从而形成文化神圣性或合法性的基础。③“回忆形象需要一个特定的空间使其被物质化，需要一个特定的时间使其被现实化，所以回忆形象在空间上和时间上总是具体的。”房屋、村庄、城市等，“它们是回忆的空间框架，即使当它们或者说尤其是当它们不在场时，便会被当作‘故乡’在回忆里扎根”，“各种类型的集体都倾向于将回忆空间化”。④

---

① 阿莱达·阿斯曼. 回忆空间：文化记忆的形式和变迁［M］. 潘璐，译. 北京：北京大学出版社，2016.

② 阿莱达·阿斯曼. 回忆空间：文化记忆的形式和变迁［M］. 潘璐，译. 北京：北京大学出版社，2016：360.

③ 傅才武，申念衢. 新时代文化和旅游融合的内涵建构与模式创新——以甘肃河西走廊为中心的考察［J］. 福建论坛（人文社会科学版），2019（8）.

④ 扬·阿斯曼，金寿福，黄晓晨. 文化记忆：早期高级文化中的文字，回忆和政治身份［J］. 史学理论研究，2015（03）：49－49.

3. 文化距离影响旅游动机与行为

文化要素的空间非均衡性，形成了区域间两种文化之间的异质性，这种异质性可以用文化距离加以度量。文化距离通常分为国家层面和个体层面。从个体层面看，旅游者感知到的旅游客源地文化与旅游目的地文化的差异程度将显著影响旅游者出行决策和目的地选择。在不考虑个人因素和目的地因素的前提下，旅游动机理论一般认为，文化距离越大，越能满足旅游者求新求异的需要，对旅游者的吸引力越强。但是，也应当注意到，文化距离增大的同时，旅游者对旅游目的地的陌生程度也在加剧，所感知到的旅游目的地潜在风险增强，出于规避风险的考虑，旅游决策会更加谨慎。这也意味着，文化距离与旅游动机之间并非简单的线性关系。已有研究对文化距离与旅游动机的非线性关系进行了证实，并认为两者之间存在倒 U 形的曲线关系。

4. 能相互融合协调发展

《关于促进文化和旅游结合发展的指导意见》，提出“文化是旅游的灵魂，旅游是文化的重要载体”。加强文化和旅游的深度结合，有助于推进文化体制改革，加快文化产业发展，促进旅游产业转型升级，满足人民群众的消费需求；有助于推动中华文化遗产的传承保护，扩大中华文化的影响，提升国家软实力，促进社会和谐发展。各地要从构建社会主义和谐社会的高度，以“树形象、提品质、增效益”为目标，采取积极措施加强文化和旅游结合，切实推动社会主义文化大发展大繁荣。[①]

旅游被认为是文化创意领域主要的经济增长载体，而文化吸引物是旅游文化的主要制造者[②]。文化和旅游融合的前提是文化具有旅游吸引力，但文化之所以具有吸引力，并不完全是因为其某种客观属性，而往往是人为建构的符号产生的吸引物属性。旅游吸引物建构的过程实质上是意义和价值建构的过程，同时也是旅游吸引物的符号化过程[③]，当不同形式的文

---

① 文化部　国家旅游局关于促进文化与旅游结合发展的指导意见 [Z]. 2009-08-31.

② RICHARDS G. The Development of Cultural Tourism in Europe [M]. Córdoba: Estudios Turísticos, 2001: 4-92.

③ 陈淑文. 旅游吸引物 [J]. 当代旅游 (学术版), 2010 (5): 98-100.

化被建构成旅游吸引物时，实际上是恰当地满足了人们通过文化消费来认同或表征自己身份的需求[①]。因为这些产品可以用来进行消费者的自我建构、个人经历叙述、成就表达、人际关系表征、文化价值表现、社会地位展现等[②]。因此，增强文化的旅游吸引力的关键是强化文化的身份符号意义。在每个文化体系中都存在着一种“凝聚性结构”，这种凝聚性结构包含了共同的价值体系和行为准则，而这些对所有成员都具有约束力的东西又是从对过去共同的回忆中剥离出来的[③]。凝聚性结构推动民众产生归属感和认同感，而集体记忆正是凝聚性结构得以产生和存在的基础。集体记忆是文化认同的代际传承纽带，于国家层面而言，集体记忆是历史延续的要素，有利于增强国家认同、民族团结及促进国家复兴[④]，对当地人而言，集体记忆是身份认同的构建基础，更是外地旅游者“用脚投票”的依据[⑤]，是“人未至神已往”[⑥] 的引力，旅游可视作一种或一系列的集体记忆实践[⑦]。所以，建立集体记忆可以强化文化的身份符号，从而满足当代旅游者身份认同需求，也是将文化转化成旅游吸引物的重要途径。通俗地讲，就是讲好故事，将集体记忆根植于旅游者的意识当中，使旅游者产生相应的身份认同，并由此产生出游动机，文化和旅游融合得以生发。

文化和旅游的融合具有促进文化供给侧改革的独特意义。文化和旅游部原部长雒树刚提出，要围绕文化和旅游融合发展这一重要工作，努力实现“提升公共文化效能，增强文化产业活力，优化旅游业发展环境”三大目标。这个论断包含了文旅融合具有深化文化业和旅游业改革的独特作用的判断。实证研究表明，文旅融合的独特价值就在于重建的文化消费的基

---

① 张朝枝．文化与旅游何以融合：基于身份认同的视角［J］．南京社会科学，2018（12）：162－166.

② Mccracken G. Culture and Consumption：New Approaches to the Symbolic Character of Consumer Goods and Activities［M］. Bloomington：Indiana University Press，1990：4－162.

③ Assmann A. Transformation between History and Memory［J］. Social Research，2008，75（1）：49－72.

④ PARK H. Shared national memory as intangible heritage：reimagining two Koreas as one nation［J］. Annals of Tourism Research，2011，38（2）：520－539.

⑤ 孔翔，卓方勇．文化景观对建构地方集体记忆的影响——以徽州呈坎古村为例［J］．地理科学，2017，37（1）：110－117.

⑥ 麦夏兰，兰婕，田蕾．记忆、物质性与旅游［J］．西南民族大学学报（人文社科版），2014（9）：7－13.

⑦ 马凌．社会学视角下的旅游吸引物及其建构［J］．旅游学刊，2009，24（3）：69－74.

本功能结构。国家确立了提升公共文化服务效能、增强文化产业活力、优化旅游业发展环境的文化和旅游体制改革目标任务。文化和旅游融合，使文化行业和旅游行业因交叉而形成新的业态，相对于传统文化行业和旅游行业来说，这种新出现的新业态具有市场消费的基本特征。文化和旅游融合符合市场机制的基本属性。在市场机制的作用下，文化市场和旅游市场上的价格机制不断得到完善。2016 年以来，我国 45 个城市的文化消费试点经验证明，借助文化消费的激励政策可以极大地推进文化事业和文化产业、文化行业与旅游业的连接，从而形成以扩大文化消费引领文化供给侧结构改革的有效路径。可见，推进文旅融合也是深化文化体制改革的战略性突破口。①

① 傅才武，申念衢．新时代文化和旅游融合的内涵建构与模式创新——以甘肃河西走廊为中心的考察［J］．福建论坛（人文社会科学版），2019（08）：28－39.

第2章　欠发达地区文化和旅游产业发展的理论

2.1　地区的发展与“欠发达”

1. 地区的发展

地区发展是一个综合性、整体性的概念。它所要表达的不是地区某一个领域或者某一个层次的增长和扩大，而是包括所有领域在内的社会整体的进步。强调社会发展整体性的依据是人类社会是以整体的方式存在和运行的，这个整体是由人口、技术、经济、政治、社会、思想文化等要素按照一定的结构方式组成的高度复杂的系统。在这个系统中，任何一个要素的变化都要在系统整体的背景中、在与其他要素的相互作用中实现；并且，在社会发展中一个要素都不能被忽略，一旦被忽略它就会成为制约社会整体运动的“瓶颈”，阻碍发展的进程。社会发展是指社会系统的全面进步，就它的每一个历史断面来看，都是由各种社会要素有机构成的整体状态，当翻开人类社会的历史卷宗，试图寻找单纯的经济史、政治史、文化史、科学技术史或其他时，会发现这根本办不到。社会发展史实际上是一部以物质生产力的发展为基础，以经济、政治、文化为框架，有着复杂的结构和要意间的相关性的社会系统的变迁史。

“经济增长”意味着更多的产出，意味着经济要素状况的改变；“地区发展”则是指伴随着经济结构、社会和政治体制变革的经济增长，它不仅意味着产出的增加，还指向随着产出增加，进而出现社会经济条件、政治条件、文化条件的变化。总的来说，经济发展不等于经济增长但包含经济增长，并且以它为基础和主要标志：“增长”只是表明一个国家（或一个地区）实际产出的增加；而“发展”则意味着满足人的基本需要，包括消除贫困、失业和收入的不平等，它涉及经济、政治体制的改革以及文化、法律等上层建筑的变化。①

地区发展的变化不只是实体要素的改变，也是人的行为模式、观念结构和心理状态等非实体因素的改变，也就是人本身的改变。而且，由于人在发展中既是手段也是目的，发展是人为的，又是为人的，因此发展过程就不仅要以人本身的发展为必要前提，还要以此为根本目的。任何有关发展的计划和方案等，都要将人的发展作为核心问题来考虑。人不是机器或者物件，而是具有自主能动性的活动者，他们的活动自始至终都会受到某种状态的影响，这种影响贯穿在活动的动机形成直到活动计划、实施及控制的整个过程中。人的精神状态是指人在自己的活动中所表现出来的精神面貌、心理状态和精神生活能力等，它是人从事各类活动的“发动机”或者“精神动力”。尽管表达方式各不相同，而“缺乏进取精神”一直都被外界视为地区“落后性”的一种标志，这种落后被人们理解为心态的落后。

通常，人的发展体现在三个方面：一是人的劳动能力的发展，而对于一个社会整体来说，就是社会生产力的发展；二是人的社会关系的全面发展，指的是人的社会联系的全面生成和人对社会关系的自由度提高，这意味着社会本身的进步和人的解放；三是人的个体性发展，包括个人的能力提升和独特性、自主性、能动创造性的发展，这也是人全面发展的根本标志。②

2. 地区的“欠发达”

（1）国外学说

在世界银行的国家分类中，曾以人均国内生产总值（人均 GDP）这一项指标的高低作为标准，将国家划分为不发达国家（或欠发达国家）与发达国家两类，这种分类方法被称为“人均 GDP 说”或“经济发展说”。③2016 年《世界发展指数》中世界银行以人均国民总收入（人均 GNI）为标

---

① 戴庆中. 文化视野中的贫困与发展：贫困地区发展的非经济因素研究［M］. 贵阳：贵州人民出版社，2001.

② 袁贵仁. 马克思的人学思想［M］. 北京：北京师范大学出版社，1996.

③ 葛守中. 我国不发达地区的界定［J］. 中南财经大学学报，2001（03）：12－16，126.

准，将国家或地区划分为低收入经济体（2014 年人均 GNI 等于或低于 1045 美元）、低中收入经济体（2014 年人均 GNI 介于 1046 美元与 4125 美元之间）、高中收入经济体（2014 年人均 GNI 介于 4126 美元与 12735 美元之间）、高收入经济体（2014 年人均 GNI 达到 12736 美元及以上）。[①]

区域科学创始人瓦尔特·艾萨德将人均收入作为欠发达地区的主要标志，他基于美国密西西比州和费城都市区域的比较研究发现，在同一职业和部门，欠发达地区所付出的工资和薪金较低，每单位产出所获得的收益较低，进而使当地收入较少。而且，在欠发达地区，通常在低工资部门就职的劳动力所占比例很高，且几乎没有高工资部门类的专业性工作，"工资部门产品在发地地区有大规模的当地需求和市场，而在欠发达地区，这种需求就很少"。[②] 区域经济学家迈尔达认为，一个地区的经济发展一旦超过了社会平均发展速度，与发展缓慢的地区相比，它就可能获得竞争优势积累。在市场经济条件下，由于市场机制的自发作用，一些条件好、发展快的地区就会在发展的过程中不断地为自己积累有利因素，并且进一步遏制困难地区的经济发展，使得困难地区不利于经济发展的因素越积越多。也就是说有利于经济发展的因素是竞争得到的，获得不利因素积累的结果就是"欠发达"[③]。美国经济学家迈克尔·P. 托达罗用图解结构描述欠发达地区的实质和内涵，他认为欠发达地区在经济上的表现为：低下的收入水平；低下的劳动生产率；高失业率和就业不足。而欠发达地区的实质表现为：数量和实质上都十分低下的生活水平；缺乏自我尊重（个性、尊严、尊敬、敬意）；非常有限的自由。[④]

（2）国内学说

在我国，对"欠发达"的内涵有着比较深入和广泛的讨论。

地区分类是我国学者进行地区差距的研究分析中关注的主要内容之一，主要包括：一是为地理区位说，分析中西部地区与东部沿海地区的差

---

① World Bank. World Development Indicators 2016. Washington, DC: World Bank. doi: 10.1596/978-1-4648-0683-4.

② 瓦尔特. 艾萨德. 区域科学导论［M］. 陈宗兴，等译. 北京：高等教育出版社，1991：39-40.

③ 陆立军. 区域经济发展与欠发达地区现代化［M］. 北京：中国经济出版社，2002.

④ Todaro, Michael P. Economic development in the Third World［M］. 2nd ed. // Economic development in the Third World /. Longman, 1981.

距，这是以地理位置为区域的划分标准；二是人均收入说，分析贫困地区与富裕地区的差距，这是以人均收入为区域的划分标准。但目前“欠发达”还只是一个抽象的、笼统的、缺乏明确内涵的模糊概念，一个描述性、形容性的术语。国内理论界尚未对什么是“欠发达”形成一种普遍认可的权威定义。

改革开放以来，我国学术界围绕中国区域发展的“东西问题”中的“效率与公平”、如何看待发展差距、促进西部地带发展的政策设计等进行了大量的研究和讨论。其中具有代表性的学者和著作有：陈栋生的《经济布局的理论与实践》（1989），周叔莲等的《中国地区产业结构》（1991），杨开忠的《中国区域发展研究》（1989），胡鞍钢等的《中国地区差距报告》（1995），魏后凯的《区域经济发展的新格局》（1995），孙尚筒、李泊漠、李善同等的《中国区域协调发展战略》（1994），陆大道等的《中国区域发展报告》（1997）。

以欠发达地区为主要研究对象的论著也较为丰富，如武友德的《不发达地域经济成长论》（2000）、陆立军的《区城经济发展与欠发达地区现代化》（2001）、侯景新的《落后地区开发通论》（1999），主要注重实证研究，并对我国落后地区的社会经济发展做了较为综合的总结和分析；张坤的《欠发达地区环境与经济协调发展机制研究》（1999）以实证分析的方法分析了西部九省的环境与经济发展的协调机制；王一鸣的《不发达地区国土开发整治研究》（1994），以宁夏等不发达省区的国土开发为例，从国土整治角度对不发达地区进行具体研究；李清均的《后发优势：中国欠发达地区发展转型研究》（2000），提出了后发地区发展的理论模型分析框架，并进行了相应的实证分析；左停、陈利君的《不发达区域经济学》（1997）则试图分析我国不发达区域的一般规律。

总体而言，在发展经济学中强调所谓的“欠发达地区”，是指相对于发达地区而言发展程度低和发展不充分的地区，一般有这样几个特征：①低下的人均收入和人均产值；②以农业为主体的产业结构和就业结构；③交通、能源等基础设施落后；④失业率高，劳动生产率低；⑤人口出生率高，人口素质提升空间大；⑥收入分配不均；⑦积累能力弱，建设资金不足等。[①]

① 曾海鹰. 欠发达地区开放型经济发展动力研究 [M]. 北京：经济管理出版社，2008.

2.2 欠发达地区的发展理论

发展经济学和区域经济学从经济发展的内生动力和空间规律方面揭示了适用于欠发达地区经济发展的动力，对于欠发达地区发展动力的研究，更多地体现在欠发达地区发展动力实现的战略上。

1. 基于贸易条件的理论

比较优势理论是传统国际贸易理论的基石，这一理论建立在斯密的绝对优势论基础上并予以发展。它认为：各个地区利用其相对有利的生产条件和出口具有相对有优势的产品，进口处于相对劣势的产品，从而使资源得到最有效的利用，使贸易双方获得较大利益。

要素禀赋理论也称“赫克歇尔－俄林理论”，是关于要素差异的国际贸易理论。它认为：一个国家生产和出口那些大量使用本国供给丰富的生产要素的产品，价格就低，因而有比较优势，相反，生产那些需大量使用本国稀缺的生产要素的产品，价格便贵，出口就不利；各国应尽可能利用供给丰富、价格便宜的生产要素，生产廉价产品输出，以交换别国价廉物美的商品。简而言之，劳动丰富的国家出口劳动密集型商品，而进口资本密集型商品；相反，资本丰富的国家出口资本密集型商品，进口劳动密集型商品。

按照这两个理论的思路，欠发达地区在发展初期往往会利用自然资源优势，陷入开发资源的热潮，以资源换取资本，导致环境问题和资源枯竭问题的出现。比较优势理论与要素禀赋理论，在解释国际贸易发生对比时较有效，但属于静态的发展战略，主要从贸易角度寻求资源的积累，强调自身积累的形成，这一思路不适合解决国内欠发达地区的发展问题。如果欠发达地区只考虑依靠自身的积累，则会陷入“恶性循环”。对于欠发达地区来说，摸清家底、寻找自身的比较优势，引入外部资源发展，重视资本深化和技术的作用显得更为重要。

美国哈佛大学的弗农等人认为，各个工业部门、工业产品、技术等都处在不同的生命循环阶段中，都要历经创新、发展、成熟、衰老四个阶段。发展经济学家把这种工业生产生命循环阶段理论引申到区域发展研究中，产生了区域经济梯度转移论。主要观点是：无论在世界范围内还是在一定范围内，经济技术的发展是非均衡的，客观上已形成一种经济技术梯度。生产力的空间推移，是从高技术梯度区向低梯度区推移的。如果该地区主导产业处于创新阶段和发展阶段，该地区就成为高梯度区。新产业部门、新产品、新技术等创新活动，一般都来源于高梯度区。而随着产业生命循环阶段的变化，衰退的部门、产品、技术逐步由高梯度区向低梯度区转移。这种经济技术梯度转移理论，从表象上看，它确实反映了经济技术区域推移的一般现象，但通过进一步的剖析可以看出，这种梯度理论存在一定的局限，而且对不发达地区而言是充满陷阱的。实际上，梯度转移理论包括三层内涵：第一，高梯度区之所以“高”，就在于它的产业结构、技术结构的高度化，而且处在不断更新、创新、发展期，其核心是不断地保持一种创新活力；低梯度区之所以“低”，就在于它的产业结构、技术结构的低度化，关键是缺乏结构提升的活力，这才是决定梯度推移的动力源。第二，梯度推移往往是核心区的成熟技术甚至衰退技术或产品向边缘的扩展，换句话说，由高梯度区向低梯度区转移出去的是衰退的、滞后的、淘汰的产业、技术和产品。第三，这种经济技术的梯度转移，具有明显的从核心区向城市带再向广大边缘区推移的特征，这种渐进过程始终解决不了边缘区的落后状况。

2. 跨越式发展理论

没有哪个地区和国家甘于落后和沉沦，竞争优势和后发优势理论是后发地区实践的结果，也使欠发达地区的发展看到了希望，是欠发达地区实现跨越式发展的主要理论依据。

迈克尔·波特认为，竞争优势是一个国家在世界市场竞争中实际显示出来的优势，是其生产力发展水平的标志。竞争优势是竞争性市场的核心，其革命性在于它是从现代市场观念的高度对竞争进行描述的。竞争优势可以分为四个层次，即产品、企业、产业和国家。每个层次都有自己的绝对优势或者比较优势。该理论为后发地区寻找机遇，实现跨越式发展提供了一定的路径选择。后发优势是由后发国地位所致的特殊益处，这一益处完全是与其经济的相对落后性共生的，是来自落后本身的优势。后发展是相对于先发展而言的，因而后发优势涉及的主要是时间维度，至于国家之间在人口规模、资源禀赋、国土面积等方面的差别则不属于后发优势范围。后发优势的代表理论有反梯度理论、蛙跳增长理论和追赶理论。

(1) 反梯度论

缪尔达尔根据对资本主义社会地区经济发展总趋势的观察，认为如果区域的发展如梯度转移理论所述，累积因果论就会使发展中国家永远沉沦。后发展地区必须十分关注低梯度陷阱，那就是低梯度转移与落后的同步增长。从现实方面看，发达与发展中国家的数据印证了低梯度推移与落后的增长同步。现在亚、非、拉许多发展中国家与发达国家差距越拉越大，就是消极地、被动地接受这种低梯度推移战略的恶果。据世界银行统计，1967 年至 1987 年的 20 年，世界上发展中国家人均国民生产总值与发达国家相比，差距扩大了 5 倍。这种差距的扩大实际上就是落后本身的增长，这就是美国经济学家纳克斯提出的“贫困恶性循环”命题：“一个国家之所以贫困，是因为它贫困”。

后发展国家和地区，不仅要缩小而且要消灭与发达国家和地区的差距，因此必须选择跨越式发展的路径。实际上，后发展地区并非一切落后，一般具有后发优势和比较优势。正是这种后发优势和比较优势，使跨越式发展不仅成为必要，而且成为可能。在传统工业化阶段大致按照农业——轻工业——重化工业——高技术加工业——信息化工业为主导的技术路径演进。而后发展国家和地区则可以根据本国、本地区的实际情况选择不同的技术路径和发展战略，跳过其中的某些阶段，特别是在科学技术突飞猛进和全球化条件下，这种现有的生产力水平的梯度顺序，更不一定就是先进技术突破和经济开发的顺序。是梯度推移还是反梯度推移，只能由地区经济发展的需要和可能来决定。如果梯度地区的经济发展积累了一定的力量，又具备较好的外部经济条件，就可以实现跨越式发展。

可见，低梯度地区要规避“落后的增长”就只能选择跨越式发展，实现跨越式发展又只能选择反梯度推移路径，而实施反梯度推移的关键是累积并完善、吸纳国内外先进技术和培植自身的优势主导产业的条件。

(2) 蛙跳式经济增长理论

伯利兹、克鲁格曼、兹东等提出蛙跳理论，认为先发国基于原有技术的沉淀成本、资产专用性及技术转换的高机会成本，可能会延滞对新思想、新技术的采用，而被锁定在原技术水平上；而后发展国家因为后发优势及选择性政策干预，更愿意采用那些最初效益不高但潜力很大的新技术，通过更好地把握新技术和机会，可能会赶上甚至超过先进国家。可见，后进国家的后发优势，不仅体现于跟随性的模仿创新，而且体现于在技术发展到一定程度，本国已有一定技术创新能力的前提下，可以直接选择和采用某些处于技术生命周期成熟阶段的技术，以高新技术为起点，在某些领域、某些产业实施技术赶超。“蛙跳效应”表明：历史既有连续性、累积性，又有跳跃性和更替性，先进与后进、发达与欠发达并不是一成不变的，先发国与后发国是会兴衰交替的。

王必达的《后发优势与区域发展》（2004）和黄先海的《蛙跳型经济增长》（2005）对后发理论进行了研究。黄先海教授从世界经济发展动态画卷中兴衰交替、后来居上的“典型化事实”出发，以前沿生产函数为切入点，构建一个包括“资本积累—效率增进—技术创新”三要素的蛙跳型经济增长的理论分析框架。并对每一阶段蛙跳形式的运行机理及其动力转换进行阐释。阐明了经济增长方式转换的基础是一个从资本深化到资本分化的过程，即“物质资本—人力资本—研发资本”递进的过程，也是一个从技术模仿到技术创新的转换过程。蛙跳理论是从国家层面出发的赶超理论，也同样适用于解释欠发地区的经济赶超。

（3）阿伯拉莫维茨的追赶理论

该理论认为，不论是以劳动生产率还是以单位资本收入来衡量，一国经济发展的初始水平与其经济增长速度都是呈反向关系的。也就是说，一国的经济越是落后，其经济增长的速度越高，反之亦然。但现实并不尽然，原因在于该理论是潜在的而非现实的，只有在一定限制条件下才可实现。

第一个限制因素是技术差距，即后发国与先发国之间存在着技术水平的差距，它是经济追赶的重要外在因素，正因为存在技术差距才使经济追赶成为可能。并在此基础上提出第一个引申结论：生产力水平的落后，使经济的高速发展成为可能。

第二个限制因素是社会能力，即通过教育等形成的不同的技术能力，以及具有不同质量的政治、商业、工业和财经制度，它是经济追赶的内在因素。并在此基础上提出第二个引申结论：与其说是处于一般性的落后状态，不如说是处于技术落后但社会进步的状态，才使一个国家具有经济高速增长的强大潜力。在技术差距与社会能力上存在四种组合：一个国家的技术差距大但社会能力强，则总的增长潜力最大；一个国家技术差距大、社会能力也低，则增长潜力最小；一个国家的技术差距小但社会能力强，则正处于超越先发国的状态；一个国家技术差距小、社会能力低，则由于其技术与制度的惰性，将由发达走向衰退。

第三个限制因素是历史、现实及国际环境的变化，有时为经济追赶提供了良好的机遇，有时又极大地妨碍甚至中断了经济追赶的进程。通过对历史的统计分析，提出了第三个引申结论：在一个特殊的阶段，经济追赶依赖于一些历史因素，它们限制或促进了知识的传播、结构的调整、资本的积累以及需求的扩张。

2.3 不同产业引领经济发展的比较

1. 经济发展的决定

我们常用国内生产总值 GDP（gross domestic product）来衡量经济发展水平的高低，它是指一定时期一国境内生产的所有最终产品和服务的市场价值。地区经济发展水平用地区生产总值（地区 GDP）来反映。实际 GDP 是特定时期内生产的以不变价格衡量的最终产品和服务的价值。宏观经济学视野下，影响实际 GDP 增长的因素包括总劳动时间与劳动生产率，劳动生产率的增长依赖于实物资本增长、人力资本增长与技术进步。柯布－道格拉斯生产函数给出了分析发展生产的途径的一种经济数学模型，其表达式是：

$$Y = A(t)L^{\alpha}K^{\beta}\mu$$

式中，Y 是产出水平；$A(t)$ 是综合技术水平（包括人力资本与技术进步等因素）；L 是投入的劳动力数；K 是投入的实物资本，它既包括设施、设备资本的投入，也包括以土地为代表的自然资源的投入；α 是劳动力产出的弹性系数；β 是实物资本产出的弹性系数；μ 表示随机干扰的影响，$\mu \leqslant 1$。该生产函数直观地阐述了经济发展，需要劳动、资本、技术等各种生产要素的组合投入，α 与 β 也受到规模效益与要素组合能力的约束。

潜在 GDP 是指在充分就业水平下的劳动量的产出。经济增长与价格的关系（宏观经济中用“通货膨胀”来描述）需要审视总供给与总需求。如图 2－1 所示，LAS 表示长期供给曲线，它由潜在 GDP 决定，在古典经济学的观点中，由于存在价格弹性，实际 GDP 与价格最终会自动围绕潜在 GDP 波动调整。如当存在衰退性缺口时（AD 与 SAS_1 相交的情形），价格水平高于长期均衡，劳动力未充分就业，高收入会吸引更多的人就业，从而使 SAS 向右移动；同样的情况也表现在膨胀性缺口（*AD* 与 SAS_2 相交）的时候。在凯恩斯的分析框架中，由于存在货币工资向下的黏性，衰退性缺口不会导致工资下降，从而使经济陷入衰退中，这时需要政府的干预。但无论是市场的自我调节还是政府的干预，实际 GDP 总是围绕潜在 GDP（即 LAS）而波动。

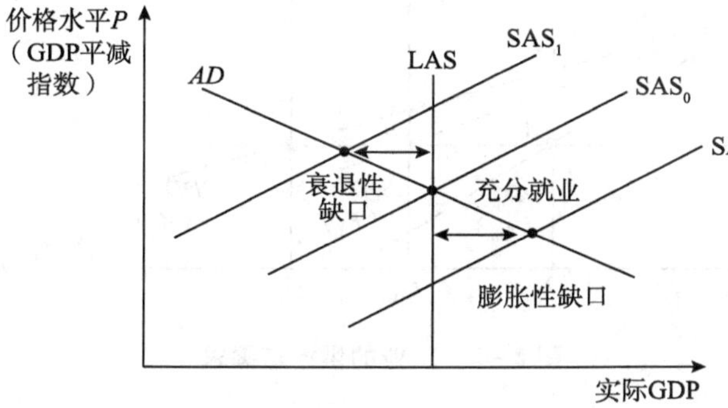

图 2－1　宏观经济的总供给与总需求

2. 经济发展的产业比较

（1）工业

工业产品的生产是由劳动者的数量决定的。在短期内劳动者的数量的供给是不变的，因为在短期内劳动力供给没有弹性，当投资增加到供给基金时，劳动力的需求会增加，当然产品的价格也会提高。然而，当工资率上升到马尔萨斯所指的生存水平以上时，人口开始增长并导致劳动力增长。因此，从长期看，劳动力供给具有无限性，在这种状态下，工资率总会回到生存水平上，于是工业部门的工资成本是不会上升的，而利润会随着资本的增加成比例增加。由于利润率不下降，将利润用在投资的激励中就能保持下去，以至现代工业部门的生产和就业能继续增长。

如图 2－2 所示，假定劳动力供给是一条支线 *LS*，在生存工资率 *W* 上保持水平状态，在短期内，由于工资率是没有弹性的，如同垂线 *SS*。在初始阶段，劳动力需求曲线 DD_0，产期均衡在 *A* 点，当企业主把所有利润用于再投资时，资本的存量从最初的 K_0 增加到 K_1，劳动力需求曲线右移到 DD_1，工资率上升到 W_s。事实上，当工资率高于实际工资率时，随着时间的推移、人口与劳动力的增长，短期劳动力供给曲线 SS 将向右移动，以压低工资率，直到与劳动力需求曲线 DD_1 相交的 B 点，这一点决定了就业的长期均衡，此就业为 L_1。

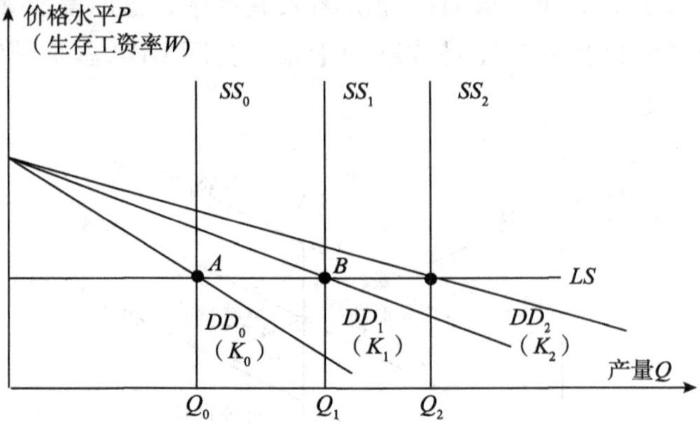

图 2-2　工业的供给与需求

（2）农业

如图 2-3 所示，纵轴表示农产品价格，横轴代表农产品（如小麦）

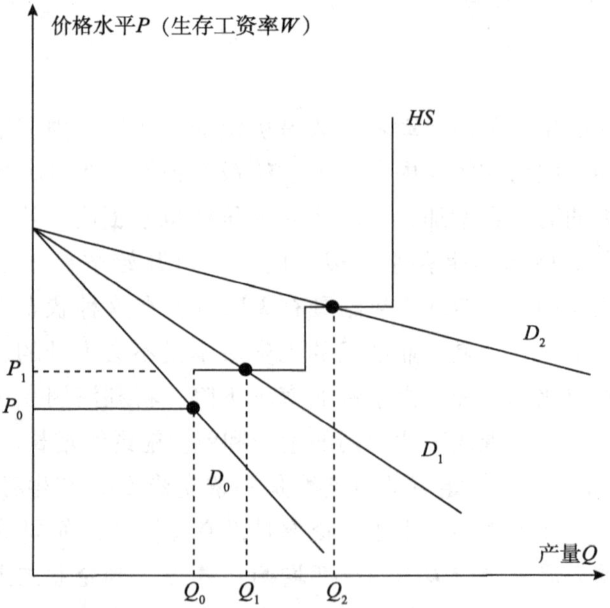

图 2-3　农业的供给与需求

的产量（消费）。*HS* 表示由边际成本决定的小麦供给曲线，根据李嘉图的理论，因为土地是按照从最优等到最劣等的顺序配置的，所以 *HS* 曲线是阶梯状。在最优等土地的产出达到最大化以前，小麦的边际成本是 P_0，当产量超过这一限制时，次优等的土地由于耕作，边际成本上升到 P_1，随着更多劣质土地被耕作，小麦生产的边际成本继续呈阶梯状上升。因此农业的生产往往呈现“高度增大，踏面减小”的阶梯状。价格持续上升，但产量增长不持续。

因此，和工业部门不同，由于受到土地禀赋的限制，农业生产中无法摆脱报酬递减，当食品需求随着资本积累和就业增加而上升时，食品价格最终将提高到某一水平，此时利润率极低，以至于无法为进一步投资提供激励，经济增长在这一点停滞下来。可见单纯依靠传统农业方式实现欠发达地区的赶超型发展，是难以实现的。

(3) 文化和旅游产业

与工业、农业比较，文化和旅游产业具有自身的特点。文化和旅游产业最初建立在特色资源的基础上，和土地禀赋的限制一样，随着需求的增加，新的资源将被开发出来，产品的长期供给曲线呈阶梯状。但是不同于农业生产对土地的竞争性的使用方式，在农业生产中，当土地种植了土豆，就无法种植小麦，文化和旅游对资源的使用并不具有竞争性，从而对产量产生限制，相反对资源的多样使用，如多方式的开发敦煌壁画文创与旅游产品，将产生聚集效应，推动产出的加速增长；即使是进行新的资源开发，不同于农业生产中，土地利用从优等到劣等的顺序导致的边际成本的增加，文化与旅游业中新资源的利用，往往可以利用已有资源开发形成包括地区品牌、交通等基础公共资源，从而导致新资源开发所引起的边际成本将递减，由此而引起的价格上升幅度将越来越小，但被新开发出来的文化资源的边际产量将增加。当技术水平不断提高之后，文化和旅游产品受到初始资源的约束将越来越小，在相对较高的价格与技术水平上，文化和旅游产品的供给曲线将趋向于平行于横轴（*Q* 轴）。可见，文化和旅游产业的生产往往呈现“高度减小，踏面延宽”的阶梯状。因此，仅就劳动力和土地投入的生产分析而言，在长期过程中，文化和旅游产业和现代工业部门一样，能实现生产和就业的持续增长。

进一步考虑经济中的外部性。外部性就是个体的行为对他人福利的影响。当个体从其活动中得到的私人利益小于该活动所带来的全部利益时，称之为正外部性或外部经济；当个体在其活动中所付出的私人成本小于该活动所造成的全部成本时，称之为负外部性或外部不经济。

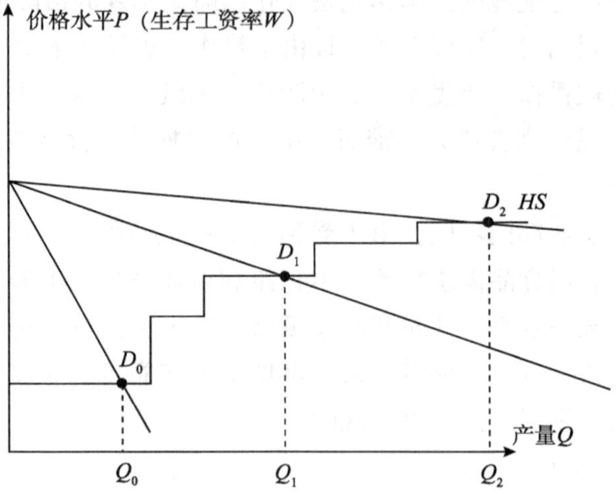

图 2－4　文化和旅游产业的供给与需求

相对于工业而言，文化和旅游产业具有更为充分的外部经济性和更少的外部不经济，主要表现为：文化和旅游的保护性开发有助于保护和修复历史建筑等遗产；开展旅游资源调查有助于生物的保护；在旅游产品的生产过程中加速旅游地的开放程度，改善当地的经济状况，在旅游产品的消费过程中扩大当地居民的就业机会，促进不同地区之间的文化交流。由此，文化和旅游产业又被称为“无烟产业”“朝阳产业”。

同时，文化发展对于地区发展来说，具有其他产业不可替代的作用。一个地区的发展水平虽然表现为物质经济的状况，但这种状况背后有着深刻的文化背景和根系。文化不仅通过上述各种非经济因素对经济社会的发展起作用，而且作为一种生产方式，它也直接作用于经济社会的发展。因此，地区的文化建设有着非同寻常的意义。贫困地区的社会主义文化建设，应该致力于贫困地区本土文化的改造、重构与内涵发展，它的根本目的和任务，就是通过对本土文化的改造与重树，形成有益于社会经济发展的精神环境，并通过这样的环境完成对人的重塑，从而以人的发展为基础和动力；推进贫困地区的发展，从根本上改变这些地区的落后面貌。① 因此，在一定意义上，"可用文化个性的变化去解释经济发展的差异"，有时则是"文化上的基本性质的变化引起了经济从停滞到增长的变化"。②

如图 2－5 所示，文化和旅游产业发展的私人成本用边际成本 S（MC）曲线表示，在这样的情况下，景区建设的数量由边际成本 S（MC）和边际收益 D（MU）共同决定为 Q_1。但由于存在正外部性，比如景区的建设使得历史建筑得到了保护和修复，所以社会的实际收益 D'（MU'）比景区建设的私人要高，社会整体的均衡数量为 Q_2，这时 $Q_2 > Q_1$。即对于存在外部经济性的产业而言，整体社会的均衡产量大于实际产量，就社会性整体产出而言，有产量增加、产业扩大的趋势。

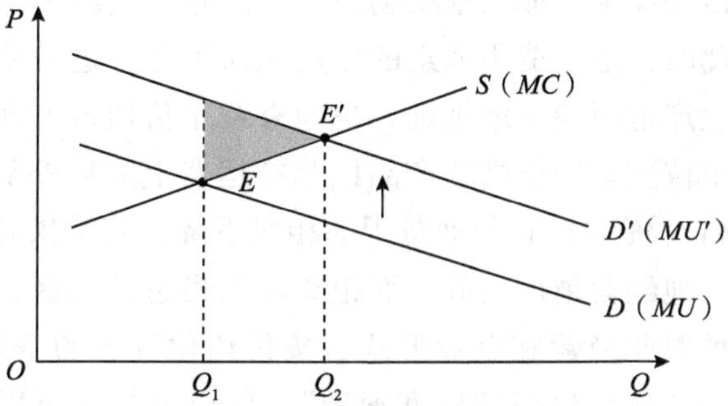

图 2－5　外部经济性的供需水平

因此，和农业相比，文化和旅游产业能实现生产和就业的持续增长；和工业相比，文化和旅游产业具有更显著的外部经济性，具有社会产量相比私人产量增加的需求和趋势。

2.4　产业的空间选择与决定

1. 农业的空间选择与决定

杜能被认为是经济地理学和农业地理学的创始人，他提出了农业经济

① 戴庆中. 文化视野中的贫困与发展：贫困地区发展的非经济因素研究［M］. 贵阳：贵州人民出版社，2001.

② 陈庆德. 发展理论与发展人类学［J］. 思想战线，1998（08）：3－5.

中的孤立国学说，是农业区位选择的理论基础。基于孤立国前提出发，杜能推导出关于土地类型的下述结论：①从距城市最近的郊区生产的农产品，是容易腐烂的（因而是不适于长途运输的）或者是质量大的（但单位质量的价值是较低的）。这些农产品，若在超出这个范围以外生产，由于延长了运输距离，其价格（生产成本加运费）就会超过在城市的销售价格，因此，在经济上是不合算的。②当靠近消费中心的农业企业的产品不能全部满足市场需求时，市场价格就将提高，其结果会使得在远一些地方进行生产也是合算的。在这种情景下，接近消费中心的农业企业，由于具有运费上的优势，便形成级差地租，即距离市场不同的土地在生产农产品中所创造的价值呈现出级差。相反，如果市场上某种农产品的消费需求可从城市近郊处得到满足，那么距市场远一些的企业就应种植单位质量价值较大的产品，此时，运输费用因素的作用相对下降。这种质量和价值之间的关系，随着生产地距消费地越远，越向有利于价值这方面变化，同时也就越依靠种植单位质量价值高的产品以弥补运费上的额外负担。这样，就会引起生产资料（资本）和劳动费用的相对下降，其结果导致：随着消费地距离的增加土地经营越加粗放；而距离城市最近的郊区，就必须非常集约地经营。这种农业经营和企业形式，按集约化程度的空间排列的法则，人们称作杜能的“集约化经营程度理论”。由以上分析可以得出结论：市场（城市）周围土地的利用类型以及农业集约化程度（方式）都是一个距离地带发生变化。围绕消费中心形成一系列同心圆，被称作“杜能圈”，其相应的土地利用类型如图 2 - 6 所示。

可见，由中心城市（产品消费地）到农村（产品生产地），随着距离的增加，集约化程度渐减，地租渐减，土地收益递减。另一方面，相对发达的中心城市的空间区位往往都是水土条件较好，适宜农业生产的地域。因此，农业生产区位在相当程度上由中心城市（即产品消费地）决定。

2. 工业的空间选择与决定

德国经济学家韦伯 1909 年出版了《工业区位论：区位的纯理论》一书，创立了工业区位论。韦伯分成三个阶段逐步构筑其工业区位理论。

第一阶段：运费指向论。

不考虑运费以外的一般区位因子，即假定不存在运费以外的成本区域差异，影响工业区位的因子只有运费一个，由运费指向形成地理空间中的

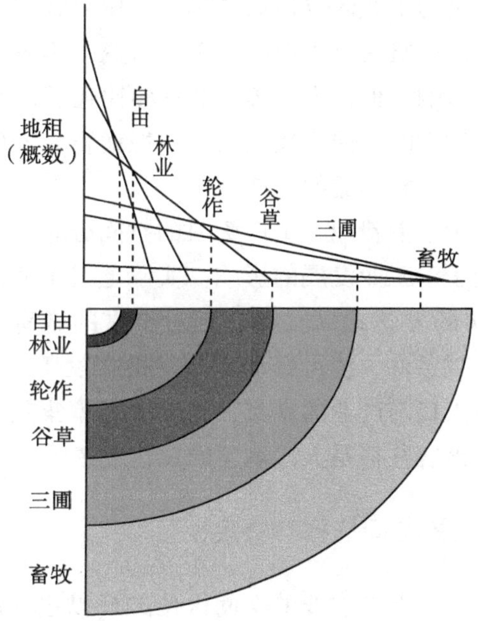

图 2-6　杜能圈

基本工业区位格局。在生产过程不可分割，消费地和局地原料地只有一个的前提下，依据最小运费原理的区位为：仅使用遍在原料时，为消费地区位；仅使用纯原料时，为自由区位；仅使用损重原料时，为原料地区位。在生产工程不可分割、原料为两个且同消费地不在一起时，其区位图形为三角形，即区位三角形；而当原料地为多个，并不同消费地在一起时，其区位图形为多边形，即区位多边形。

第二阶段：运费指向基础上的劳动力成本指向论。

将劳动力成本作为考察对象，考察其对由运费所决定的基本工业区位格局的影响，即考察运费与劳动力成本和为最小时的区位。在此所说的劳动力成本不是指工资的绝对额，而是指生产每单位重量产品所需的工资。它使运费指向所决定的基本工业区位格局发生第一次偏移。决定劳动力成本指向有两个条件，一是基于特定工业性质的条件，通过劳动力成本指数（每单位平均劳动力成本）和劳动系数（每单位区位重量的劳动费）来衡量；二是人口密度和运费率等环境条件。

第三阶段：运费指向和劳动力指向基础上的集聚指向论。

将集聚与分散因子作为考察对象，考察集聚与分散因子对由运费指向与劳动力指向所决定的工业区位格局的影响，使得运费指向与劳动力指向所决定的基本工业区位格局再次偏移。韦伯研究了集聚利益对运费指向或劳动费指向区位的影响。他认为，集聚节约额比运费（或劳动费）指向带来的生产费用节约额大时，便产生集聚。一般而言，发生集聚指向可能性大的区域是多数工厂互相邻近的区域。

韦伯的理论显示了消费地、生产资料的空间分布及其运费、劳动力费用和集聚等空间因子对工业发展的影响。实际上，工业产品的主要消费地往往也是人口聚集的发达地区，拥有相对丰富的教育、医疗、科技、交通、公共服务等优越条件，使得劳动生产率相对较高，劳动指数和劳动系数相对较低，同时人口与产业的聚集，也会引起聚集效应的产生。从而使得工业产业的聚集地区往往是人口聚集的发达地区。

3. 文化和旅游产业的空间选择与决定

前述理论可见，工业与农业的空间区位选择以主要消费地为导向，而这些地区往往又是水土资源比较好、单位劳动力成本比较低、产业聚集程度比较高的发达地区。对于欠发达地区，依赖于传统农业和工业的发展路径，难以实现跨越式发展。

文化和旅游体验是通过消费者的实地体验实现的。与工业、农业受资源空间与市场空间不完全相同，需求空间差异以及由此而带来的文化差异，是文化体验产品消费的重要特征，因此在选择的空间范围内，空间边际效用递增。虽然空间距离是约束旅游类文化和旅游体验的重要因素，但由此也发生了效用的递增所产生出的推力，在很大程度上抵消了费用增加对距离选择的阻力，也使得空间限制对体验性文化和旅游产业的影响不及工业和农业的影响。因此，文化和旅游产业空间受到现有经济发展基础的约束小，受地域资源空间影响大，并且边际空间效应递增，决定边际空间意愿支出递增。

如图2－7（a）所示，*L*代表文化和旅游产品的生产地，它受地域文化资源禀赋的影响，具有空间区位特征，历史发展悠久、文化底蕴深厚的地区的分布密度更高。对于消费者而言，离开惯常居住地，亲临文化和旅游生产地将获得独特的消费效用，但空间性的消费往往受到包括消费费用与时间支出的约束，从而形成了文化和旅游消费空间的预算约束圈层［图2－7（b）中的*B*圈层］，在外在因素不变的情况下，消费者只能在这一曲线内消费，而不能超过这一曲线，从而构成了文化和旅游消费的可能空间。文化和旅游的地域消费对象是具有独特性的地域文化，即与消费者所处文化空间相差异的内容，因此消费者更加倾向于文化距离更大的空间，空间距离是文化距离最重要的影响因素，从而可以构建空间距离相类似情形下的等效用空间曲线，如图 2 -7（b）中 U_1、U_2、U_3。在其他相同的条件下，消费者更加倾向选择空间距离更远的地域。进一步说，距离消费者惯常居住地越近，单位空间带来的边际效用改变越小，反之越大，也即随着距离的增加，单位空间距离带来的边际效用越大。即，当 $U_2 - U_1 = U_3 - U_2$ 时，相对于 U_1 到 U_2 的空间距离，U_2 到 U_3 的空间距离更小。

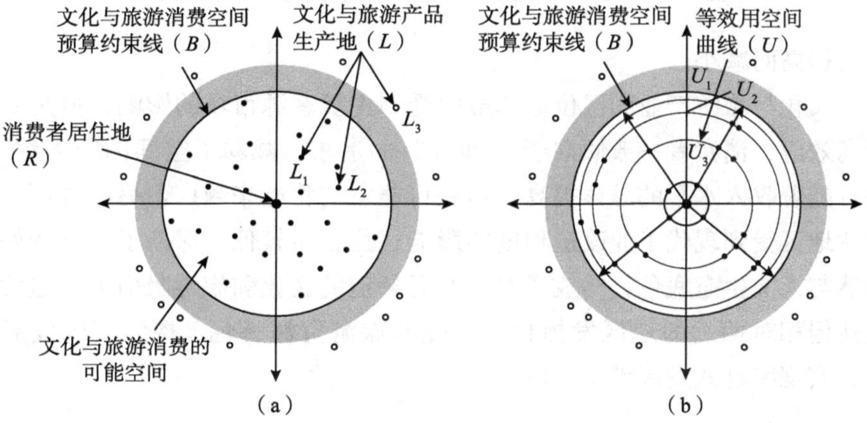

图 2 -7　文化和旅游消费可能空间状况

将所有的消费者在不同等效用空间曲线选择的点连接起来，就反映出文化和旅游消费的效用与空间距离的关联关系，构成了消费者文化和旅游空间效用曲线，如图 2 -8（a）所示，随着距离增加，边际效用越来越大，但受制于空间预算线的约束，当达到 B 时距离需求不再增加，即消费者总是倾向于达到自己的空间约束线距离。但当外部因素影响比如整体经济水平提升，使得消费者的收入水平增加，B 的空间距离将向外拓展时，消费者的空间选择也将延伸。

可见，对于文化和旅游产品的空间选择，消费者总是倾向于在自己的约束线空间内的最大距离，消费者的文化和旅游消费的空间受制于收入水平，这一距离随着经济水平和消费者收入的增加而不断延长。对于欠发达但文化资源富集地区，与客源市场的空间距离的约束将随着消费者收入水

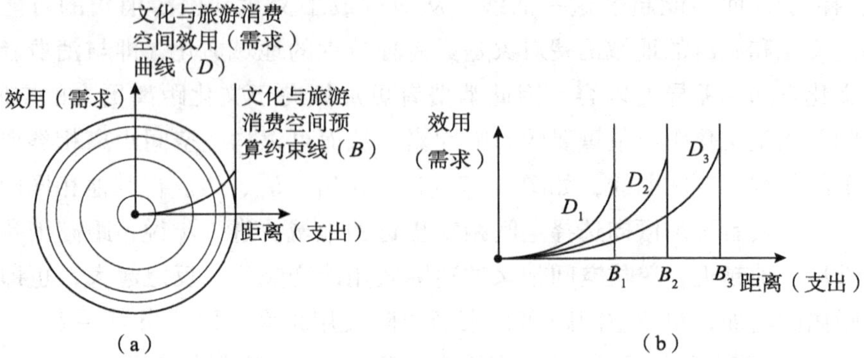

图 2-8　文化和旅游产品的空间需求曲线及其变动状况

平的提高而减小。

文化与旅游产业的区位选择虽然受到主要客源市场的影响，但是由于距离效应，消费者一般倾向于“远方”的追求，减弱了空间的距离约束，并且随着收入水平的总体提高，消费可能空间将越来越广。另一方面，欠发达地区受到现代工业改造程度的影响往往相对较低，保持了相对较好的自然与人文生态底色，构成了对消费者特定的文化和旅游吸引力。这为欠发达但相对偏远的地区发挥自身文化和旅游资源特色，探索新的发展路径，实现跨越式发展带来了可能。

第3章　甘肃省文化和旅游发展的资源条件

3.1　甘肃概况

甘肃省以古甘州（张掖）、肃州（酒泉）而得名，西夏曾置甘肃军司，元代设甘肃省，简称甘，因省境内陇山为古代名山，故又简称陇。

1. 自然概况

甘肃位于中国西部内陆，全省平面形态总体为北西—南东走向，地域辽阔。省域处在东经92°13′～108°46′和北纬32°11′～42°57′之间，东西跨度1480千米；南北跨度1132千米。全省土地总面积为42.59万平方千米，占全国陆地面积的4.72%。地势自西南向东北倾斜，山地、高原约占土地总面积的70%。

（1）甘肃位于我国陆地国土的地理中心

我国陆地国土的地理中心在甘肃省中部，兰州市西南。甘肃省大部分地区位于该中心西北，小部分在此中心以东。全省地域狭长呈带状，形似一个哑铃，东西长1655千米，西北宽530千米，西北－东南方向最窄处仅76千米。

（2）甘肃地处我国三大自然区交汇处

在省一级行政区划中，甘肃省是唯一地跨我国三大自然区——东部季风区、西北干旱区和青藏高寒区的省份，这种自然地理基础特征形成了甘肃复杂多样的自然条件，同时使甘肃在全国生态环境建设中居重要地位。

（3）甘肃分属黄河流域、长江流域和内陆河流域

以乌鞘岭为分水岭，甘肃划分为内流区与外流区；外流区又横跨黄河流域和长江流域。这一位于我国内外流域分水岭，以及长江、黄河分水岭的特点，使甘肃成为我国中原内地与西北边疆、青藏地区，以及北方和南方的陆上交通枢纽和通道。

（4）甘肃深居内陆，远离海洋

甘肃是我国距海最远的三个省级行政单元之一（另外两个是新疆、青海）。远离海洋，深居内陆，决定了甘肃大部分地区干旱少雨的气候特点。

2. 经济与社会概况

甘肃省现辖 12 个地级市、2 个自治州、86 个县市区（其中有 17 个市辖区、4 个县级市、58 个县、7 个自治县）。截至 2018 年年末，全省常住人口 2637.26 万人，占全国总人口的 1.90%，其中少数民族人口 250 余万人，城镇常住人口 1258 万人，城镇化率为 47.69%。2018 年，甘肃省国内生产总值（GDP）为 8246.1 亿元，占全国的 GDP 的 0.92%，全省人均 GDP 为 3.13 万元，在全国 34 个省级行政单元处于末位，相当于全国平均水平的 47.62%，相当于北京市的 22.33%，属于典型的经济欠发达省份。

甘肃地域广阔，独特的地理位置和版图形态，形成了极富特色的经济区位和省域国土空间开发格局。

（1）座中四联的地理位置

甘肃位于我国陆域版图的核心地带，“座中四联”，中心区位优势突出。甘肃是黄河上游、长江上游和河西内陆河流域的重要水源涵养补给区和生态屏障，对于保障西北乃至全国生态安全具有重要地位。甘肃是西北铁路网和公路网的中心，省内陇海、兰新、包兰、兰青、宝中、宝成、干武、西平、兰渝、宝兰、成兰等已建和在建铁路干线、客运专线（高速铁路）贯穿全境；中欧、中亚班列在境内展开；西兰、兰新、包兰、甘川、甘青等多条国道干线公路及高等级公路交会于省内，是连通内地，连接西北、西南地区，通往宁夏、内蒙古、新疆、西藏等地乃至中亚的交通枢纽和经济通道。

（2）战略地位十分重要

历史上，甘肃就是东西方文化交流和南北地区经贸往来的战略通道，

是连接北方游畜牧经济带、中原耕作农业经济带、川藏高原农耕畜牧经济带的重要区域。闻名中外的“丝绸之路”穿省而过，互通有无、促进繁荣的“茶马互市”意义非凡。甘肃东与陕西接壤，南与四川、青海相连，西接新疆，北与宁夏、内蒙古交界并与蒙古国接壤，处于我国蒙古、维吾尔、藏、回四大少数民族聚居地的结合部。“欲保秦陇，必固河西；欲固河西，必斥西域”。甘肃在维护国土安全、促进各民族共同发展、巩固边疆等方面发挥着重大的作用，战略地位十分重要。

（3）新时期的甘肃经济区位

改革开放以后，国家实行梯度发展战略，甘肃深居内陆、交通闭塞、基础薄弱，缺少国家计划的扶持，在商品经济、市场经济的博弈中再次落伍。另外，甘肃地域广阔，自然环境类型多样、差异大，区域发展不平衡。受自然条件和资源环境及经济社会发展等因素的影响，全省主要经济布局在陇海—兰新铁路沿线地区，集中了全省 60% 的经济总量，而占全省总人口 60% 的陇东、陇南地区仅占全省经济总量的 30% 左右，经济布局与人口分布不对称。

3.2 文化基础条件

甘肃是中华民族重要的文化资源宝库，拥有十分丰富的历史文化资源，其种类之繁多、内容之丰富、特色之鲜明，在全国具有独特的地位。

1. 甘肃是华夏文明的发源地之一

（1）甘肃彩陶是中国彩陶文化发展的最高峰

关于华夏文明起源问题的讨论是从华夏民族的起源开始的。18 世纪后半叶，欧洲的一些汉学家认为华夏文明是外来文明。1921 年以来，瑞典人安特生先在河南，后在甘肃、青海等地发现了彩陶，他认为甘肃彩陶是中国彩陶文化发展的最高峰。但安特生同时认为，甘肃彩陶与中亚、东欧史前彩陶相类似，并受其影响。安特生的说法为中国文明“西来说”提供了考古学上的证据，从而使世界学术界对中国文明“外来说”的认同程度达到了极致。

随后，山东章丘龙山文化遗址（1931 年）和河南安阳殷墟（1933 年）

出土的大量史前时代遗物，从根本上动摇了华夏民族“西来说”，华夏民族“本地说”被提了出来。本地说有多种提法，其中日本人鸟居龙藏认为，“甘肃古有一族，尊上帝而敬祖宗，即为汉人之祖，后乃向东迁移云。”① 这种说法很大程度上出于假设和文献上的大胆推测，缺乏具有说服力的证据。安特生和鸟居龙藏的认识虽然很快就被否定，但甘肃具备丰富的远古文明则是不容置疑的。

（2）大地湾文化是华夏文明多个起源中心之一

夏鼐将中国新石器文化划分为七大区域：黄河流域之外还有长江流域的马家浜文化、屈家岭文化、良渚文化，辽河流域的凌源牛河梁红山文化，华南的石峡文化，甘肃的秦安大地湾文化等，开创古学认识上的中国文明起源“多元说”之先河。② 接着，“满天星斗”③ “多元一体格局”④ 等学说相继问世，华夏文明有多个文明起源中心的认识逐渐被认同。甘肃秦安大地湾文化被认为是华夏文明起源的中心之一。大地湾文化遗址展示的是从一般聚落向中心聚落的演进过程，是我国目前考古发掘同时代遗址中的唯一发现，可以认为是华夏先民从乡村走向城镇发展变迁的最早见证，是阶级萌芽的表现，被誉为“城乡革命的前奏曲”。⑤

伏羲，自古相传为三皇之首，班固将其列为上上圣人十四位之首，居炎帝神农、黄帝轩辕之前。伏羲氏“继天而王”，是“百王之先”。⑥ 汉晋以来，伏羲氏“生于仇夷”“生于成纪”的说法屡见于文献。仇夷和成纪居渭河上游、西汉水上游一带，即今甘肃天水市周围地区。因此，天水是伏羲氏发祥的中心区。1516 年，明朝在天水正式设立太昊伏羲氏庙，经过多次扩建和修缮，现已成为全国规模最大的伏羲庙，为国家重点文物保护单位。大地湾遗址长达 3000 年的文化积淀为伏羲诞生于甘肃之说提供了非常重要的参考证据。

（3）陇山两侧是周秦文明的起源地

周王朝、秦王朝是中华礼制文明完善时期和封建帝制成熟时期，但先

---

① 林惠祥．中国民族史［M］．北京：商务印书馆，1996．
② 夏鼐．碳－14 测定年代和中国史前考古学［J］．考古，1977（04）：217－232．
③ 苏秉琦．中华文明起源新探［M］．北京：人民出版社，2013：75．
④ 严文明．中国文明起源的探索［J］．中原文物，1996（01）：10－16．
⑤ 郎树德．大地湾考古与中国文明起源的线索［J］．西北史地，1983，3．
⑥ 班固．汉书［M］．北京：中华书局，1962：863．

周和先秦文明分别发端于甘肃的陇东和陇南。周族的核心主体形成于甘肃东部，为周人的统一事业奠定了坚实基础。秦人在天水、陇南繁衍生息，积聚力量，创造了辉煌的秦文明。近年来，陇山以东的甘肃灵台白草坡和宁县宇村等地西周墓葬、陇山以西的礼县大堡子山秦西垂陵园和圆顶山先秦贵族墓葬出土了大量刻有铭文的青铜鼎、簋、壶、编钟，以及金虎、玉器等珍贵文物，器型高大，工艺水平可与中原青铜器相媲美。大量珍贵的青铜器物出土有力地说明，陇山两侧是“周秦的老家”。①

甘肃还是中国旧石器的最早发现地，也是中国已知最早的新石器时代遗址和青铜器发现地。甘肃先秦文明发达，甘肃考古发现影响深远，“中国历史文化早期的一系列核心疑问和谜团，恐怕都不得不求解于甘肃。”②

2. 甘肃文化资源丰富了华夏文明的内涵

秦汉以来，甘肃的广大地区逐渐成为华夏文明区的中心地带，丝绸之路文化、多元民族文化和陇原红色文化成为华夏文明的重要组成部分，进一步丰富和充实了华夏文明的内涵。

（1）丝绸之路文化

甘肃地区是丝绸之路最重要的主干区段。丝绸之路东西贯穿甘肃全境，长达 1600 多千米，众多历史文化遗址繁星般地布满漫长的丝绸之路沿线。甘肃丝绸之路文化以长城文化、简牍文化、敦煌文化、石窟文化等为代表。

在甘肃省境内，走向明确、遗迹清晰的战国秦长城、秦始皇长城、汉明长城及各地散段长城长达近 5000 千米，经过 50 多个县、区，城障烽燧遗址近 600 座。其中，河西走廊是国内唯一汉明长城并存的地区，山丹县新河驿附近的长城是迄今国内保存最完整的夯筑长城，山丹汉明长城被誉为“长城露天博物馆”。像这样不同历史年代修筑而同时并行，并至今留存较为完整的长城段在国内绝无仅有，甘肃因此有“长城之省”的美称。

甘肃出土简牍近 7 万枚，接近全国出土简牍的半数，其中汉简占全国出土汉简总数的 80% 以上。简牍出土地点从天水一直延伸至敦煌，贯穿全境。整个 20 世纪前半叶，国内出土的简牍都在西北地区，其中甘肃占绝大

① 苏秉琦. 中国文明起源新探［M］. 北京：人民出版社，2013：44.

② 李学勤.《遥望星宿：甘肃考古文化丛书》总序［J］. 甘肃社会科学，2004（01）：191.

多数。可以说，中国早期的简牍研究史就是甘肃简牍研究史。甘肃素有“简牍之乡”的称誉，今天依然是国际简牍文化的研究中心之一。

1900年发现的敦煌藏经洞文书达5万多件，被誉为“古代学术的海洋”。由于历史的原因，敦煌遗书散居世界各地，直接催生了国际显学——敦煌学。从中西交流的角度而言，敦煌是世界四大文化体系交融的中心。甘肃是敦煌学的故里，是世界敦煌学研究的中心。敦煌在中国，敦煌学在世界，敦煌文化已经成为全世界人民共同的财富。

甘肃境内石窟数量、造像艺术内涵之丰富堪称中国第一。中国五大石窟中，敦煌莫高窟、麦积山石窟均在甘肃，而凉州石窟则是中国最早见载于史册的石窟。中原的佛经传播、禅法戒律的流行都与甘肃河西走廊有关。可以说，河西地区是中国本土佛学的早期摇篮。甘肃境内石窟多达百余座，石窟艺术享誉世界，甘肃有“中国石窟艺术之乡”的美誉。

（2）多元民族文化

甘肃的历史是中国西部民族历史的缩影。氐、羌、戎、月氏、乌孙、吐谷浑、突厥、回鹘、吐蕃、党项、蒙古等游牧民族与农耕民族在这里密切接触，甘肃及其周边地区成为中华民族融合发展的重要场所。今天，甘肃传统民族有汉、回、藏、蒙古、东乡、土、裕固、保安、满、撒拉、哈萨克等十多个民族。在漫长的历史长河中，甘肃逐渐形成了丰富多彩的民族民俗文化。其中伊斯兰教文化、藏传佛教文化、特有民族文化，以及以花儿、道情为代表的民俗文化最为典型。

传入中国后的伊斯兰教，逐渐融入中国文化大局，并成为华夏文明的重要组成部分。圆拱形或八角形建筑形式的“拱北”是中国伊斯兰教先贤陵墓的称谓，甘肃一带特色鲜明的拱北成为伊斯兰教文化中独特而不朽的象征，其中包含的砖雕已经成为国家级非物质文化遗产。

藏传佛教，又称为藏语系佛教，在甘肃主要传播于甘南藏族自治州及天祝、肃北、肃南等自治县内。甘南州夏河县的拉卜楞寺是我国藏传佛教格鲁派六大寺院之一，是甘肃境内藏传佛教文化的代表。目前，拉卜楞寺保留有全国最完整的藏传佛教教学体系。

在今天我国的民族大家庭中，东乡族、裕固族和保安族为甘肃特有。裕固族主要分布在酒泉市裕固族自治县，东乡族和保安族居住在临夏州积石山保安族东乡族撒拉族自治县。三个民族都有自己的语言、服饰、音乐、舞蹈、姓名、婚俗、饮食、民歌、语言文学、节日、信仰禁忌等民族文化，特色鲜明。其中裕固族婚姻习俗文化、东乡族饮食文化、保安族腰刀文化可为代表。

甘肃“花儿”是一种多民族共同创造、共同享用、具有强烈的表演艺术特征的民歌，可分为河州花儿、洮岷花儿，传唱在临洮、康乐、和政、广和、永靖、夏河、临潭、岷县、卓尼一带。“花儿”内容丰富多彩、形式自由活泼、语言生动形象、曲调高昂优美，具有浓郁的生活气息和乡土特色，深受回、汉、藏、东乡、土、撒拉等民族的喜爱。除了在农事等劳动场合歌唱外，各地还有举办“花儿会”的习俗，其中规模比较大者有“康乐县莲花山花儿会”“岷县二郎山花儿会”“和政县松鸣岩花儿会”等。

（3）陇原红色文化

1905年同盟会成立及1919年五四运动爆发的时候，在省外学习的甘肃青年就积极投身其中，由爱国进而倾向革命，成为甘肃最早的革命者。他们回到甘肃后，点燃了陇原红色文化的火种。第二次国内革命战争时期，甘肃保留了全国唯一的革命根据地。第三次国内革命战争时期，这里又成为走向全国胜利的出发点。整个新民主主义革命时期，甘肃大地上留下了许多革命遗址和革命文物，铸造了辉煌灿烂的陇原红色文化。

早期革命斗争文化：1911年的辛亥革命在甘肃得到了广泛响应，陇东、陇南、河西等地都有起义发生。1912年3月11日爆发的“秦州起义”推翻了清朝在天水的统治，是全国辛亥革命运动中的最后一次起义。1921年以来，革命斗争的烽火愈演愈烈，甘肃各地也爆发了多次革命暴动，主要有两当兵变（1932年）、靖远兵暴与水泉起义（1932年）、西华池起义（1932）、兰州水北门兵暴（1933年）。其中靖远兵暴与水泉起义规模最大，起义队伍打出了“中国工农红军陕甘游击队”“西北抗日义勇军”的旗帜，影响很大。

长征文化：在红军长征所经过的十多个省中，就时间之长、活动之频繁、影响面之广以及其特殊地位来说，甘肃省有着显著的特点和特别的意义。甘肃是红军长征到达陕北之前经过和战斗过的最后一个省份，是参加长征的红二十五军及红一、二、四方面军等主力红军都经过的唯一省份；甘肃是红军长征活动时间最长的省份之一。红军长征历时约两年，从红二十五军1935年8月进入甘肃算起，则将近有一年半时间，西路军在河西走廊浴血奋战至1937年4月。甘肃是红军活动范围最广的省份之一，红军长征经过了今甘肃 14 个市（州）80 多个县中的 12 个市（州）的 50 多个县。甘肃是红军长征途中召开“转折性”会议和进行“决定性”战役最多的省份之一，如俄界会议、腊子口战役、哈达铺会议、榜罗会议、打拉池会师、会宁会师、山城堡战役。红军长征在甘肃期间所进行的重大活动、战斗及会议，蕴含着非常丰富的军事文化，是中华民族自强不息、顽强拼搏、奋发向上精神的继承和发展。

根据地文化：1934 年，刘志丹、习仲勋等开辟了以甘肃华亭县南梁乡为中心的陕甘边革命根据地，创建了中国西北第一个工农民主政权——陕甘边区苏维埃政府。后与谢子长等领导创建的陕北革命根据地连成一片，成为西北革命根据地。陕甘革命根据地是第二次国内革命战争后期我党硕果仅存的一块革命根据地，为长征中的党中央和各路红军提供了落脚点，为八路军北上抗日提供了出发点。中国革命的斗争从这里走向全国，直到取得全国革命的胜利。

3.3 文化和旅游资源

甘肃历史悠久，文化资源丰富，其文化资源作为旅游载体，承载着中华民族的历史印痕，转化为一种集体记忆，赋予了中华民族特有的“诗性意象”，与经过千年累积、全面渗透于中华民族深层次心理结构中的文化基因产生了共鸣。①

1. 文化资源

(1) 文化资源概况

据 2018 年统计，甘肃共有远古时代以来的遗址遗迹 17000 余处，其中世界文化遗产 7 处（敦煌莫高窟、嘉峪关关城、麦积山石窟、炳灵寺石窟、锁阳城遗址、悬泉置遗址、玉门关遗址），与北京同列全国第二；共有国家重点文物保护单位 131 处、省级重点文保单位 625 处，在全国居于前列，有市级、县级文物保护单位 5035 处。甘肃现存各类石窟寺 337 座；

① 傅才武，申念衢．诗词文化资源在城市文化建构中的价值开发研究——以打造武汉“诗梦小道”为例［J］．山东大学学报（哲学社会科学版），2018（03）：50－59.

出土汉简 6 万多枚，占全国出土总数的 82%；有国家级历史文化名城 4 座、历史文化名镇 7 座。现有重大革命遗址 682 处。全省馆藏文物近 43 万件，其中国家一级文物 3240 件，珍贵文物 11 万多件。甘肃民俗民间文化绚丽多彩，目前共普查整理出非物质文化遗产 27000 余种，其中世界级 2 项（环县皮影、洮岷花儿），国家级 68 项，省级 493 项。甘肃文化资源丰富度位列全国第五。

同其他省区相比，甘肃文物资源具有明显的个性特征和独特优势。全省现存各类石窟寺数量居全国第一，素有"石窟艺术之乡"的美誉。其中具有学术研究和旅游观光价值的大中型石窟群 40 多座。敦煌莫高窟和麦积山石窟为中国五大石窟之一。全省现存史前文化遗址数量位居全国前列。在甘肃境内首次发现并以之命名的史前文化类型主要有马家窑文化、辛店文化、齐家文化、四坝文化等，集中揭示了中华民族多元一体形成发展以及甘肃多民族聚居格局的产生。全省现存的古代城址数以百计，时间跨度从青铜时代晚期到明清近 3000 年之久，是研究古代城市发展和社会、交通、军事、商贸发展变迁的重要历史史料。甘肃古代建筑以明显的地域特征和浓郁的民族特色在国内占据重要地位，现存的各个时代的寺庙、官署、学宫、民居、塔幢、桥梁等，内容丰富，类型齐全，是中国传统建筑营造技艺与地方作法、多民族风格完美融合的集中展现，体现了甘肃古代先民杰出的工程技术水平和对美好生活的向往。

全省古籍总藏量约 140 余万册，在全国占有重要份额。古籍版本多样，内容丰富，涉及语言文字、文学、历史、地理、哲学、宗教、科技、文化艺术等各个领域，囊括了我国历史的各个时期。古籍收藏单位范围广泛，遍布全省 14 个市（州），特别是设立年代较长的市、县图书馆均有古籍收藏。少数民族文献、敦煌文献、秦汉简牍和大量的地域文献，是使甘肃具有世界级影响力的特色文献。全省共有 283 部古籍入选国家珍贵古籍名录。这些文化资源是华夏文明起源和繁荣发展的见证和标志，是华夏文明丰富内涵的重要组成部分。现藏甘肃文溯阁的《四库全书》共有 36315 册，79897 卷，是中华民族的文化瑰宝。现存敦煌汉文文献 600 多卷、简牍 6 万多枚、少数民族文字古籍 30 万册，以及数量庞大的碑刻拓片等，具有重要的历史、思想和文化价值。甘南拉卜楞寺经书古籍藏量丰富，是不可多得的古籍史料。甘肃省图书馆、兰州大学图书馆、拉卜楞寺藏经楼、天水市图书馆 4 家单位被评为"全国古籍重点保护单位"。甘肃省图书馆是古籍存藏最多的收藏单位，存藏数量 38 万册，在全国公共图书馆名列前茅。图 3－1 显示了甘肃省主要文化遗产数量及人口和 GDP 占全国的比重。

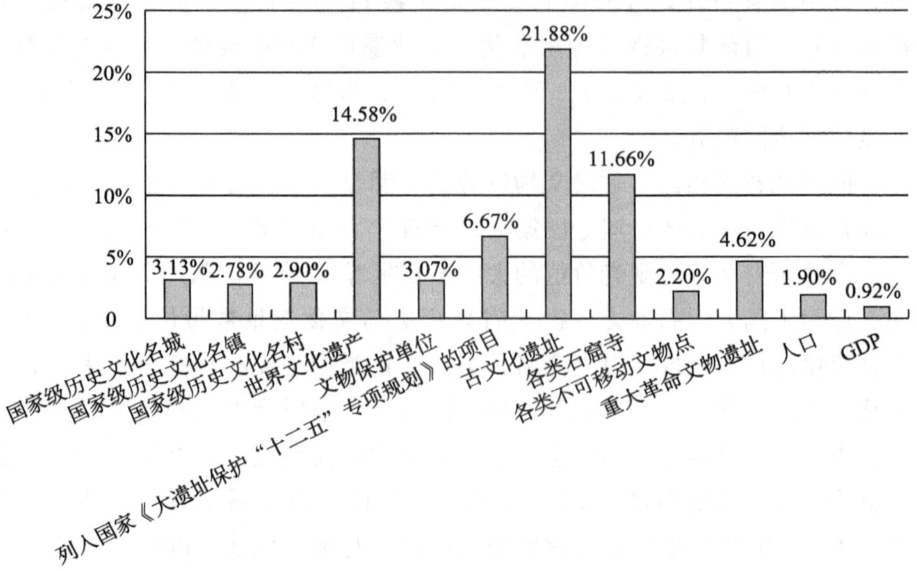

图 3－1　甘肃省主要文化遗产数量及人口和 GDP 占全国的比重

（2）拥有的世界文化遗产

敦煌莫高窟。敦煌莫高窟俗称千佛洞，于 1987 年被列为世界文化遗产，是一座拥有 2000 余年历史、内容丰富、规模宏伟的石窟群，是我国也是世界上现存规模最宏大、历史最长久、内容最丰富、保存最完好的佛教和石窟艺术宝库。莫高窟是我国五大石窟之一，开凿于敦煌城东南 25 千米的鸣沙山东麓的崖壁上，前临宕泉，东向祁连山支脉三危山。南北全长 1680 米，现存历代营建的洞窟共 735 个。现存有北凉、北魏、西魏、北周、隋、唐、五代、北宋、回鹘、西夏、元各个朝代壁画和彩塑的洞窟 492 个，彩塑 2400 多身，壁画 4.5 万多平方米，唐宋时代木构窟檐 5 座，还有民国初重修的作为莫高窟标志的九层楼。

嘉峪关关城。嘉峪关关城 1987 年被列为世界文化遗产，位于甘肃省河西走廊中西部的嘉峪山西麓的嘉峪塬上，自古是“丝绸之路”的必经之地，古有“西襟锁钥”之称。关城平面呈梯形，面积 3.3 万多平方米，由外城、内城、罗城、瓮城及城楼附属建筑等组成。内城为关城的中心，面积约 2.5 万平方米。城墙高 9 米，上建高 1.7 米的垛墙。内城有东西二门，西曰“柔远”，东曰“光化”，其上均建有三层三檐歇山顶式城楼，与关楼位于一条中轴线上。城墙四角建角楼，南北墙正中建敌楼。内城中轴线北侧有清代游击将军府一座，是嘉峪关历任游击将军办公之处。二门外各修筑瓮城 1 座，门均南开，东曰“朝宗”，西曰“会极”。关城南、北两侧均筑有长城。关城之上的各式建筑与附近的长城、城台、城壕、烽隧等设施构成了严密的军事防御体系，被誉为“天下第一雄关”。

玉门关遗址。玉门关遗址位于敦煌市西北祁连山西端疏勒河南岸戈壁，是 2—3 世纪汉王朝设立在河西走廊地区西端最重要的关隘遗存，在地理区域上具有东西交通分界的标志地位。作为丝绸之路上至今保存最好、类型最完整、规模足够大的关隘遗存，其见证了汉代大型交通保障体系中的交通管理制度、烽燧制度与长城防御制度，是丝绸之路长距离交通和交流的保障。玉门关遗址与包括东起仓亭燧、西至显明燧、南至南三墩的汉长城，还有河仓城遗址一起构成完整的军事防御保障体系，不仅实现了汉长城的防御功能，起到维护边疆社会稳定的目的，同时从客观上保障了以丝绸之路为主的东西方贸易、文化交流，促进了该区域社会经济发展和文化繁荣。

麦积山石窟。麦积山石窟位于甘肃省天水市东南 35 千米处的秦岭山脉之中，窟龛群开凿于群山环抱的麦积山红砂岩独峰峭壁上，洞窟间以错落的栈道相连。麦积山石窟是中国石窟遗产中北魏、北周石窟的代表窟群之一，也是中国佛教石窟群经云冈石窟汉化的进一步延续与发展。麦积山石窟是中国佛教艺术 5—6 世纪末嬗变的杰出代表，堪称 5—18 世纪世界泥塑艺术史上的瑰宝，素有“东方雕塑陈列馆”之称。这里保存的 6 世纪中国式窟檐、窟体建筑，是石窟形成中国化起始阶段的代表性物证，“是创造纯中国式石窟的一次极可贵的尝试”。麦积山石窟第 4 窟檐廊外侧上方的“薄肉塑”艺术形式结合了浅浮雕和壁画的艺术形式，是麦积山石窟的独创。麦积山石窟壁画中还保存了在中原地区形成的最早期的佛教经变画。

炳灵寺石窟。炳灵寺石窟位于甘肃省临夏回族自治州永靖县西南约 52 千米处，错落开凿在小积石山黄河北岸大寺沟中长 350 米、高 60 米的西侧崖面上，始凿于 4 世纪后期（西秦），5—10 世纪历代开凿，宋元明清历代维修。石窟以崖面北段高达 27 米的唐代摩崖大佛（171 窟）以及崖面中段的众多中小型窟龛构成主体，现有窟龛 185 个，雕像 776 尊，壁画 912 平方米。其中，西秦时期石窟 4 处，北朝时期窟龛 40 个，隋唐时期石窟 138

个，明代洞窟 3 处，石刻题记 62 处。炳灵寺石窟保存了大量 4—5 世纪（十六国时期）的洞窟及壁画、雕塑，是佛教初传入汉地时中国早期石窟面貌的典型证据。169 号窟北壁有二十四行的“建弘元年”（420 年）墨书题记，是我国已知石窟中最早的造窟题记。

锁阳城遗址。锁阳城遗址位于甘肃省酒泉市瓜州县东南 62 千米的荒漠戈壁中，地处河西走廊西端、疏勒河的昌马冲积扇西缘。遗址南靠祁连山余脉长山子，东西两侧分别有疏勒河和榆林河。锁阳城遗址遗产区面积 15788.60 公顷，主要遗存包括锁阳城城址、农业灌溉渠系遗迹、锁阳城墓群和塔尔寺遗址。考古调查和勘探初步推测城址年代约为公元 7—13 世纪。锁阳城城址包含内城、外城和外城西北角两处堡子遗址。锁阳城的内城、外城双重城墙，以及墙体上的瓮城、马面、角墩及堡子等共同构成了保存完好的城市防御体系，与经由灌溉技术形成的古垦区一起，为丝路交通和文化交流提供了重要的安全和补给保障，是人类开展长距离交通和交流的典型保障性城址。锁阳城墓群中出土的唐代丝绸、骆驼、胡人俑、开元通宝古钱等文物，与唐代丝绸之路沿线繁盛的商贸活动密切关联。

悬泉置遗址。悬泉置遗址位于敦煌市，处于省道 314 路边。该遗址是公元前 2 世纪—公元 3 世纪汉代设立在丝绸之路上接通中原与西域诸国的重要驿站遗址，因出土的汉简上书“悬泉置”三字而定名。创建时期约为西汉武帝元鼎年间，延续近 400 年。遗址由主体建筑坞堡和附属建筑仓、厩构成。遗址出土铜、铁、漆、木等文物，尤其是简牍 3 万余枚，为研究汉晋驿站的结构、形制和布局提供了极为重要的实物资料，出土的大量简牍及其他遗物在研究汉代邮驿制度及西北边郡地区的政治、经济、军事及文化生活等方面具有重要价值，见证了其对丝绸之路长距离交通和交流的保障。

（3）拥有的世界级非物质文化遗产

环县道情皮影戏。皮影俗称灯影戏，是中国最古老的戏剧形式之一，源于 2000 余年前的中国古代长安，盛行于唐、宋。至今仍在中国民间普遍流行，堪称中国民间艺术一绝。皮影选用上等牛皮，经过刮、磨、洗、刻、着色等二十四道工序，手工雕刻 3000 余刀而成。其艺术创意汲取了中国汉代帛画、画像石、画像砖和唐、宋寺院壁画之手法与风格。环县皮影曲意丰厚灿烂，古老悠久，唱腔悠扬激越，造型精雕细刻，道具传统灵活，演技神奇高超，是农耕文化的典型艺术形态、道教文化的民间流传方式，也是黄土高原乃至黄河流域保留最完整的原生态艺术形体，不仅是环县文化的象征，也是珍贵的非物质文化遗产。

洮岷花儿。花儿产生于明代初年，是流传在中国西北部甘、青、宁三省（区）的汉、回、藏、东乡、保安、撒拉、土、裕固、蒙等民族中共创共享的民歌。因歌词中把女性比喻为花朵而得名。它用汉语演唱，音乐上受羌、藏、汉、土以及穆斯林各民族传统音乐的影响。“洮岷花儿”是洮州（甘肃临潭县）、岷州（甘肃岷县）等地区流行的一种“花儿”。“洮岷花儿”质朴敦厚、意味隽永、明快生动、演唱豪放，是我国民间文化的一朵奇葩，它不但历史悠久，群众基础雄厚，而且具有多声部、多曲调的特点，是迄今世界上保持完好的、独特的、稀有的原生态多声部民歌之一。

2. 旅游资源

（1）旅游资源的类型

据不完全调查与统计，甘肃省单体旅游资源 2129 个（处），其中实体旅游资源 1782 个（处）①，全省所有各县、区都有旅游资源分布。

甘肃省旅游资源类型多样，依据《旅游资源分类、调查与评价》（GB/T 18972—2017），甘肃省旅游资源共有全部 8 种基本类型，31 种亚类型中的 29 种，仅缺少岛礁、河口与海面两种亚类型，155 种基本类型中的 139 种，占全部基本类型的 89.7%。

全省各市、州旅游资源的类型数分布不均衡，各市、州旅游资源基本类型状况如表 3－1 所示。

表 3－1　甘肃各市（州）旅游资源基本类型数

市（州）	基本类型数	丰度等级
酒泉市	76	大于 60%，属丰富级
陇南市	66	
兰州市	64	
张掖市	63	
武威市	62	
甘南藏族自治州	61	

① 中国科学院地理科学与资源研究所，甘肃省旅游局．甘肃省旅游业发展规划［M］．北京：中国旅游出版社，2009.

续表

市（州）	基本类型数	丰度等级
临夏回族自治州	57	41%～60%，属中等
庆阳市	53	
天水市	50	
平凉市	48	
白银市	46	
定西市	44	
嘉峪关市	37	小于40%，属较少
金昌市	36	

全省旅游资源中，人文旅游资源1599个（处），占旅游资源总量的75.11%，共有83种基本类型；自然旅游资源分类530个（处），占旅游资源总量的24.89%，共有56种基本类型。无论是单体数量还是类型，人文旅游资源都高于自然旅游资源。

（2）旅游资源的分布

表3－2　甘肃各市（州）单体旅游资源数与单体旅游资源密度

市（州）	单体旅游资源数	单体旅游资源密度/(个/百平方千米)
酒泉市	245	0.11
陇南市	172	0.48
兰州市	221	1.52
张掖市	181	0.35
武威市	167	0.42
甘南藏族自治州	217	0.23
临夏回族自治州	123	1.09
庆阳市	173	0.51
天水市	161	1.01
平凉市	136	1.02
白银市	95	0.40
定西市	118	0.49
嘉峪关市	63	2.04
金昌市	67	0.59

全省 14 个市（州）旅游资源最为丰富的是酒泉市，达到 245 处，但由于面积辽阔，资源密度仅为 0. 11（个/百平方千米），位于全省末位。对单体旅游资源密度进行比较，密度最高的是嘉峪关市，达到 2. 04（个/百平方千米），其次是兰州市达到了 1. 52（个/百平方千米），全省 14 个市（州）旅游资源密度首末位之比为 18 ∶ 55，显示出旅游资源分布的不均衡状况。

（3）A 级景区的空间分布

截至 2018 年年底，甘肃省已有 A 级景区 298 处，其中 5A 级景区 4 处，4A 级景区 95 处，3A 级景区 119 处，2A 级景区 79 处，1A 级景区 1 处。A 级景区分布在全省 14 个市（州），平均每市（州）拥有 A 级景区 21. 29 个，低于全国平均每个地级行政区 35. 70 个的水平，其中张掖市最多，有 25 处，金昌市最少，仅有 5 处。全省 86 个县（区）与嘉峪关市中，78 个有 A 级景区，平均每县（区）拥有 A 级景区 3. 43 个，低于全国平均每个县（区）4. 18 个的水平，其中最多的是武威市凉州区，有 13 个。全省平均每万平方千米面积拥有 A 级景区数 7. 00 个，低于全国平均每万平方千米面积拥有 A 级景区数 12. 42 个的水平。全省平均每千万人口拥有 A 级景区数 112. 00 个，高于全国平均每千万人口拥有 A 级景区数 85. 45 个。

（4）甘肃省重要景区

甘肃旅游发展过程中逐渐形成了一批包含一个或多个 A 级景区，具有突出的品牌效应和巨大带动作用的大景区，形成了甘肃旅游的核心产品。

兰州百里黄河风情线，位于省会兰州市区，为开放式带状景区。主要景点包括黄河楼、百合公园、龙源、水车博览园、水车园、兰州黄河铁桥、大剧院、会展中心、白塔山、金城关、文朔阁、兰州文庙等。兰州百里黄河风情线是全国唯一的城市内黄河风情线，被称为兰州的“外滩”。区域内包括 4A 级景区 1 处——兰州水车博览园，2A 级景区 2 处—— 兰州水车园与白塔山公园。中山桥是国家重点文物保护单位，是黄河上修建最早的近现代钢架梁桥，有“天下黄河第一桥”之称。景区发展以“锦绣丝路”为主题，是丝路文化、始祖文化、民族文化、民俗文化、宗教文化等多元文化的集中展示区，重点开发文化观光、丝路文化、生态休闲、水上旅游、避暑度假、商务会展、宗教文化等旅游产品，正成为丝路文化旅游、黄土高原休闲避暑度假与生态旅游、黄河现代都市观光、会展和民族民俗体验旅游目的地。

敦煌莫高窟—月牙泉景区，位于敦煌市区南部，主要景点包括莫高窟、敦煌莫高窟游客中心、鸣沙山月牙泉、历史博览园等。莫高窟是世界文化遗产，全国首批重点文物保护单位之一，是世界上现存规模最宏大、保存最完好的佛教艺术宝库。鸣沙山月牙泉是国家级风景名胜区，国家5A级旅游景区。景区发展以“敦煌文化”和“沙漠风光”为主题，从敦煌历史文化底蕴、沙漠文化特色等多方面、多层次挖掘其文化特点，增加文化元素体验。莫高窟将实现从静态观光景区向动态的、多媒体体验的参与性景区跨越，月牙泉将实现从观光主导向观光与休闲体验并进发展的复合型景区跨越，合力发展成为甘肃丝绸之路龙头大景区。

敦煌阳关—玉门关大景区，位于敦煌市西北部，主要景点包括玉门关（含汉长城、河仓城）、阳关（含寿昌古城）及雅丹国家地质公园等。玉门关是汉武帝在西域所设置的第一道关卡，是世界文化遗产。阳关是西汉置关，阳关文物旅游景区是国家4A级景区。雅丹国家地质公园是中国最大的风蚀地貌群，是国家4A级景区。景区发展突出敦煌深厚的汉唐边关文化和绝美雅丹地貌，以边关文化为核心，集丝路文化、佛教文化、雅丹地质文化、沙漠文化、诗歌文化、种植文化、葡萄文化、民俗文化等多种文化为一体。形成多元文化组合，构建以边关文化感知体验产品为核心，观光游憩旅游产品和休闲体验旅游产品为重点，以边塞旅游、丝路旅游、采摘体验、节庆活动为热点的复合型旅游产品体系。

平凉崆峒山景区，位于平凉市西部，主要景点包括太统山、皇城、五台、望驾山、弹筝峡、胭脂川、香山、十万沟大峡谷、大阴山、西山、崆峒古镇、弹筝湖公园、龙隐寺等。崆峒山森林覆盖率高达95%以上，是国家级风景名胜区、国家首批5A级景区、国家级自然保护区、国家地质公园、全国重点文物保护单位、国家级水利风景名胜。景区发展将突出中华养生、道源圣地主题，打造中国道学人文生态旅游标志性名山。在崆峒山生态人文观光的基础上，加强景、城连动，建设道学文化、中医文化、生态文化三大景区养生文化体系，打造传统养生、宗教朝觐、文化修学、旅游观光、绿色休闲、疗养健身等养生系列产品。

泾川大云寺—王母宫景区，位于平凉市泾川县城西北，景区沿312国道分为王母宫、大云寺两个子景区，主要景点包括大云寺舍利塔、钟楼、鼓楼、佛教文化博物馆、经书房、王母宫回屋、王母宫石窟、圣水池、瑶池金母殿、三清殿、夜月亭、李商隐故居、洗眼泉、田家沟水利风景区、四坡战役遗址等。大云寺—王母宫景区是国家 4A 级景区。王母宫是西王母发祥地和祖庙所在地，被国际亚细亚民俗学会和中国民俗学会授予“国家重点民俗文化景区”的称号。大云寺是武则天敕令珍藏《大云经》的皇家寺院，由隋代大兴国寺改建而成，因发掘出了装有佛祖真身舍利的金棺、银椁而闻名于世。景区将充分挖掘、展示佛教文化、西王母文化，注重西王母长寿文化体验、道文化体验、大云寺佛禅文化体验等养生文化体验产品，不断增强其参与性、体验性、互动性内容，形成佛道文化高品位观光与休闲、度假、养生、修学等相结合的复合型旅游新产品发展，打造甘肃宗教民俗文化标志性大景区。

天水麦积山景区，位于天水市东南部，主要包括麦积山、仙人崖、石门、曲溪、街亭温泉五个子景区。麦积山石窟始建于五代后秦，是世界文化遗产、国家重点文物保护单位，是中国五大石窟之一、国家 5A 级旅游景区，有“东方雕塑馆”之称。麦积山景区是国家自然与文化双遗产、首批国家级风景名胜区、国家森林公园、国家地质公园。景区将突出石窟文化、名山生态、温泉养生、天水风情特色，发展以参禅论道、石窟欣赏为主的佛学养生产品、温泉保健游和以观山看景、避暑休闲、养生度假、科考猎奇为重点的生态养生游，是陇东南国家中医药养生保健创新区示范景区与国际文化生态旅游大景区。

嘉峪关景区，位于嘉峪关市市区，主要景点包括嘉峪关文物景区、嘉峪关文化遗产公园、长城第一墩、悬臂长城、石关峡、黑山岩画、中华孔雀苑、丝路印象 · 边关第一镇、悬壁长城四季滑雪场、非物质文化遗产古镇、戈壁大峡谷国家地质公园等。嘉峪关关城是明代万里长城的西端起点，是世界文化遗产、国家 5A 级旅游景区、国家首批全国重点文物保护单位，有“天下第一雄关”和“边陲锁钥”的美誉。景区发展以长城文化为主题，以大漠风光、绿洲田园和边关风情为依托，以关城、长城第一墩、悬壁长城构成的军事防御体系为主体景观，融入丝绸之路文化及孔雀文化。发展世界遗产观光游览、边塞风情感受、体验、参与以及长城文化与丝路文化、农耕文化与游牧文化的交融发展探寻等旅游产品。景区将发展成为国家级世界遗产保护与旅游开发的典范、国家级文化和旅游产业深度融合创意园区、世界文化遗产公园。

张掖丹霞景区，位于张掖市西部，主要景点包括七彩丹霞、冰沟丹霞、大勒巴沟丹霞等。张掖丹霞景区是世界十大神奇地理奇观之一，2005年被《中国国家地理》杂志评为“中国最美的七大丹霞地貌”之一，是国家4A级景区。景区发展突出世界十大神奇地理奇观——张掖丹霞主题，以彩色丘陵景观为龙头、自然风光为背景、丹霞地貌为特色，注重保护公园地质遗迹，传播地球科学知识，完善基础设施，开展特色旅游活动，围绕丹霞地质文化，丰富旅游区的科技文化内涵，开拓休闲观光、度假娱乐旅游产品。景区将发展成为甘肃丝绸之路上新的地质奇观标志性旅游目的地。

白银黄河石林景区，位于白银市景泰县，主要景点包括古石林群、黄河曲流、龙湾绿洲、坝滩戈壁等。景区是国家地质公园，国家4A级旅游景区。景区发展突出黄河石林西部地质大观园的主题，充分挖掘展示黄河古石林群、黄河曲流、龙湾绿洲、黄河坝滩等地质奇观文化，采用多角度、多方式游览石林，同时开发黄河古村落传统民俗文化、龙文化体验、参与项目，开发影视外景情景旅游，实现黄河地质文化和民俗文化自然融合。景区将发展成为甘肃黄河地质文化及传统文化标志性大景区。

永靖黄河三峡景区，位于临夏州永靖县，包括炳灵石林、炳灵寺、炳灵湖、太极湖、毛公湖五个子景区。该景区是国家4A级旅游景区，建于西晋的炳灵寺石窟是全国重点文物保护单位，也是世界文化遗产。景区发展突出“龙腾黄河、水美永靖”主题，凸显炳灵寺世界自然遗产的魅力，开发石窟文化、彩陶文化、傩文化、水乡民俗文化等景区特色文化的参与性、体验性、娱乐性、互动性内容，形成了观光与休闲、度假、商务、养生、研学等相结合的高品质复合型旅游产品。景区将发展成为甘肃湖泊休闲度假旅游标志性景区、西部水乡文化特色旅游城镇。

和政松鸣岩—古动物化石地质公园景区，位于临夏州和政县，包括松鸣岩、和政古动物化石国家地质公园、桦林地质公园、大南岔河生态旅游带等子景区。松鸣岩为国家级森林公园，国家4A级旅游景区。和政古动物化石地质公园是国家级地质公园、古动物化石原址保护馆、地质遗迹保护区，是中国唯一一座古脊椎动物化石博物馆。景区发展以“花儿故里、化石之都”为主题，围绕花儿文化，创新建设中国花儿世界非物质文化遗产最佳展示体验地、国家级民族民俗文化旅游示范区，打造“老花儿新演艺”花儿音乐节；绕着化石资源，开发观光、会议、研学旅游，建设精品博物馆体系与化石文化旅游产业园区，创新发展化石影视剧制作业、文化演艺业、文化节庆业、文化动漫业、民间艺术业。景区将发展成为古生物化石、山水花儿国际旅游目的地。

榆中兴隆山景区，位于兰州市榆中县，主要景点包括东山、西山、成吉思汗文物陈列馆、蒋介石行宫、滑雪场等子景区。兴隆山是国家级自然保护区，国家 4A 级旅游景区。景区突出“陇右名山”主题，强化国家级自然保护区生态旅游精品与兰州传统民俗乡村旅游的融合发展，重点开发深层生态旅游、多元文化体验、森林休闲度假、滑雪冬季旅游、兴隆小镇民俗旅游等休闲、体验、研学旅游产品。景区将发展成为兰州市近郊生态观光、休闲、避暑标志性景区。

武威马踏飞燕景区，位于武威市区，分为城区历史文化旅游片区和东片沙漠公园及葡萄休闲养生旅游区。城区历史文化旅游片区主要景点包括雷台、文庙及文庙历史文化街区、罗什寺及罗什寺历史文化街区、大云寺及古钟楼历史文化街区、天马湖、西城区市博物馆、凉州植物园、西郊公园、摩天轮主题公园、海藏寺、海藏湿地公园、南城门广场等。东片沙漠公园及葡萄休闲养生旅游区主要景点包括莫高国际生态葡萄酒堡及基地、威龙沙漠绿洲有机酒堡及葡萄基地、荣华颐养园、武威沙漠公园、大唐葡萄园等。“马踏飞燕”是中国旅游标志，雷台、文庙等为国家级文物保护单位。武威沙漠公园、雷台为国家 4A 级景区，凉州植物园为国家 3A 级景区。景区发展以中国旅游标志—马踏飞燕为主题，通过保护、修缮文庙历史古建筑，营造“书城不夜”的儒学盛景，体现“陇右学宫之冠”的特色，借助现代声、光、电等高科技技术与参与性活动来表现“礼、乐、射、御、书、数”六艺内容以及“温良恭俭让”内容与先贤故事的旅游活动，打造甘肃儒学标志性景区。景区将发展成为集天马文化、五凉文化、丝路文化、边塞民俗文化、生态文化相互融合为一体的中国旅游标志文化及五凉文化大景区。

金昌紫金花城—神秘骊靬景区，位于金昌市永昌县与金川区，主要景点包括骊靬城、骊靬公园、骊靬亭、骊靬遗址、华夏骊靬影视城、骊靬大道罗马柱景观带、豹子头森林公园、豹子头滑雪场、豹子头青少年生存训练营地、永昌万祥城等。骊靬古城是中国历史上重要的民族融合性典型古城，国家 4A 级景点。突出骊靬文化主题，打造全国唯一的以中西传统文化融合为背景、以古罗马文化中国化为主题的经典旅游品牌景区。规划以骊靬文化为主题，以骊靬文化产业园景区为核心载体，以“骊靬古城、骊靬公园、骊靬影视城、骊靬美食城、骊靬罗马商业城、骊靬风情园、骊靬森林生态园”等项目为内容，充分展示并让游客多元体验骊靬文化，打造全国唯一的以中西传统文化融合为背景、以古罗马文化中国化为主题的经典旅游品牌景区。

甘南拉卜楞寺—桑科草原景区，位于甘南藏族自治州夏河县境内，主要景点为拉卜楞寺和桑科草原。拉卜楞寺是世界上最大的藏学学府，藏传佛教格鲁派六大宗主寺之一，全国重点文物保护单位，国家4A级旅游景区。桑科草原属于草甸草原，是甘南藏族自治州的主要畜牧业基地之一，是一处极为宝贵的自然旅游景区。景区突出藏域文化主题，深入挖掘藏传佛教、藏域风情、高原生态等文化生态资源，正发展成为“拉卜楞——世界藏学府旅游目的地和甘肃藏文化标志性旅游景区”。桑科草原充分挖掘展示安多藏族文化风情，将桑科草原打造为“浓郁的风情草原旅游区”“安多藏区民族民俗文化展示区”“草原节庆娱乐活动区”“草原休闲度假区”。形成藏文化与传统藏民俗观光与休闲、度假、养生、修学等相结合的高品质复合型多日旅游产品。

临潭冶力关景区，位于甘肃省临潭县境内，主要包括冶海景区、赤壁幽谷景区、亲昵沟景区、冶木峡景区、冶力关国家森林公园5个子景区。冶力关景区植被覆盖率高达92%，为国家4A级风景区，有“西崆峒”的美称，是甘南、临夏两地佛道两教的圣地。景区发展突出森林生态主题，开发温泉养生、漂流体验、森林滑雪、互动演艺、江淮风情村落等新产品，建设冶力关镇特色旅游小镇，由传统观光产品转向休闲体验、养生度假、运动健身等新产品体系发展，实现初级乡村旅游向主题乡村旅游的转变。以自然风景旅游、森林养生健身、民俗旅游为主导，以生态旅游、消暑度假旅游、乡土风情体验旅游为重点，辅以科学旅游和探险旅游等主题专项旅游。

宕昌官鹅沟景区，位于甘肃省宕昌县城郊，主要景点包括官鹅沟、大河坝沟、马圈沟、缸沟、八峡沟、大庙滩等。景区是国家级森林公园，国家4A级旅游景区，森林覆盖率65.1%，被誉为“甘肃小九寨”。景区发展以“奇美山水、九奇官鹅”为主题，打造陇南山水标志性旅游大景区。完善旅游演艺、旅游娱乐、氐羌文化体验等功能，打造集度假休闲，寻幽探险，消夏避暑，科普科研，野营野炊，娱乐运动为一体的多功能、高效益的综合性国家森林公园及人文生态旅游区。

定西渭河源景区，位于甘肃省渭源县城南 25 公里，主要景点包括首阳山、渭河源、双石门、太白山四个景区，现已开发莲峰揽翠、首阳双冢、天井幽谷、石门夜月、太白云海、君山夕照、灞陵观潮、高崖花会、鸟鼠同穴、长城古韵、五竹积雪、鹿鸣惊梦、索林涛声、双门踩浪、船崖巨舫等。渭河源景区是国家级森林公园，国家 4A 级景区。景区发展突出华夏文明探源主题，以鸟鼠山山系资源基地为背景，以“生态保护、文化探源为特色的生态休闲游憩目的地”为思路，以大禹导渭文化为缘起，保持文化差异性和原生态个性化原则建设，打造集文化探源、生态保育、源头观光、科普教育、特色农业与田园休闲为一体的生态休闲大景区。

华池红色南梁景区，位于庆阳市华池县南梁镇，主要包括南梁革命纪念馆片区、大凤川军民大生产片区、东华池抗大七分校旧址片区片区、寨子湾陕甘边苏维埃政府旧址片区等。南梁景区是全国首批百个红色旅游经典景区，全国爱国主义教育示范基地、国家级重点文物保护单位，国家 4A 级景区。景区发展突出南梁“陕甘边红色圣地”主题，建成以南梁土地革命文化景区为主体、红色抗大文化景区和军民大生产屯垦文化景区为支撑的红色旅游集群。

酒泉卫星发射中心景区，位于酒泉卫星发射基地，主要包括载人飞船发射场、2 号东方红发射场、地下测控指挥室、50 号两弹结合发射场、中心场史展览馆、航天员训练和出征中心（问天阁）、东风革命烈士陵园、东风水库、东风人工湖、飞天公园、沙漠胡杨林、房车自驾游营地、敖包山国防基地、巴丹吉林沙漠边缘沙漠区、1958 年建造的仿苏建筑人民大礼堂等景区、景点，景区为国家 3A 级旅游景区。景区发展突出现代航天科技主题，是集观光游览、文化展现、航天体验、休闲度假、综合服务等于一体，开发航天科技观光旅游、航天教育体验旅游、军事观光旅游、戈壁体验旅游、航天英烈瞻仰旅游等特色旅游产品体系的中国航天科技旅游标志性景区。

第4章　甘肃省文化和旅游发展战略的缘起与意义

4.1　文化和旅游发展战略提出的背景

1. 国家发展战略

当今时代，文化越来越成为民族凝聚力和创造力的重要源泉、越来越成为综合国力竞争的重要因素，丰富精神文化生活越来越成为我国人民的热切愿望。文化建设与政治、经济、社会、生态建设一起成为中国特色社会主义现代化建设“五位一体”布局的重要组成部分。习近平指出：“文明特别是思想文化是一个国家、一个民族的灵魂。无论哪一个国家、哪一个民族，如果不珍惜自己的思想文化，丢掉了思想文化这个灵魂，这个国家、这个民族是立不起来的。”文化具有鲜明的民族性。文化是民族内部彼此认同的核心，是“我是谁”这一问题的答案。本位文化是民族凝聚力的渊源。本位文化强劲，则民族凝聚力强劲；本位文化衰弱，则民族成为一盘散沙；本位文化消失，则民族名存实亡。

党的十六大报告指出，文化的力量，深深熔铸在民族的生命力、创造力和凝聚力之中，并且首次将文化建设划分为文化事业和文化产业，首次做出了深化文化体制改革的决策部署。党的十七大报告做出了推动社会主义文化大发展大繁荣，兴起社会主义文化建设新高潮的举措部署。党的十七届六中全会首次提出建设社会主义文化强国的目标，这是党指导社会主义文化建设的一个纲领性文献，在我国文化改革发展史上具有里程碑式的重要意义。党的十八大报告提出扎实推进社会主义文化强国建设。建设社会主义文化强国，关键是增强全民族文化创造活力，并系统回答了怎么建设社会主义文化强国的问题。从十六大的“推动社会主义文化的发展繁荣”，到十七大的“兴起社会主义文化建设新高潮”，到十八大的“扎实推进社会主义文化强国建设”，文化建设的重要性日益凸显，文化的地位不断提升，文化建设逐渐融入国民经济社会发展的全过程，国家文化战略已经成为国家重大发展战略。

2. 新丝绸之路经济带建设

甘肃自古以来就是丝绸之路的黄金段，古丝绸之路在甘肃境内横贯东西 1600 多千米，所谓“丝绸之路三千里”，历来是我国向西开放的咽喉要道和商埠重地，历史地位十分重要。今天的甘肃，是连接新丝绸之路（欧亚大陆桥）的战略通道和沟通西南、西北的交通枢纽，是西北乃至全国的重要生态屏障，是全国重要的新能源基地、有色冶金新材料基地和特色农产品生产与加工基地，是中华民族重要的文化资源宝库，是能够促进各民族共同团结奋斗、共同繁荣发展的示范区，更是丝绸之路经济带的黄金段。

（1）文化和旅游是甘肃融入“一带一路”实现发展的重要内容

新丝绸之路经济带建设就是要立足于我国与沿线国家产业结构的互补性，促进沿线国家与地区共同发展、共同繁荣，推进更广范围、更宽领域、更深层次的区域经济一体化，培育参与和引领国际合作竞争新优势。

甘肃按照国家对其的战略定位和建设文化和旅游大省的总要求，以文化建设为主题，以经济结构战略性调整和经济发展方式根本性转变为主线，推动文化和旅游大发展的整体布局，立足自身优势、寻找发展突破口，探索经济欠发达但文化资源富集地区实现转型跨越发展的路子，为同类地区与全国同步进入小康社会提供示范。

（2）文化和旅游是甘肃融入“一带一路”对外开放的重要手段

新丝绸之路经济带建设就是要打造海陆统筹、东西互济的全方位对外开放格局，充分利用国际市场和国际空间，拓展我国发展空间，依据开放包容、共建共赢的原则，打造普惠经济带与和平合作之路。

甘肃大力发展文化和旅游，就是要进一步加大开发开放力度，主动“走出去”，开展大招商、招大商，积极引进国内外战略投资者和有实力的文化企业进行投资，实现对外开放发展。

（3）文化和旅游是甘肃融入“一带一路”强化交流的重要平台

加强人文交流，实现民心相通，是新丝绸之路经济带的重要内容与根本保障。延续近两千年的古代丝绸之路，其真谛不仅是经济意义上的“商贸物流之路”，更是文化意义的“民心相通之路”。人民之间的“心心相通”是文化发展的根本使命，也是人民之间稳固交往的深层保障，更是共同建设丝绸之路经济带的基石。新丝绸之路经济带建设要坚持弘扬和传承丝绸之路友好合作精神，把我国的倡议变成国家共识，为深化合作奠定坚实的民意基础。

甘肃是华夏文明和中华民族的重要发祥地，是中华民族重要的文化资源宝库，是古代中西方文明交流的重要通道。“密切人文交流，推进文化合作”是丝绸之路经济带甘肃段建设的重要内容，对于传承古丝绸之路精神，坚持文化先行，构筑民心纽带，为政治互信、经贸合作提供软支撑，打造经济社会转型跨越发展新增长极，都具有重要意义。

3. 人民群众的新需求

经济发展立足于供需关系，供需的不均衡导致了经济的波动，也构成了经济发展的动力。改革开放初期，我国经济总供给严重不足，市场的放开解放了各种生产能力，促使了经济的飞速发展。20 世纪 90 年代末期，需求不足日益显现，开放房地产市场、加入世贸组织，为推动新的需求的形成，投资与出口成为我国经济在 2000 年以后快速发展的新动力，但近年来，随着房地产刚需得到满足，市场快速增长的势头不再，国际金融危机使得传统出口市场的增长水平也受到了限制。适应国内新的需求，开拓国际新的需求市场以转移剩余产能，是我国经济升级转型面临的最迫切任务。在国际经济形式低迷而我国进入了经济转型升级阶段的背景下，我国当前需求与生产矛盾突出，传统工业领域产能过剩问题日益突出，产能过剩问题具有普遍性，部分行业出现了绝对过剩，如传统的钢铁、水泥等基建行业。2017 年 10 月 18 日，习近平在十九大报告中指出，深化供给侧结构性改革。建设现代化经济体系，必须把发展经济的着力点放在实体经济上，把提高供给体系质量作为主攻方向，显著增强我国经济质量优势。

我国经济发展已进入新常态。经济新常态就是经济结构的对称态，在经济结构对称态基础上的经济可持续发展，包括经济可持续稳增长。经济新常态是调结构、稳增长的经济，而不是总量经济；着眼于经济结构的对称态及在对称态基础上的可持续发展，而不仅仅是 GDP、人均 GDP 增长与经济规模最大化。经济新常态就是用增长促发展，用发展促增长。经济快速增长，具有低弹性的基本消费得到实现后，消费结构与消费水平升级是必然的趋势。

根据国际经验，人均 GDP 达到 5000 美元以上时，文化消费将出现爆发式增长。1970—1993 年，美国居民人均消费支出由 3100 美元增加到 16429 美元，增长 4.3 倍，而同期娱乐人均消费支出由 115 美元增加到 887 美元，增长 6.7 倍。日本在 1965 年居民平均每户娱乐消费支出为 1742 日元，占居民家庭消费支出的 3.5%；而 1993 年，日本居民家庭平均每户娱乐支出为 17275 日元，比 1965 年扩大近九倍，在消费支出中的占比为 4.9%。

我国人口基数大，人均 GDP 在 2013 年超过 7500 美元，2019 年超过 1 万美元。文化消费市场空间和潜力巨大。在国家政策的支持下，文化改革发展取得重大进展和显著成效，文化产业增加值占 GDP 比重逐年提高，2017 年我国文化产业实现增加值 35462 亿元，比 2004 年增长 9.3 倍；2005—2017 年年均增长 19.7%（未扣除价格因素影响，下同），比同期 GDP 现价年均增速高 6.3 个百分点。2017 年，我国文化产业固定资产投资额达 38280 亿元，比 2005 年增加 35484 亿元，增长 12.7 倍；文化产业固定资产投资占全社会固定资产投资的比重为 6.1%，比 2005 年提高 2.8 个百分点。从对国民经济增长的贡献看，文化产业增加值占 GDP 的比重由 2004 年的 2.15% 提高到 2017 年的 4.29%，增加了 2.14 个百分点，占比逐年提高，对 GDP 增量的贡献年平均达到 4.7%。

随着中央文化强国战略的启动，随着文化大发展、大繁荣号角的吹响，随着一系列相关改革和建设举措的推出，我国正迈入文化事业、文化和旅游产业与消费大发展、大繁荣的阶段。

4. 甘肃省经济社会发展的实际

《国务院办公厅关于进一步支持甘肃经济社会发展的若干意见》指出“甘肃位于西北地区的中心地带，是黄河、长江的重要水源涵养区，是多民族交汇融合地区，是中原联系新疆、青海、宁夏、内蒙古的桥梁和纽带，对保障国家生态安全、促进西北地区民族团结、繁荣发展和边疆稳固，具有不可替代的重要作用。甘肃国土面积广阔、生态地位重要，但自然条件严酷、生态环境脆弱；地处交通要冲、区位优势明显，但基础设施薄弱、瓶颈制约严重；资源相对富集、工业基础较好，但产业竞争力不强、自我发展能力不足；人力资源丰富、技术力量较强，但社会事业落后、贫困问题突出；历史文化厚重、发展潜力巨大，但体制机制不活、开放程度较低。支持甘肃经济社会发展事关实施西部大开发战略全局，是构建西北地区生态屏障、促进可持续发展的客观需要；是维护大局稳定、保障国家安全的战略举措；是缩小区域发展差距、实现全面建设小康社会目标的必然要求。”

从近年来主要经济指标的年均增幅状况可见，除第三产业增长略微高于青海省外，甘肃省各项指标均全面落后于全国平均水平，也落后于西北其他省区，经济发展急需寻找新的突破口与着力点。

甘肃农业发展受制于自然条件的约束。甘肃地处西北内陆，地势高，地貌复杂，以丘陵、山区为主。按2015年的人口计算，全省人均土地面积约1.64公顷（1公顷=10000平方米），人均耕地0.21公顷，高于全国平均水平。但农用地中草地面积比例大，耕地和林地面积小。盐碱地、沼泽地、沙地、裸地等未利用地面积大，占总土地面积的34.94%，耕地中旱地占99.81%，水田仅占0.19%；产量低于150千克/亩的低产田占68.83%，150~300千克/亩的中产田占21.64%，300千克/亩以上的高产田仅占9.53%。另外，水资源缺乏是甘肃农业发展面临的最大障碍，全省年降水量仅有约447.3毫米，且水资源与土地资源的配置不佳。内陆河流域为130毫米，局部地区仅为30~50毫米，黄河流域为463毫米，长江流域为599毫米。内陆河、黄河、长江三大流域土地面积分别占全省的60%、32%、8%。全省干旱、暴雨、冰雹、霜冻等气象灾害发生频繁，是全国荒漠化和荒漠化影响最严重的省份之一，是沙尘暴多发区和重灾区，生态环境恶劣。这些因素严重制约甘肃省农业可持续发展。再者，科技含量低，机械化运作水平不足，现代农业步伐缓慢，直接制约甘肃农业发展。此外，甘肃信息化各要素指数在西部地区均处于弱势，信息速度发展相对较慢，信息服务的渠道不畅通，这都严重影响了农业战略性结构调整，制约了农业增效、农民增收。

工业对甘肃省经济的发展具有重大的战略意义，在推动甘肃省经济发展方面发挥了重要作用，但是，甘肃工业发展取得一定成就的同时，也暴露了许多问题和不足。甘肃是我国的资源大省，省内矿产资源丰富、存量大，矿体集中，矿石品位高，尤其是有色和黑色金属矿产优势比较突出。但自然条件差、开采成本高、开采投资大，回收周期长，效益差。因此，虽然甘肃在矿产资源的天然配置上占有很大的优势，但是，由于资源产业的技术落后，结构不合理，在资源的开采和初级加工上浪费十分严重，加速了资源的衰竭。而且废旧矿物质和工业"三废"的利用率极低，从而使总体开发成本很高。同时由于产业链不完整，使资源的增值量很小，加上市场机制的滞后，使得其资源优势难以转化。另外，甘肃省地处偏远西北地区，人口密度小，自身市场需求量小，工业发展市场需求不够，严重制约着工业的发展。从市场体系和市场机制来看，由于甘肃自然经济的传统根深蒂固，同时人们的文化程度相对较低，观念普遍较保守，加之改革滞后和计划体制的惯性作用，使甘肃商品经济起步晚，市场发育缓慢。市场体系、市场结构、市场层次等方面均不完善，因此，市场机制的作用小、深度浅、层次低，是甘肃工业发展的另一大劣势。

从交通方面来说，交通运输作为国民经济的重要基础产业，是保障工业快速发展的主要因素。甘肃省虽然位于东西交通的枢纽部位，但作为西部欠发达省份，甘肃综合交通运输体系发展存在着诸多问题，发展总体水平与结构等方面与构建安全、畅通、便捷的现代化运输体系的目标仍存在较大差距。至 2018 年，甘肃省公路网密度不足全国水平的 70%，高速公路网密度仅为全国水平的 61%，铁路网密度仅为全国水平的 70%。在全省范围内，铁路主要集中在东西向的运输大通道上，南部山区铁路发展较为落后，甘南藏族自治州仍不通铁路，陇南市、临夏回族自治州铁路覆盖面窄。而甘肃省科技发展落后，主要发展的是原材料工业，而原材料工业对交通运输依赖程度较高。甘肃省离市场需求量大的东部地区较远，运输成本高，加上交通运输"瓶颈"制约问题长期未得到有效缓解，严重阻碍了甘肃工业的发展。

主体功能区安排构成对甘肃国土开发的约束。主体功能区是为规范和优化空间开发秩序，按照一定指标划定的在全国或上级区域中承担特定主体功能定位的地域。2011 年全国以及各省区主体功能区规划相继出台，这些规划是我国国土空间开发的战略性、基础性和约束性规划。目的在于推进形成人口、经济和资源环境相协调的国土空间开发格局，加快转变经济发展方式，促进经济长期平稳较快发展和社会和谐稳定。甘肃省国土开发的突出问题表现在：经济社会发展水平低，自我发展能力弱；城镇化水平较低，城乡协调度有待提高；特色优势产业层次不高，竞争力较弱；资源能源开发环境压力较大，生态系统整体功能退化严重；基础设施历史欠账较多，建设较为滞后。依据规划，甘肃省重点开发区仅占全省总面积比重的11.30%，农业型限制开发区占25.86%，生态型限制开发区占62.84%，禁止开发区占17.81%。重点开发区占比小，生态建设压力大，约束了甘肃省第一、第二产业作为未来经济社会快速发展的产业选择。

5. 甘肃省的比较优势

（1）文化资源优势

甘肃是丝绸之路黄金路段和枢纽。甘肃省内的丝绸之路主干线长达1600多千米，占丝绸之路全线的近四分之一，占国内丝绸之路的一半。国内丝绸之路东段，回中道、陇关道、秦陇南道三条支道依次经过平凉、天水到兰州，河西走廊则是丝绸之路千古不变的重要通道。

甘肃是东西方文化的交汇点，是丝路文化的大观园。农耕文化与草原文化，伊斯兰教、佛教、道教以及袄教、景教等宗教，汉藏语系、阿尔泰语系、印欧语系等丝绸之路上的多元文化在甘肃和谐相处，交融影响，形成了独特的文化旅游资源。

（2）文化互通互补优势

甘肃是丝绸之路多元文化汇集展示的大观园，是丝绸之路多元文化和谐共处、融合发展区。

从文脉相承来看。一是甘肃诸多民族与丝绸之路沿线很多民族或同根同源，或相互影响，她们民族相连、血缘相亲。二是甘肃很多民族与丝绸之路各地区、各民族语言相通、风俗相近。三是甘肃是世界各主要宗教东渐西被、南来北往的重要通道，与丝绸之路各地区各宗教相承相通。甘肃是佛教自西向东形成汉传佛教，以及藏传佛教自南向北传播的通道，是伊斯兰教由西向东传播的主要通道。这里不仅汇集了丝绸之路丰富的宗教文化，保留了宗教文化传播与发展的历史遗迹，更重要的是，这些宗教在甘肃都能和谐共处，并且相互影响、融合。

从价值相通来看。丝绸之路沿线国家共同认同的丝绸之路精神：团结互信、平等互利、包容互鉴、合作共赢，是各国文化交流互信的基石和纽带。甘肃地处丝绸之路黄金段，是丝绸之路交流文化的汇集地，是古代中国通向西方的门户，也是东西方交往的主干道和最活跃的地区之一。丝绸之路的多元文化在甘肃相得益彰，多元文化的景观在甘肃得到了浓缩。

从文化互补来看。甘肃是华夏文明的重要发祥地，是中华民族重要的文化资源宝库。“丝绸之路三千里，华夏文明八千年”，是甘肃历史悠久、文化厚重的生动写照。丝绸之路则将华夏文明、伊斯兰文明与西方文明等联系起来，使得甘肃与丝绸之路沿线国家的文化形成了差异性和互补性。这种差异性和互补性为不同文明之间交流互鉴提供了条件，成为与丝绸之路沿线国家开展文化交流与合作的强大动力。

（3）历史与区位优势

甘肃自古以来就是丝绸之路的咽喉要道。从国际看，甘肃“一段畅东西”，是亚欧大陆桥的咽喉通道；从国内看，甘肃“一肩挑东西”，是中原地区联系新疆、青海、宁夏、内蒙古的桥梁和纽带。

甘肃自古以来就是丝绸之路的文化纽带，中华民族重要的文化资源宝库和东西方文明交流的重要通道，特别是敦煌作为丝绸之路的文化标志和四大文明的交汇之地，在丝绸之路沿线国家中有较强的认同感，在世界范围内具有极高的知名度。丝绸之路（敦煌）国际博览会是中央丝绸之路规划中确定的唯一一个文化类平台，使甘肃在丝绸之路经济带文化发展交流中占得了先机。

甘肃自古以来就是丝绸之路的战略重地，历来发挥着拱卫中原、护翼宁青、保疆援藏的战略作用，各民族在这里逐渐形成了经济上相互依赖、宗教文化彼此尊重的优良传统；中华人民共和国成立后，甘肃总体上政治稳定、民主团结、社会和谐，是国家促进各民族共同团结奋斗、共同繁荣发展的示范区。

甘肃还是丝绸之路的产业重镇，是“中国石化工业的摇篮”和“有色金属之乡”，西部大开发以来，特色农业、旅游业、新能源产业、装备制造等产业快速发展。

甘肃还是丝绸之路的绿色屏障，是黄河上游重要的水源补给区，是长江上游重要的水源涵养地，黑河、疏勒河、石羊河是维系河西走廊绿洲及其下游地区的生命之河。甘肃是西北乃至全国的重要生态安全屏障。

（4）政策定位优势

2012 年 1 月 21 日，甘肃获国务院批复建设国家级华夏文明传承创新区。华夏文明传承创新区的“一带”即丝绸之路文化发展带，在丝绸之路文化发展上占得了先机。全省文化发展的顶层设计、区域布局规划、重点战略项目谋划相继完成，在国内丝绸之路沿线省份的文化发展整体布局上是做得最早、最扎实的。在华夏文明传承创新区建设中，国家中医药养生保健旅游创新区、敦煌国际文化旅游名城、大景区建设、丝绸之路（敦煌）国际文化博览会等一批与丝绸之路经济带建设紧密相关的战略性支撑平台和项目已陆续搭建和启动，成为甘肃推进丝绸之路经济带人文交流与文化旅游合作的重要平台和依托。

甘肃处在丝绸之路经济带的重要区段，既是丝绸之路经济带互联互通的战略通道，也是连接中西经济圈的重要门户。丝绸之路经济带建设为甘肃注入了新的力量，提供了难得的发展历史机遇。

“一带一路”倡议中，对甘肃及周边省区定位的表述是：“发挥新疆独特的区位优势和我国向西开放重要窗口作用以及新疆建设兵团的特殊作用，深化与周边国家和地区的交流合作，形成丝绸之路经济带上重要的交通枢纽、商贸物流和文化科教中心，打造丝绸之路经济带核心区。发挥陕西、甘肃综合经济文化优势和宁夏、青海民族人文优势，打造西安内陆型改革开放新高地，加快兰州、西宁开发开放，推进主要面向阿拉伯国家及全世界穆斯林地区开展交流合作的宁夏内陆开放型经济实验区，形成面向中亚、南亚、西亚国家的战略通道、商贸物流枢纽、重要产业和人文交流基地”。突出了甘肃的综合经济文化与战略通道优势，凸显了人文交流基地的作用。

4.2 甘肃文化与旅游发展战略实施的意义和价值

习近平在主持十八届中央政治局第十二次集体学习时指出：“提高国家文化软实力，要努力展示中华文化独特魅力。”在五千多年文明发展的历史进程中，中华文明创造了博大精深的灿烂文化，具有超越时空、超越国度的永恒魅力和时代价值。保护传承和弘扬展示中华民族优秀传统文化、建设中华民族共有精神家园，可以为提升中国文化软实力，建设社会主义文化强国提供连绵不断的精神滋养和文化底蕴。

甘肃文化和旅游资源丰富、独特。“三千年看山西、五千年看陕西、八千年看甘肃”，甘肃是华夏文明和中华民族的重要发祥地，是古代中西方文明交流的重要通道，是中华民族重要的文化资源宝库，在中华文化格局中占有重要地位，谱写了华夏文明辉煌灿烂的篇章，为华夏文明的形成和发展作出了重要贡献。甘肃地质地貌复杂多样，冰川雪峰、大漠戈壁、森林草原、峡谷溶洞、丹霞砂林交错分布，自然风光独特。华夏文明传承创新区是甘肃省文化发展的重大战略平台，也是全国唯一一个国家级的文化发展战略平台。在建设文化强国、实施“一带一路”倡议、加强文化交流互鉴的背景下，实施文化和旅游大发展战略具有重大的历史意义和现实意义。

1. 提升中华文化软实力

甘肃具有丰富而又独特的文化资源，历史上伏羲文化源远流长，中原文化与西部少数民族文化、中华文化与西方文化在此交流融汇，早在古丝绸之路时期就留下了敦煌莫高窟等人类文化的瑰丽宝藏。甘肃在历史遗产、经典文化、民族民俗文化、旅游观光文化四类资源丰度方面均排名全国前五位，文化资源个性特征鲜明、类型多样，古文化遗址、石窟寺、长城及古城遗址星罗棋布，标志性事件和文物众多，历史文化重镇云集，红色文化厚重富集，是名副其实的中华民族重要的文化资源宝库。然而，文化资源只是文化软实力载体和基础。文化资源丰富并不意味着文化软实力强大，文化资源要在长期的加工整理、传承创新的过程中才能产生力量，才能转化为文化软实力。

文化形象是人们对一个国家或地区文化状况的总体认知和印象评价，是文化软实力最直观的表现。甘肃文脉深、文缘广、文气足，文化发展大有可为。当下，甘肃依托华夏文明传承创新区这一国家级发展平台，以高度的文化自觉推进文化资源普查工程、文化遗产数字化工程、历史再现工程、文艺精品创作工程等重大工程，对甘肃华夏文明的文化内涵和精神价值进行梳理提炼、深度挖掘、展示传承和开发利用，打造国家级文化形象。文化软实力包括“在国家内部形成的文化凝聚力和对世界他国形成的吸引力”①，实施文化和旅游大发展战略对内有利于增强中华文化的整合力，通过摸清文化资源家底，科学评价文化资源价值，改变过去零散化的

① 骆郁廷，等. 文化软实力：战略、结构和路径［M］. 北京：中国社会科学出版社，2012：16.

文化发展模式，以集成创新的方式整合并盘活文化资源，通过开展乡村舞台建设、文化集市工程、文化惠民工程等，增强中华文化的向心力和凝聚力。文化吸引力源于文化的独特品性及其传播认同。华夏文明传承创新区位于丝绸之路黄金段，借助“一带一路”建设和敦煌博览会平台，打造文化走出去工程和文化精品翻译工程，阐释推介华夏文明特色，展示中华文化独特魅力，打造中华文化新名片，有利于增强中华文化的吸引力，扩大中华文化的国际影响力。

2. 传承创新优秀传统文化

甘肃历史文化悠久深厚，是华夏文明的重要发祥地之一。距今8000年的大地湾文化，出土了世界上最早的彩陶，马家窑文化将中国彩陶文化推向了最为辉煌的时期，人文始祖伏羲、女娲、五帝之首黄帝都诞生于陇上，周先祖以农耕发迹于庆阳，秦帝国初兴于礼县，周秦王朝都是在甘肃奏响了进军中原的序曲。实施文化和旅游大发展战略，保护和传承以始祖文化为源渊，敦煌文化为龙头，丝路文化、黄河文化为主干的厚重文化资源，让优秀传统文化焕发出时代光彩，对于弘扬中国精神，实现中华民族伟大复兴的中国梦，增强民族自豪感和自信心，建设中华民族共有精神家园具有重要意义。

3. 推进民族和谐发展

“国家的统一，人民的团结，国内各民族的团结，这是我们的事业必定要胜利的基本保证。”① 坚持民族平等团结，使各民族在社会生活和交往中平等相待、友好相处、互相尊重、互相帮助，是我国社会主义事业推进过程中的重要经验，也是以宪法和相关法律明确规定的基本民族政策，在社会主义革命和建设时期都发挥着不可替代的作用。甘肃“自古为羌戎之地，华夏边陲；‘胡’汉杂居，民族构成复杂”②，省内现有55个少数民族，少数民族人口250余万人，占全省总人口的9.43%，有甘南藏族自治州和临夏回族自治州2个自治州，7个自治县，39个民族乡。把各民族团结在中国特色社会主义伟大旗帜之下，推进民族和谐发展，保障国家文化

① 毛泽东．毛泽东文集（第7卷）［M］．北京：人民出版社，1999：204.

② 关连吉．凤鸣陇山：甘肃民族文化［M］．兰州：甘肃教育出版社，1999：3.

安全，是甘肃进行文化和旅游建设与发展的重要价值旨归。

实施文化和旅游大发展战略，将增强各民族的双重文化认同。一是增强各民族对自身民族文化的认同。“大杂居小聚居”是我国民族的居住特征，各民族在相对稳定的生存发展环境中，在自然条件、生活方式、历史传统等因素的综合作用下，锻造了不同的民族性格，形成了具有本民族特色的文化。“每一种文化代表自成一体的独特的和不可替代的价值观念，因为每一个民族的传统和表达形式是证明其在世界上的存在的最有效手段。”① 各民族要把握自身民族文化的独特性，增强对自身民族文化的认同，以多元化的文化发展样态丰富中华民族文化。二是增强各民族对中华民族文化的认同。中华民族文化以汉族文化为主体，融合各少数民族的文化特点，在历史的涤荡中沉淀为中华民族的共同心理文化素质。“大一统”历来是中华民族的追求，而“多元化”是民族文化发展的客观事实，“一体”与“多元”的文化张力伴随在中华民族几千年的发展过程中。对各民族文化的尊重和保护要打破狭隘的民族主义，以“各美其美、美人之美、美美与共、天下大同”为原则，把中华民族看成一个统一的整体，维系中华民族多元一体格局。

实施文化和旅游大发展战略有利于打造中国西部文化创新发展高地，维护国家文化安全。甘肃历史上就有拱卫中原、护翼宁青、保疆援藏的战略地位，承担着华夏文明与域外文明交汇融合的历史使命。丝绸之路被称为世界文明的大动脉，史称丝路咽喉的河西一带为“中国之心腹、国家之臂腋”，是历代中央政府经略西北的战略重地，自汉代张骞凿通西域以来，成为我国联系西域和欧洲的重要通道。隋唐时期，甘肃的武威、张掖、敦煌成为经济文化高度繁荣的国际性城市，甘肃河西地区成为世界古代四大文明和三大宗教交汇融合之地。通过建设传承创新区，推动中华文化的繁荣发展，增强中华文明的凝聚力、吸引力，符合国家西部大开发战略，契合丝绸之路经济带建设的战略构想，有利于打击暴力恐怖、民族分裂和宗教极端三股势力的文化侵蚀，可以更好地保障国家文化安全。甘肃组织实施少数民族文化传承发展研究工程，围绕保护传承藏族、回族以及甘肃省独有的东乡族、保安族、裕固族文化，推进一批包括民族文艺创作、特色

① 欧文·拉兹洛. 多种文化的星球［M］. 戴侃，等译. 北京：社会科学文献出版社，2001：154.

文化产业、民居村寨保护等重点工作项目，焕发民族文化活力，维护我国文化安全。

4. 促进区域经济转型发展

甘肃生态脆弱，经济发展相对滞后，要实现科学发展、转型跨越、民族团结、富民兴陇的奋斗目标，必须着力调整经济结构，转变经济发展方式，寻找新的经济增长点。

甘肃实施文化和旅游大发展战略有利于建设盘活文化资源，为甘肃文化产业发展提供了有力支撑。甘肃搭建了陇东南中医药养生保健区、敦煌文化产业示范园等一批国家级发展平台；成功将丝绸之路（敦煌）国际文化博览会列入国家“一带一路”倡议；成立了文化产业发展集团、甘肃文化产权交易中心等一批文化市场主体；推出了国际文化产业大会等一批重大节会活动；实施了大景区建设、文化集市、农耕食文化活态传承工程等一批重大建设工程；引进了一批知名文化企业，落地了方特欢乐世界、又见敦煌等一批大型文化产业项目，文化和旅游产业加快发展的基础更加雄厚。当下，甘肃培育文化和产业发展新动力，依赖科技进步和科技创新拓展网络文化空间，发展文化创意产业，有力地促进了甘肃乃至西北地区经济的转型跨越。

第5章　甘肃省文化和旅游发展的战略与成效

5.1　甘肃省文化和旅游发展战略布局①

2013年1月21日，华夏文明传承创新区获国务院办公厅批复同意，成为国家级文化发展战略平台。华夏文明传承创新区就是要按照国家关于甘肃发展的战略定位和建设文化大省的总要求，打破现有行政界限，统筹全省文化资源和各类生产要素，以文化建设为主题，以经济结构战略性调整和经济发展方式根本性转变为主线，确定围绕“一带”，建设“三区”，打造文化和旅游深度融合等“十三板块”的工作布局，是甘肃省文化和旅游发展战略的总体安排。

1. 指导思想

以科学发展观为指导，全面贯彻党的十七届六中全会精神，建设社会主义核心价值体系，满足人民群众日益增长的精神文化需求，以改革创新为动力，坚持继承弘扬和创新发展相结合、文化事业和文化产业相协调、社会效益和经济效益相统一，按照整体规划、分步实施、梯次推进的原则，保护、传承、展示、创新、发展华夏文明，推动社会主义文化大发展、大繁荣，促进甘肃经济转型跨越，努力建设文化大省。

2. 奋斗目标

通过华夏文明传承创新区建设，加快发展甘肃文化事业和文化产业，

① 源自《华夏文明传承创新区建设总体方案》。

促进经济结构调整和发展方式转变，探索经济欠发达但文化资源富集地区实现转型跨越发展的路子，为同类地区与全国同步进入小康社会提供示范。总体步骤分两个阶段：2012—2015 年为第一阶段。2016—2020 年为第二阶段。到 2020 年把甘肃建成华夏文明传承创新区，形成较为健全的公共文化服务体系，成为全国独具特色的文化产业基地、现代文化创新发展的新高地，文化产业增加值占 GDP 的比重达到 5% 以上，成为国民经济支柱性产业。

3. 总体思路

按照建设文化大省的总要求，打破现有行政界限，统筹全省文化历史资源和各类生产要素，以文化建设为主题，以经济结构战略性调整和经济发展方式根本性转变为主线，围绕“一带”，建设“三区”，打造“十三板块”。简称“1313 工程”。“一带”就是丝绸之路文化发展带；“三区”就是以伏羲文化为核心的陇东南文化历史区、以敦煌文化为核心的河西走廊文化生态区、以黄河文化为核心的兰州都市圈文化产业区；“十三板块”指文物保护、大遗址保护、非物质文化遗产保护传承、历史文化名城名镇保护、民族文化传承、古籍整理出版、红色文化弘扬、城乡文化一体化发展试点、文化与生态旅游深度融合、文化产业发展、文化品牌打造、文化人才队伍建设、节庆赛事会展。实施重大项目带动战略，推进文化事业建设和文化产业发展，把华夏文明的保护、传承、展示、创新、发展紧密结合在一起，使之与时代精神相融合，与甘肃转型跨越发展相融合，与人民群众的文化需求相融合。

5.2 甘肃省“十三五”文化产业发展战略与路径①

2016 年 8 月，甘肃省人民政府办公厅发布的《关于印发甘肃省“十三五”文化产业发展规划的通知》，对甘肃省“十三五”期间文化产业发展的进行了专项性安排。

---

① 甘肃省人民政府办公厅关于印发《甘肃省“十三五”文化产业发展规划》的通知（甘政办发〔2016〕135 号）［EB/OL］. http：//www. gansu. gov. cn/art/2016/9/1/art _ 4786 _ 284968. html. 2016 - 8 - 24.

1. 发展目标

力争到2020年，文化管理体制充满活力，文化产业体系健全完善，文化市场主体活力显著增强，文化创新能力快速提升，文化产品生产经营机制富有效率，文化人才队伍不断壮大，文化产业整体实力和竞争力显著增强，基本形成结构优化、布局合理、特色鲜明、配套完善的文化产业发展格局，全省文化产业年增加值超过500亿元，占当年全省GDP比重达到5%以上，成为全省国民经济支柱性产业，使甘肃成为全国独具特色的文化产业基地、西部现代文化创新的新高地。

深入开展文化产业扶贫工作。立足贫困地区的文化资源禀赋，发挥文化在扶贫攻坚、改善民生、促进就业等方面的积极作用，因地制宜规划建设一批特色鲜明、优势突出、带动力强的特色文化产品加工基地、生产专业合作社；将特色文化产业发展纳入新型城镇化建设和美丽乡村建设规划中，打造一批文化特点鲜明、主导产业突出的特色文化示范乡镇、示范村，延续历史文脉，承载文化记忆。

大力实施“3355”文化产业发展工程。着力构建传统优势产业体系、新兴文化产业体系、文化与其他产业融合发展体系等三大产业体系；着力打造陇东南文化历史产业区、兰州都市文化产业区、河西走廊文化生态产业区三大特色文化产业区；着力加强骨干文化企业、市场体系、人才队伍、文化品牌、开放合作等五大支撑保障体系建设；完成“五个一百”目标，即建成100个文化产业示范基地、100个营业收入过亿元的骨干文化企业、100个投资过十亿元的重点文化产业项目、100个文化产业扶贫村，文化产业吸纳就业人数超过100万人。

2. 主要任务

健全文化产业体系构建“1655”文化产业体系，把文化旅游业作为发展文化产业的首位工程，做大做强广播影视、出版发行、印刷包装、民间民俗工艺美术、演艺、娱乐六大传统文化产业，巩固已有优势；加快培育创意设计、数字内容、节庆会展、文化装备制造、文博业五大新兴文化产业，培育新的增长点；大力发展文化与旅游融合、文化与科技融合、文化与体育融合、文化与农业融合、文化与中医药养生保健融合五大融合型文化产业，放大文化“溢出”效应，实现各产业互利共赢。

统筹优化区域布局。重点建设陇东南文化历史产业区、兰州都市文化产业区、河西走廊文化生态产业区三大文化产业区，着力打造多个特色文化产业集群，积极培育一批主导产业示范园区（基地），推动丝绸之路文化产业带建设，形成“一带三区多园”的产业空间分布。

强化支撑保障体系。加快骨干文化企业培育，健全文化市场体系，壮大人才队伍，夯实产业发展基础，补齐短板，强化产业支撑保障体系，打造知名品牌，提升全省文化产业核心竞争力，构建开放发展新格局。

推进改革创新。始终把社会效益放在首位，进一步深化文化体制改革，解放和发展文化生产力。加快形成科学有效的宏观管理体制，完善国有文化单位法人治理结构，激发文化创新创业活力。

强化政策保障。围绕规划目标和任务，进一步加强组织领导，建立和完善产业扶持政策，健全投融资机制，强化文化法制建设，形成推动发展的合力，确保规划内容落到实处。

5.3 甘肃省“十三五”旅游业发展战略与路径①

1. 发展目标

到 2020 年，旅游业的可进入性、可驻足性、可消费性和可回头性全面提升。将旅游业发展成为甘肃经济社会转型升级的关键驱动力，增进甘肃人民福祉的重大民生工程，提升全省综合实力的重要载体和扶贫攻坚的主力军，把甘肃建成丝绸之路黄金旅游带和国内外知名的旅游目的地。

到 2020 年，旅游产业持续壮大，旅游综合实力显著增加，旅游发展实现四个“翻一番”，旅游业增加值占全省国内生产总值比重超过 5%，实现由旅游资源大省向旅游产业强省转变，加快把旅游业培育壮大成为全省国民经济战略性支柱产业和富民产业。全省接待游客量比 2015 年翻一番，年均增长 20% 以上，力争达到 4 亿人次。全省旅游综合收入比 2015 年翻一番，年均增长 23% 以上，力争达到 2800 亿元。“十三五”期间全省旅游投

① 甘肃省人民政府办公厅关于印发《甘肃省“十三五”旅游业发展规划》的通知（甘政办发〔2016〕171 号）[EB/OL]. http://wlt.gansu.gov.cn/ghjh/11550.html. 2016-10-13.

资总额比“十二五”翻一番，年均增长 15%，力争达到 3200 亿元。全省旅游直接就业人数比 2015 年翻一番，年均增长 15%，达到 100 万人。

建成城市依托、交通支撑、区域合作、廊道贯通、品牌凸显的“11361”开放式战略空间布局，即：一条丝绸之路黄金旅游带；一座国际文化旅游名城——敦煌；以敦煌文化为核心的文化生态旅游示范区、以黄河文化为核心的黄河都市文化旅游产业集聚区、以始祖文化为核心的文化旅游传承创新区三大特色旅游区；建设精品丝路旅游廊道、黄河风情旅游廊道、民族风情旅游廊道、寻根访祖旅游廊道、长城边关旅游廊道、红色征程旅游廊道六条旅游廊道；建设 20 个大景区、30 个精品景区、50 个特色景区，形成呈“235”布局的 100 个重点旅游景区体系。

2. 主要任务

大力发展全域旅游。建立全域旅游发展机制，推进公共服务体系建设，创建国家特色旅游基地，建设旅游名城名镇名街。

做优做强重点景区。按照“235”景区体系布局，全省重点建设 100 个旅游景区。全省 A 级旅游景区达到 350 家。改革景区管理体制，创新景区产品体系，完善景区服务功能，提升景区保障能力。

加速产业深度融合。着力推进旅游供给侧改革，通过旅游与文化、工业、农业、体育、科技、教育、森林生态、装备制造等产业深度融合，实现旅游产业链的延伸、旅游产品的拓展，将丰富多彩的旅游资源转化成多元融合的旅游产品体系。

大力创新特色产品。在巩固提升传统优势旅游产品的同时，积极适应大众化、个性化、自助化消费需求，通过业态提升、创新和突破，积极开发新型特色产品，打造适合甘肃资源特色和市场需求的中高端产品，形成对新兴旅游消费群体的吸引力，创造旅游消费新热点。

全面配套产业要素。围绕“吃、住、行、游、购、娱”六大产业要素，着眼服务质量和服务水平提升，着力完善产业要素配置，延伸拓展产业链条。发展多元旅游住宿业态、开发品牌旅游餐饮、开发特色旅游商品、丰富休闲娱乐项目、壮大旅游市场主体、开放引进投资主体。

开拓旅游市场。塑造“精品丝路、绚丽甘肃”的整体形象，丰富和拓展旅游品牌内涵，精准定位客源市场，实施营销体系创新，强化区域旅游联合推广，全面拓展境内外客源市场，促进国内旅游、入境旅游和出境旅游三大旅游市场协调发展。

加快推进智慧旅游。以游客互动体验为核心，以系统化整合旅游信息化平台和旅游信息资源为手段，加强和改进智慧旅游建设，运用新信息技术改造和提升旅游业，推动旅游业发展方式、组织方式由传统模式向现代模式转变，全面提升旅游业的信息化程度。

强力推进旅游扶贫。主动融入全省扶贫攻坚主战场，发挥旅游扶贫主力军作用。通过板块化布局、区域化联动、集合式推进、差异化发展与文化生态保护并重，探索乡村旅游扶贫开发新途径，形成红色带动型、景区辐射型、通道景观型、城郊休闲型、农业观光型、养生保健型等乡村旅游扶贫模式，成为加快脱贫致富步伐、建设“望得见山、看得见水、记得住乡愁”幸福美好新甘肃的重要抓手。

全力优化基础设施。坚持基础先行，实施畅游工程，加大旅游基础设施和服务设施建设力度，弥补旅游发展短板，改善公共服务设施，确保游客进得来、走得动、出得去。完善城市旅游咨询中心和集散中心，依托城市综合客运枢纽、道路客运站点建设布局合理、功能完善的游客集散中心和城市候机楼，全面推进“厕所革命”。

强化市场综合监管。认真落实《中华人民共和国旅游法》，加快建立权责明确、执法有力、行为规范、保障有效的旅游市场综合监管机制，依法规范旅游市场秩序，大力提升旅游服务质量，强化旅游安全服务保障，深入开展文明旅游教育引导活动，积极营造安全、文明、有序的良好旅游环境。

5.4 发展成效

2013年甘肃，以文化建设为主题，以经济结构战略性调整和经济发展方式根本性转变为主线，有力推动文化和旅游大发展战略，取得了显著发展成效。

1. 文化和旅游资源保护

2014年“丝绸之路：长安—天山廊道的路网”联合申遗获得成功，使得甘肃省的世界文化遗产点达到7处。2013年全国第七批国保单位，甘肃新增58处；2019年全国第八批国保单位，甘肃新增22处，甘肃省国家级文保单位总数增至 152 处。10 处大遗址列入国家《大遗址保护“十二五”专项规划》；会宁、南梁、两当 3 个党史教育基地列入国家级教育基地；皋兰什川古梨园被吉尼斯认证为“世界第一古梨园”，同时与迭部扎尕那农林牧复合系统一同被农业部命名为“中国重要农业文化遗产”；科技部依托敦煌研究院组建“国家古代壁画与土遗址保护工程技术研究中心”。2013 年，甘肃省制定并实施《甘肃省文化资源普查和分类分级评估工作实施方案》，建立了省级文化资源名录和文化资源普查信息平台，2017 年出版《甘肃省文化资源名录》。2018 年 4 月甘肃省非物质文化遗产保护中心成立，使得非遗保护工作正式有了比较完备健全的独立机构，搭建起抢救保护、合理利用、推动发展的省级工作平台。2018 年，甘肃 15 个非遗代表性项目列入第一批国家传统工艺振兴目录。

截至 2018 年，甘肃省拥有博物馆机构数发展到 215 家，占全国 4.37%，相比 2012 年增长 44.30%；博物馆从业人员数达到 5017 人，占全国 4.67%，相比 2012 年增长 87.06%；博物馆基本成列 1040 个，占全国 3.73%，增长 220.99%；博物馆参观总人次达 2915.33 万人，占全国 2.79%，相比 2012 年增长 147.25%。

敦煌研究院文物保护成绩斐然。2013 年莫高窟保护与利用工程全部竣工，入选“首届全国十佳文物保护工程”。2016 年 4 月 29 日，敦煌研究院“数字敦煌”资源库上线，首次通过互联网向全球发布敦煌石窟 30 个经典洞窟的高清数字化内容及全景漫游。2019 年被中宣部、科技部认定为国家文化和科技融合示范基地。2018 年 12 月，敦煌研究院名誉院长樊锦诗被党中央、国务院授予“改革先锋”称号，被誉为“文物有效保护的探索者”，2019 年 9 月获“文物保护杰出贡献者”国家荣誉称号，以表彰樊锦诗先生为新中国建设和发展及文物保护作出杰出贡献的功勋模范人物。敦煌研究院保护研究所前副所长李云鹤，2018 年荣获“大国工匠年度人物”称号。2020 年 1 月 17 日，中央宣传部向全社会发布甘肃省敦煌研究院文物保护利用群体的先进事迹，授予他们“时代楷模”称号。

2. 文化产业发展

2018 年甘肃全省文化产业增加值 178.16 亿元，相比 2012 年增长 127.86%，年均增长 17.90%，远高于同期 GDP 年均 7.85% 的增加率。

文化产业发展中，艺术表演发展快速。截至 2018 年，艺术表演团体机构数351个，占全国2.05%，相比2012年增长240.78%，相比全国同期增长133.89%；艺术表演团体国内演出观众人次32590万人次，占全国2.77%，相比2012年增长70.73%，相比全国同期增长41.98%；艺术表演场馆艺术演出场次6300场次，占全国3.52%，相比2012年增长18倍，相比全国同期增加3.58%；艺术表演场馆艺术演出观众人次1370万人次，相比2012年增长289.20%，相比全国同期减少4.20%。

2015年，读者出版传媒有限公司成功在上海证券交易所上市，甘肃省文化企业上市公司实现零突破，成为"中国期刊第一股"。2017年，未来四方集团文化传媒股份有限公司挂牌"新三板"，成为全国首家以群众文化活动为主营业务的公众公司。

至2019年，已成功举办四届丝绸之路（敦煌）国际文化博览会，是全国"一带一路"建设中唯一以文化交流合作为主题的国际盛会，在共建"一带一路"、构建人类命运共同体、推动中华文化走出去、讲好中国故事甘肃篇等方面取得了丰硕成果，荣获"2018年度中国会展会奖产业金手指奖"之"十大政府主导型展览会奖"。

3. 旅游产业发展

旅游产业发展快速。2018年旅游总收入2060亿元，相比2012年增长428.68%，年均增长31.99%，远高于全国同期年均14.96%的增长率，同期处于西北五省（区）之首；接待旅游总人次3.02亿人次，年均增长25.24%，高于全国同期年均11.03%的增长率，处于同期西北五省（区）之首。甘肃与全国以及西北五省（区）旅游收入年均增长率对比状况如图5-1所示。

全省乡村旅游发展迅速，2017年全省乡村旅游接待游客突破7036万人次，同比增长31%；实现总收入127.5亿元，同比增长37.6%。2018年，甘肃省实现乡村旅游人数8520万人次，乡村旅游收入165亿元，分别同比增长21.1%和29.4%。2018年通过发展乡村旅游带动3.1万户建档立卡户，全省文化和旅游产业吸纳13万贫困人口脱贫。2019—2020年，32个村分两批入围全国乡村旅游重点村公示名单。

2019年甘肃省张掖市七彩丹霞景区被确定为国家5A级景区，全省5A级景区达到5家。2018年5月底，甘肃旅游以大数据平台为支撑，实现了"一部手机游甘肃"综合服务平台上线试运行。截至2018年全省共建成旅

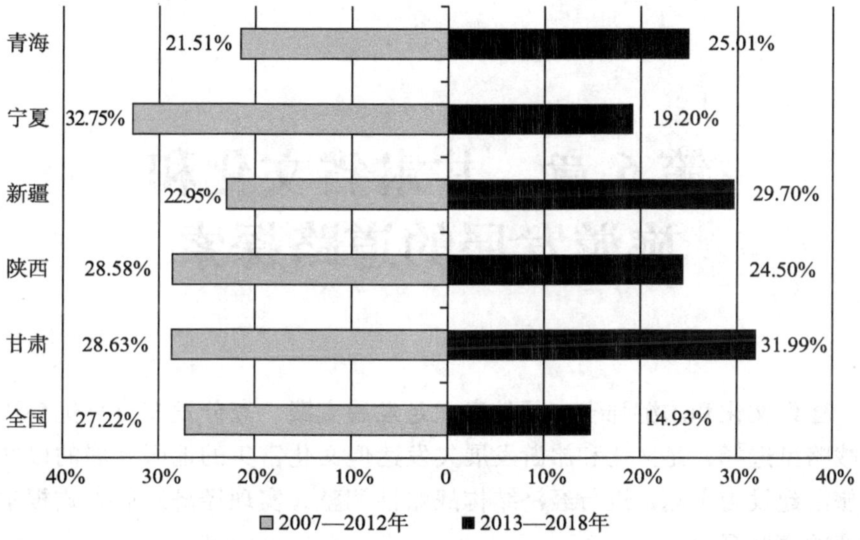

图 5-1　2007—2012 年与 2013—2018 年全国以及西北五省（区）旅游收入年均增长率

游厕所 6800 余座，其中 2018 年完成新改建旅游厕所 987 座，被列在全国超额完成年度建设任务的省份前四名。

截至 2019 年，甘肃已成功举办九届敦煌行 · 丝绸之路国际旅游节。第八届敦煌行 · 丝绸之路国际旅游节和“交响丝路 · 如意甘肃”旅游宣传口号分别荣登“2018 年度博鳌旅游奖（TC 奖）”之“年度节庆活动榜”“年度传播口号榜”。借助多个国外主流社交平台，甘肃省被《纽约时报》评为“2018 年全球必去的 52 个目的地”之一，是我国唯一入选省份。世界银行、联合国世界旅游组织将甘肃文化和旅游营销推广服务纳入世界银行贷款甘肃丝绸之路经济带文化传承与创新发展项目。

第6章　甘肃省文化和旅游发展的道路探索

建设文化和旅游强省，是甘肃立足发展实践，充分发挥自身优势进行的战略型选择，是文化和旅游发展欠发达但文化富集的地区开展的以文化和旅游建设为主题，进行经济结构战略性调整，实现经济发展方式根本性转变的道路探索。

6.1　传承与创新的融通之路

习近平指出，“抛弃传统、丢掉根本，就等于割断了自己的精神命脉”，“我们一定要重视历史文化保护传承，保护好中华民族精神生生不息的根脉”。对于文化遗产，没有创造性转化，传统就是传统，永远不会变成现实；没有创新性发展，历史就是历史，永远不会走向未来。“要使中华民族最基本的文化基因与当代文化相适应、与现代社会相协调”，“把跨越时空、超越国度、富有永恒魅力、具有当代价值的文化精神弘扬起来，把继承传统优秀文化又弘扬时代精神、立足本国又面向世界的当代中国文化创新成果传播出去”，“要系统梳理传统文化资源，让收藏在禁宫里的文物、陈列在广阔大地上的遗产、书写在古籍里的文字都活起来”。

甘肃将文化遗产既视为精神命脉的根本，也视为前进发展的动力与特色资源，在保护中发展，在传承中创新，激活文化遗产内在生命力，唤醒传统资源的潜在创造力，探索传承与创兴的融通之路。

1. 文化遗产保护工程

（1）文化遗产保护

甘肃紧扣华夏文明起源、丝绸之路文化两个重点，遴选最具优势的石窟寺、古建筑、古遗址和古城址等几大类文物，兼顾文化线路、文化景观、近现代工业遗产等新品类文物，着重开展文物本体抢险保护、基础设施建设、展示弘扬等工作，主要包括以下几方面：

围绕陇东南文化历史区建设，重点突出华夏文明起源、周秦文化、道教文化、红色文化。主要实施毛家坪遗址、北石窟寺、南石窟寺、云崖寺石窟、水帘洞石窟群、东华池塔、天水伏羲庙、玉泉观古建筑群、崆峒山古建筑群、王母宫石窟、后街清真寺、泾川古城遗址和南梁陕甘革命旧址、两当起义旧址、榜罗会议旧址等的文物保护项目。

围绕兰州都市圈文化产业区建设，重点突出史前文化、民族文化、古代建筑艺术和近代工业文化。主要实施马家窑遗址、齐家坪遗址、永泰城址、甘加八角城遗址、洮州卫城、夏河拉卜楞寺、临夏东公馆、五泉山古建筑群、鲁土司衙门旧址、红城感恩寺、青城古民居、金崖古建筑群和哈达铺旧址、俄界会议旧址等的文物保护项目。

围绕河西走廊文化生态区建设，重点突出佛教石窟艺术、长城边塞文化、五凉文化。主要实施莫高窟、榆林窟、东千佛洞、文殊山石窟、马蹄寺石窟群、天梯山石窟、武威文庙、白塔寺旧址、海藏寺、鸠摩罗什塔、张掖会馆、圆通寺塔、火烧沟遗址、居延遗址、黑水国遗址、嘉峪关关城等的文物保护项目。①

保护中医文化遗迹。重点保护国家命名的岐伯故里遗址，以黄帝医学姬氏文化为代表的正宁黄帝冢遗址，以伏羲庙、卦台山、古风台保护为重点的羲皇故里遗址，以国家中医师承甘肃皇甫谧针灸基地为重点的皇甫谧文化园，以陇上医圣封衡隐居处为核心的渭河源头鸟鼠山庙祠等。保护中医药物质文化与非物质文化遗产。②

（2）大遗址保护③

① 长城保护。以丰富的秦、汉、明长城资源为依托，以汉塞居延遗址、天下雄关嘉峪关、岷洮屏障洮州卫城为工作重点，通过整体保护、标准化管理和展示、利用方式的创新，实现世界遗产保护管理的国际化、科学化和标准化。

---

① 源自《华夏文明传承创新区建设文物保护板块分方案》。

② 源自《甘肃陇东南国家中医药养生保健旅游创新区建设总体规划（2014—2020 年）》。

③ 源自《华夏文明传承创新区建设大遗址保护板块分方案》。

② 丝绸之路重要遗产点保护。做好玉门关遗址、悬泉置遗址、锁阳城遗址、炳灵寺石窟、麦积山石窟等5处首批申遗点的迎检工作，确保申遗成功（2014年已入列世界遗产名录）。继续开展榆林窟、果园新城墓群、骆驼城遗址及墓群、马蹄寺石窟群、水帘洞石窟群、张掖大佛寺等丝绸之路文化遗产扩展项目的申遗工作。

③ 重要大遗址保护。以“八千年文明看甘肃”为支点，做好大地湾文化遗址及马家窑文化、齐家文化、辛店文化、寺洼文化、四坝文化、沙井文化等甘肃考古学文化命名地的考古研究、保护管理和展示利用工作，深入挖掘史前文化价值，广泛发挥学术和教育功能。以“华戎交汇、秦陇一脉”为支点，做好秦西垂文化遗址区内大堡子山遗址及墓群、马家塬战国墓地等遗产地的保护、研究和弘扬工作。进一步理清黄河上游及河西地区史前文化序列，组织出版悬泉置遗址、居延遗址、火烧沟遗址等甘肃大遗址系列考古报告。开展陇东南潮湿环境下土遗址保护与修复的科技攻关。

（3）非物质文化遗产保护①

① 保护非遗名录项目。进一步规范名录项目的管理，监督检查名录项目保护情况，加强对各级名录项目的有效保护、永续传承和合理利用。加强与省内及全国有关科研单位的合作，促进非遗项目研究成果向纵深化、专题化、理论化方向发展。推进非遗基础设施建设，在各市州和非物质文化遗产资源集中的县区建设非物质文化遗产民俗博物馆。为非遗名录项目建设传习所。建设彩陶博物馆、黄河桥梁博物馆、中国洮砚博物馆等一批特色专题博物馆。建设华夏文明非物质文化遗产保护传承展示园。

② 保护非遗名录项目代表性传承人。做好省、市、县三级非遗名录项目代表性传承人认定与命名工作。加强传承人管理，积极组织传承人开展宣传展演和传习活动。建立省级非遗名录项目代表性传承人经费补助制度。记录、整理、出版《传承人口述史实录》。

③ 普查非遗资源。开展全省非遗普查，做好普查资料的整理、研究与重点调查工作。对非遗普查工作中产生的文字、图片、音像资料进行系统梳理、归类、编目、建档和存储。对普查工作中发现的重要线索、项目进行专项调查和深入研究，形成研究报告。

---

① 源自《华夏文明传承创新区建设非物质文化遗产保护传承板块分方案》。

④ 保护非遗整体性。合理布局，建立省级文化生态保护区和民俗文化村、民俗生态博物馆。创建花儿文化生态保护区、陇东民俗文化生态保护区和肃南裕固族民俗文化生态保护区。

⑤ 保护非遗生产性。开发具有地方、民族特色和市场潜力的文化产品和文化服务。通过项目培训、生产性保护，提高传承人收入，推动产业发展。命名、建设一批非遗生产性保护基地，完善扶持优惠政策，依法享受国家规定的税收优惠。开展非遗项目展销活动。

⑥ 非遗数字化保存。开展非遗数据库建设，对非遗项目、普查成果进行数字化处理、记录和保存，为代表性传承人建立电子档案。建设甘肃省非遗网站。组织实施国家级、省级非遗名录项目“一书一盘”工程，编撰、出版非遗保护系列丛书和专题片。做好濒危项目、珍稀文献的抢救、整理工作，征集、编辑出版具有特殊文化价值的非遗代表性实物文图资料，出版全省非遗成果研究资料。

（4）历史文化名城名镇名村保护利用①

① 以国家级历史文化名城名镇敦煌、张掖、哈达铺和省级历史文化名镇南梁为试点，建立名城名镇“保护更新示范区”。各个城镇结合古城古街位置，划定“重点保护更新区”，统一编制示范区保护更新规划，调整用地，改善市政设施，修葺传统建筑，整治人文景观环境。并在此基础上，向城市其他部分逐步拓展。

② 打造别具特色的城市及村庄风貌。名城名镇名村应深入研究自身历史文化传统和地域特色，结合时代发展和技术进步，编制名城名镇名村风貌景观规划，挖掘城市及村庄特色的独特性和唯一性，打造具有鲜明个性的城市、村庄风貌及主题形象，杜绝雷同和千城一面。

③ 加强保护和更新传统历史街区和历史建筑。传统历史街区和历史建筑的保护和更新，必须划定城市紫线并规定利用的上限，对原有街区格局进行保护改造，区别对待原有街区建筑，分类划定保护、维修改造和更新的体系，最终达到有机更新的目的。

④ 全面更新完善古城古镇基础设施。基础设施更新完善，必须遵循综合改造的原则，分区进行，一次到位。紧密结合古城古镇街区、建筑保护更新同时进行，严禁破坏原有空间格局和城镇肌理。

---

① 源自《华夏文明传承创新区建设历史文化名城名镇名村保护利用板块分方案》。

(5) 古（典）籍整理出版①

实施包括文溯阁《四库全书》复制保护及数字出版项目，整理出版敦煌文献、汉简牍等出土文献等珍贵古（典）籍文献，出版《甘肃秦汉简牍集释》。整理出版拉卜楞寺藏古籍文献等哲学宗教文献，以及《阿里廓迦寺藏古藏文文献》《道教易学系列丛书》等重点古（典）籍。

整理出版包括《藏族民间口传文化汇典》《天鹅琴的传说——裕固族民间故事集萃》《中国"花儿"源流史稿》等一批反映民族特色的出版物；《陇右文库》《甘肃考古文化丛书》《华夏文明新在甘肃》《华夏文明之源·历史文化丛书》《凉州贤孝之"二十四孝"》等围绕丝绸之路历史文化遗产的出版物；《敦煌画派》书系等反映敦煌历史文化的出版物；《中国工农红军西路军文献》《血战河西》连环画丛书等革命历史文化出版物。

2. 文化和旅游资源的立法保护

甘肃省推进地方文化资源保护立法，既细化了上位法的规定，又突出了地方特色，具有较强的针对性和可操作性。

(1) 甘肃省非物质文化遗产条例②

该条例对国家非遗法的内容进行了细化和拓展，使甘肃省的非遗保护制度更加系统、全面，更有针对性和可操作性。《条例》规定县级以上人民政府应当将非物质文化遗产保护、保存工作纳入本级国民经济和社会发展规划中，并将保护经费列入本级财政预算，设立非物质文化遗产保护专项资金。县级以上人民政府文化行政部门负责本行政区域内的非物质文化遗产保护、保存工作。鼓励、支持公民、法人和其他组织建立非物质文化遗产保护志愿者队伍，以捐赠、资助、奖励、提供商业保险、设立基金等形式，参与非物质文化遗产的保护。县级以上人民政府组织非物质文化遗产调查，建立本级非物质文化遗产代表性项目名录。县级以上人民政府文化行政部门对本级人民政府批准公布的非物质文化遗产代表性项目，可以认定代表性传承人，每两年对非物质文化遗产代表性项目的代表性传承人进行一次考评。

---

① 源自《华夏文明传承创新区建设古（典）籍整理出版板块分方案》。

② 源自《甘肃省非物质文化遗产条例》。

（2）甘肃省长城保护条例[①]

该条例结合甘肃实际，确定了“整体保护、分段管理、逐级负责”的长城保护总原则，明确了省、市、县各级政府的主体责任、文物部门监督管理责任、相关部门的相应责任，直接责任单位及管理者使用者的直接责任，要求无专门管护机构的长城点段要聘请长城保护员进行看护。细化了长城保护措施，明确了巡查频次，特别是要求县（市、区）每季度巡查一次且每年确保对境内长城巡查全覆盖；对于日常管护、维修以及工程建设中涉及长城的作出了明确规定。确定了长城利用“合理适度、公益优先、可持续”的原则，鼓励开辟长城利用示范区、建设长城文化公园，鼓励社会力量以不同形式参与长城保护利用。明确各级政府及相关职能部门应当加强长城保护的知识普及、宣传工作，为了营造良好的社会氛围，新闻媒体要对破坏长城的行为进行舆论监督。

（3）嘉峪关市黑山岩画保护条例[②]

该条例明确了黑山岩画保护的适用范围、保护对象、保护原则、保护机制、保护机构的职责、研究利用、禁止性规定以及相关法律责任等方面的内容，提出公民、法人和其他组织都有保护黑山岩画的义务，对毁损、破坏黑山岩画的行为有权制止和举报。

（4）酒泉市锁阳城遗址保护条例[③]

该条例对遗址保护管理权限和保护管理机构、责任单位职责及经费来源等作了明确规定；对灾害评估、灾害防范处置等作了规定，同时对遗址保护范围内的禁止性行为和可能对遗址保护造成影响的活动进行了规定。

（5）甘肃省传统工艺美术保护办法[④]

该办法明确县级以上人民政府应当加强对传统工艺美术保护和发展工作的领导，采取有效措施，将传统工艺美术事业发展纳入当地国民经济和社会发展规划中，在政策、资金、信贷、信息技术服务和人才等方面给予支持；明确省工信厅作为传统工艺美术保护工作的主管部门，负责传统工艺美术保护、发展、指导及其相关工作；各市、县人民政府工信部门负责

① 源自《甘肃省长城保护条例》。
② 源自《嘉峪关市黑山岩画保护条例》。
③ 源自《酒泉市锁阳城遗址保护条例》。
④ 源自《甘肃省传统工艺美术保护办法》。

本行政区域内的传统工艺美术保护、发展及其相关工作；明确县级以上人民政府根据本地区实际情况，采取必要措施，发掘和抢救传统工艺美术品种和技艺，征集并收藏传统工艺美术精品，培养传统工艺美术技艺人才，资助传统工艺美术科学研究。

(6) 甘肃省级文化生态保护区管理办法①

该办法明确“甘肃省级文化生态保护区”，是指以保护非物质文化遗产为核心，对甘肃省内历史积淀丰厚、存续状态良好，具有重要价值和鲜明特色的传统文化形态及其生态环境等进行整体性保护，经甘肃省文化和旅游厅审核并报省人民政府同意设立的特定区域。保护区所在市（州）、县（区）两级人民政府应在本级非物质文化遗产保护经费中列支建设经费，确保省级文化生态保护区总体规划得到有效落实。在统筹规划的基础上，保护区应建设至少一个综合性非物质文化遗产展示馆。保护区应整合文化、教育等方面资源，将非物质文化遗产知识纳入当地教育体系。保护区应每年定期组织举办有影响力的非物质文化遗产展示展演活动，应依托区域内独具特色的文化生态资源开展文化观光、文化体验、文化休闲等多种形式的旅游活动，提高非物质文化遗产可见度。鼓励和支持当地民众按照当地习俗依法依规举办传统文化活动。保护区应深入挖掘、阐释非物质文化遗产蕴含的优秀思想观念、人文精神、道德规范，培育文明乡风、良好家风、淳朴民风，提升乡村文明水平，助力乡村振兴。

3. 文化遗产活化

(1) 农耕食文化活态传承工程

甘肃省印发《甘肃省农耕食文化活态传承工程建设规划》②，开展农耕食文化活态传承保护。其总体构想是，依托供销合作社覆盖甘肃省的流通网络体系，发挥甘肃省文化、农业、供销、旅游等行业和领域的优势，整合甘肃省农耕食文化发展的实体力量，重点打造“甘肃供销生态农庄”等品牌，提升甘肃农业和文化产业竞争力，实现农业增效、农民增收、文化繁荣和产业融合发展。

---

① 源自《甘肃省级文化生态保护区管理办法》。

② 源自《甘肃省农耕食文化活态传承工程建设规划》。

整体上通过多层次布点、多形式建设、多主体参与、多功能配置，逐步构建“一园多点”“一体多用”的农耕食文化传承创新发展综合体。该规划强调在甘肃省兰州市周边节点布局建设一个大型农耕食文化风情园，主要包含农耕食文化表演区、农家美食休闲区等 19 个板块，集中展现甘肃省民族风情、自然风貌、土特产品等；在甘肃省市、县节点布局建设中国马铃薯博览园、甘肃酒文化博览园等 10 个农耕食文化博览园，集科研开发、展示交易、品鉴餐饮等功能于一体，集中展现现代农业高科技应用成果；在乡镇村节点布局建设玫瑰生态园、樱桃生态园等 70 个农耕食文化生态园，集基地体验、观光加工、精品展销三位于一体，引导特色产业走庄园化路子。

建设甘肃农耕食文化传承体系。在全省范围内发起“寻访甘肃特产背景文化和传统制作技艺传承人”活动，发掘、记录、整理甘肃特产历史内涵、人文背景以及传统制作技艺等。宣传老味道、讲述老故事、传承老品牌，对传统特色食材生产、加工、储藏的土办法、土技艺以及老字号进行发掘整理和持续传承，保护有价值的老村子、老房子、老家具、老农具等。开展食文化节会活动。提倡、鼓励和支持各类农业实体科学有效保护大田生产、天然生产、散养生产的食材基地。依托农民合作社，创办农产品单品“特色食文化村”。依托农民合作社和农耕食文化传承人，创办乡土气息的“农耕食文化农家乐”。集中种植西域传统优质胡桃、胡豆、胡麻、胡瓜、胡蒜、胡萝卜等农作物，打造丝绸之路创意农业观光体验园。建立“甘肃传统优质食材保护区”。对名优稀特老品种、土品种、野生品种进行纯化培育和延伸保护。按照“一村一品”“一乡一品”或“一县一品”的要求，建立专业化、标准化、区域化、规模化种养基地优质食材保护区。在原有基础上，创新农特产品美食的制作工艺，创作具有美好寓意的菜品食品饮品，开发地方特色小吃。

（2）文化遗产“历史再现工程”①

①“历史再现工程”要求建设一批具有区域代表性的省级专题类博物馆，使彩陶、简牍、丝绸之路等特色优势文化遗产资源得到全面、系统的展示；对具有代表性的文物进行重点展示，推出数字博物馆和网上展览等，促进展示形式多元化、服务空间立体化，不断提升博物馆公共文化服

① 源自《甘肃文化遗产“历史再现”工程实施方案》。

务的能力和水平。实现市（州）和县（市、区）都有功能健全的综合性博物馆，并不断提升博物馆、纪念馆等的展览质量和服务水平。丰富博物馆体系内涵，引导和推动建设生态、社区、数字、主题公园等新型博物馆。

② 加快发展行业特色博物馆。优先建设古生物化石、科技、工业、农业、城建、交通、矿产、森林、水利、对外友好和生态环境等行业博物馆。

③ 进一步促进非遗的收藏展示与传承发展。各地根据各自实际情况建成一批专门的传承基地、专题博物馆、传习所。建设综合性非遗博物馆以及展览、演示场馆或专题博物馆，促进非遗项目与旅游、外贸、演艺、会展等方式结合。

④ 大力促进民办博物馆规模化发展。鼓励、动员和引导广大民间收藏者举办特色鲜明的民办博物馆。鼓励建立以非遗和地方名优特产、特色小吃、说唱艺术等的演示、展示、制作和销售为内容的活态博物馆。鼓励发展以收藏、保留当代重大事件相关物证、艺术品、古旧物品为目的的民办博物馆。引导民办博物馆因地制宜举办展览。探索建立民办博物馆公共文化服务补偿机制、国有博物馆对口帮扶等措施。

⑤ 推进“乡村记忆”博物馆建设。以县域为单元，开展辖区内乡土文化资源调查，加强文化遗产的抢救性记录工作，建立档案和相关数据库。结合全省新农村建设、移民搬迁和撤村进社等城镇化进程，及时记录和保存广大农村的文化传承与时代记忆，打造广大群众寻根溯源、寄托乡情的文化平台。

⑥ 做好遗址类博物馆的活化展示。优先开展古文化遗址和国家大遗址展示工作。推进大地湾遗址、锁阳城遗址、大堡子山遗址、历代长城等国家大遗址建成国家考古遗址公园；推进马家窑文化、齐家文化、辛店文化、四坝文化等独有古文化遗址命名地的宣传展示。打造“中国石窟艺术之乡”，建立完善的综合性展示服务设施，充分展示佛教文化艺术和文物价值。深化对重大历史事件、重要历史人物、红色文化资源及社会主义发展建设重要历程的研究展示。

⑦ 发挥博物馆的教育研究和文化传播功能。建立开放灵活的博物馆科学文化资源公共服务平台。建立馆校教育合作长效机制，重点强化青少年教育服务能力建设。强化信息技术应用，建设智慧型现代博物馆。加强与高校、科研院所等单位的合作，积极开展博物馆基础研究和特色文物保护

技术研发应用。

6.2　助力经济的发展之路

习近平强调，要培育新型文化业态和文化消费模式，以高质量文化供给增强人们的文化获得感、幸福感。党的十七届六中全会提出，要“加快发展文化产业，推动文化产业成为国民经济支柱性产业”。华夏文明传承创新区是全国唯一国家级的文化发展战略平台，其建设内容不仅局限于文化本身，更要统筹全省优质文化资源，进而转化为现实文化生产力，推动文化和旅游产业成为国民经济的支柱性产业，促进全省经济社会转型跨越发展，探索出一条经济欠发达但文化资源富集地区科学发展的道路。

1. 打造特色文化和旅游产品

（1）文化产品①

① 做强做大传统文化产品。

广播影视。鼓励和支持甘肃新视界电影院线、甘肃飞天农村数字电影院线等本土电影院线加快发展。建设一批集拍摄、旅游、观光、休闲、度假、影视教育等多种功能为一体的影视拍摄基地。做大甘肃长城西部电影集团有限责任公司，扶持一批本土影视制作公司。采用资本合作、项目合作等多种形式，推出一批市场热销、有国际影响力的甘版影视产品，重点支持和推出一批以甘肃历史与现实为背景的西部类型电影、电视剧。拍摄一批以甘肃历史文化、生态资源、扶贫攻坚等为题材的纪录片，打造纪录片大省。

出版发行。发挥甘肃在期刊领域的优势，做大做强甘版期刊群。调整、优化甘肃图书出版结构，重点围绕“一带一路”、华夏文明传承创新区和甘肃历史文化资源，推出一批甘版特色图书。加快发展网络出版、数字出版、移动终端阅读等多种介质形态出版物，实现同一内容多种介质的全媒体发布。打造西部一流书刊批发市场和物流中心。大力发展实体书

---

① 甘肃省人民政府办公厅关于印发《甘肃省“十三五”文化产业发展规划》的通知（甘政办发〔2016〕135 号）［EB/OL］. http：//www. gansu. gov. cn/art/2016/9/1/art_4786_284968. html. 2016－8－24.

店，加快少数民族地区图书零售网点建设，鼓励创新书店经营模式，助推全民阅读。

印刷包装。加快印刷企业技术装备改造，重点发展纳米绿色印刷、多色高速印刷、数码化个性化印刷。布局建设集印刷技术研发、创意设计、设备生产和维修、原辅材料供应为一体，辐射周边省区的印刷产业示范园区、基地，打造旗舰型印刷包装企业集团。加大包装装潢印刷研发和设计，提高技术水平和规模化程度，推动包装装潢印刷业向上下游延伸，建立较为完整的包装装潢印刷产业链。

民间民俗工艺美术业。充分发挥甘肃民间民俗工艺美术资源优势，采用现代经营理念、创意设计、时尚元素、营销手段、资本运作方式和互联网技术提升传统民间民俗工艺品生产能力，创新生产运营模式，加大对具有地方特色和民族特色的民间民俗工艺美术的产业化开发。鼓励民间民俗工艺美术能工巧匠、传承人和艺人走市场化道路，扶持发展一批民间民俗手工艺专业村、合作社。大力发展书画产业，打造敦煌画派。加快现代工艺美术业发展。提升文化集市建设水平。

演艺业。支持文艺院团发展，加快排演场所建设，推动演艺设施提质升级，优化演艺环境，提升剧场运营水平，培育演出市场。大力支持推进戏剧剧本创作，建立剧本储备库。发挥演艺骨干企业带动引领作用和《丝路花雨》《大梦敦煌》等精品剧目的影响力，探索组建剧院联盟、演艺院线，积极拓展国内外演艺市场，打造精品演艺品牌。鼓励市、县转制文艺单位充分挖掘民族歌舞资源和人才，开发民族风情文娱演艺节目，丰富基层群众文化生活。鼓励社会资本投资兴办民营演艺团体、开办演出机构、举办演出活动，支持民间艺人组建微型演艺团体。发展演艺培训业，鼓励兴办各类演艺培训机构，大力培养各类舞台艺术人才。支持打造特色文化旅游演艺产品，推进演艺市场化，实现重点旅游景区和热点旅游城市驻场演艺常态化。支持打造特色文化旅游演艺产品，推进演艺市场化，实现重点旅游景区和热点旅游城市驻场演艺常态化。在敦煌实现《丝路花雨》《大梦敦煌》等精品剧目数字化、常态化、实景化驻点演出，引导《一画开天》《麦积圣歌》等经典剧目向游客开放演出，培育《轩辕大帝》大型实景演出和临夏花儿等特色文化演艺以市场化方式运作，加快推进文化演艺进景区、进饭店、进农家园、进剧场，发挥乡村大舞台的旅游作用，做大旅游演艺市场。①

娱乐业。统筹优化主题公园区域布局。鼓励广播电台、电视台开发寓教于乐的广播电视互动综艺节目。充分发挥草原、沙漠、戈壁、河流、雪山等自然生态资源多样性优势，开发和培育户外文化旅游体验娱乐项目。挖掘推广文明健康的传统优秀民间文化娱乐活动。开发引进科技含量高、市场前景广阔的现代文化娱乐项目。推进“西风烈·绚丽甘肃”原创歌曲创作工程，培育发展音乐产业。拓展网络增值服务，开发网络游戏、视听内容等互联网娱乐服务。

② 加快培育新兴文化产品。

文化创意及设计服务。建设一批文化创意及设计服务产业孵化基地，推动文化创意产业集聚发展，打造文化创意及设计服务平台，加快文化创意及设计服务产品的生产、交易和成果转化。加快文化创意设计与工业设计、建筑设计、城乡规划设计、园林景观设计、工程设计、软件设计等设计服务业的有机融合，推动文化创意及设计服务业向价值链高端延伸。大力发展平面设计、工艺美术设计、装饰设计等设计服务行业。大力发展广告业，推动广告设计与创意、策划、会展、影视、报纸、期刊等领域的充分对接。

数字内容。通过云技术、大数据等信息手段，加大对文化资源的文字、影像资料整理记录，加快文化内容的数字化转化，着力为电影、电视、图书、报纸、期刊、艺术创作等提供数字内容服务。积极融入动漫游戏、虚拟仿真等全国和全球生产链，聚焦内容生产，着力打造原创动漫内容、智能终端内容、虚拟仿真内容等文化内容生产供给基地。实施“互联网+”战略，积极培育网络音乐、网络游戏、网络演出、网络动漫、网络文学、网络视听等网络文化新业态。

节庆会展。办好丝绸之路（敦煌）国际文化博览会，打造世界一流的国际文化交流合作平台。办好天水伏羲文化旅游节、平凉崆峒山问道养生大会、中国庆阳农耕文化节、端午香包民俗文化节、湿地之夏·金张掖旅游文化节、中国兰州黄河文化旅游节、甘南香巴拉旅游艺术节、中国临夏花儿艺术节、中国陇南乞巧女儿节、庆阳农耕文化旅游节、中国金昌骊靬

---

① 甘肃省人民政府办公厅关于大力促进全省文化旅游产业提质增效的意见（甘政办发〔2019〕100 号）[EB/OL]. http：//www. gansu. gov. cn/art. html. 2019 -12 -5.

文化国际旅游节、中国会宁红色旅游节、中国葡萄酒城葡萄美酒节、中国临夏清真食品与民族用品国际博览会、嘉峪关国际短片电影展、金塔胡杨文化旅游节等具有一定影响力的文化旅游品牌节会活动，积极借助兰州马拉松、嘉峪关国际铁人三项赛、丝绸之路汽车越野拉力赛、金昌丝绸之路国际青少年生存训练营、"玄奘之路"国际商学院戈壁挑战赛、冶力关拔河公开赛、中国临夏超级六项挑战赛、中华龙舟大赛永靖站、玛曲格萨尔赛马大会、夏河拉卜楞瞻佛节、郎木瞻佛节、正月大法会等体育赛事和宗教活动，促进地方文化活动与现代旅游方式的有机结合，形成"一市一节庆，一市一特色"的文化旅游节会品牌。

文化装备制造。培育发展以企业技术创新中心、大学科技园、工程（技术）研究中心为核心的文化装备制造技术研发体系。引进一批技术先进、产业牵引力强的文化装备制造企业，建立文化装备投资交易和展示推广中心，健全文化装备产业链，打造文化装备制造业集群。加快产学研用有机结合，支持和鼓励省内装备制造企业开发投资文化装备项目，争取入选国家文化科技创新工程。依托兰州新区、天水等地的装备制造业基础，打造辐射西部地区及中西亚各国的文化装备制造基地。依托甘肃广播电视网络文化产业园，打造视听设备生产基地。

文博业。依托"历史再现"工程，在确保公益目标、保护好国家文物、做强主业的前提下，深度挖掘文物资源市场价值，加大博物馆资源的产业化开发，大力发展文博创意产业。实施"文化创意+博物馆"工程，加大与创意设计、旅游的深度对接，利用馆藏资源开发文化创意纪念品、文化旅游纪念品、知名文物复仿工艺品。推动文物保护、修复、鉴定等技术的产业化开发和市场化运营。

（2）旅游产品①

寻根访祖游。打造华夏祖脉旅游圈，推出全球华人寻根祭祖产品，主推伏羲庙、卦台山、女娲祠、周祖陵、轩辕谷、大堡子山秦公大墓、王母宫等为代表的华夏寻根祭祖之旅；以大地湾遗址、崆峒山、李氏龙宫、渭河源等为代表的华夏文明探源之旅。以始祖文化为主，辅以中医药访祖、休闲养生等旅游资源，形成陇东南五市旅游小环线，连接省内沿黄四市的

① 甘肃省人民政府办公厅关于印发《甘肃省"十三五"旅游业发展规划》的通知（甘政办发〔2016〕171号）［EB/OL］. http://wlt.gansu.gov.cn/ghjh/11550.html. 2016-10-13.

中环线，贯通陕西、四川、宁夏等地的省外大环线。打造“全球华人寻根祭祖圣地”。

大漠自驾游。主打河西走廊自驾精品产品，完善自驾交通体系和标识系统，美化廊道景观，分段设立休憩项目，完善配套建设沿线自驾营地、观景台等服务设施。主推兰州—武威—金昌—张掖—酒泉—嘉峪关—敦煌，嘉峪关—酒泉—金塔—航天城—额济纳旗，武威—民勤—腾格里沙漠—巴丹吉林沙漠—金昌等沙漠戈壁越野探险自驾游线路，打造中国最美“驰骋陇原戈壁自驾”之旅。

民族风情游。依托九曲黄河、民族风情两条旅游廊道，开发甘南香巴拉绿色生态体验游，藏传佛教探秘游，藏俗风情体验游，藏医药康体养生游，格萨尔王传奇游，伊斯兰建筑艺术欣赏游，临夏花儿体验游，保安族、东乡族、裕固族风情体验游，清真美食游，阿克塞哈萨克族风情游等品牌旅游产品。重点打造拉卜楞寺—达久滩草原—则岔石林—尕海湿地—郎木寺“最美高原民族风情”之旅。

中医养生游。推进陇东南国家中医药养生保健旅游创新区建设，促进中医药产业、中医文化、养生保健和休闲旅游深度融合，重点打造中医保健、中药美容、医食养生、温泉疗养、泥疗沙浴、禅修体验、道家养生等系列保健旅游产品。庆阳依托岐黄文化打造中医康复疗养之旅；平凉依托皇甫谧文化打造中医针灸保健之旅；定西依托千年药都打造中医药保健之旅；天水依托温泉打造温泉休闲养生之旅；陇南依托山水田园打造生态养生之旅。其他市（州）因地制宜推出特色产品，发展中医药养生保健旅游，打造“岐黄故里中医养生”之旅。

会展商务游。办好丝绸之路（敦煌）国际文化博览会，持续办好敦煌行·丝绸之路国际旅游节、兰洽会、公祭伏羲大典等重要节会，加大节庆会展基础设施和公共服务设施的投入和建设力度，强化会展旅游业的支持保障体系，鼓励民营企业和民间资本进入会展旅游领域。鼓励市（州）和部门以市场化运作方式，举办文化旅游、体育赛事、美食美酒、影视展演、投资贸易等系列节会活动，促进地方节庆会展与现代旅游方式有机结合，各市（州）、县（区）重点打造“博览天下会展商务”之旅。

问道礼佛游。组合推出敬香礼佛、问道崆峒、艺术研学、素食养生等专项旅游产品，使问道礼佛旅游成为甘肃旅游的拳头产品，打造“修心养性问道礼佛”之旅。

户外健身游。进一步打响“玄奘之路”戈壁挑战赛、兰州国际马拉松大赛、张掖汽车拉力赛、祁连山超百公里山地户外越野赛、嘉峪关国际滑翔锦标赛、敦煌沙滩排球赛、金昌青少年户外生存挑战营等大型户外体育旅游品牌，积极推出极限挑战、徒步越野、冰川探险、登山攀岩、低空飞行、城郊慢跑、单车骑行、高山滑雪、户外垂钓、沙漠穿越、溶洞探秘等户外旅游活动，打造“神奇丝路户外健身”之旅。支持发展体育旅游，举办马拉松、生存训练、戈壁挑战、汽车拉力等热点赛事活动，创建一批体育旅游示范基地和户外运动基地。① 依托旅游设施和旅游资源，开发汽车拉力、沙漠越野、低空飞行、徒步穿越、冰川探险、登山滑雪、漂流溯溪等户外运动产品。②

乡村田园游。引导乡村依托城市近郊、景区周边、古镇村落探索发展多种类型的旅游形态，打造一村一品、一村一景、一村一韵的魅力乡村和宜游宜养产品，培育一批“叫得响、传得开、留得住”的乡村旅游知名品牌，使乡村旅游成为惠民富民的主力军，打造“快乐老家乡村田园”之旅。

低空飞行游。加快培育低空旅游市场，开发特色低空旅游产品，打造“空中游丝路”品牌。③ 依托环境特点和资源优势，重点开发直升机、热气球、三角翼、动力伞、滑翔机等高端直升机观光旅游、商务飞行、航空摄影、低空飞行游等产品，使低空飞行游成为甘肃亮点旅游产品，打造“天马行空低空飞行”之旅。完成全省通用航空基地建设布点工作，有条件的市（州）积极创建低空旅游示范基地。

红色励志游。建设 15 个国家级红色旅游经典景区，加强陕甘边区合作。创建国家级中国红色旅游创新发展基地、红色旅游研学基地和红色旅游国际合作创建区，着力打造红色南梁、两当火种、腊子口天险、会宁会师、祁连壮歌等红色旅游品牌，成为培育践行社会主义核心价值观的生动课堂，打造“追寻梦想红色记忆”之旅。

---

① 甘肃省人民政府办公厅关于大力促进全省文化旅游产业提质增效的意见（甘政办发〔2019〕100 号）［EB/OL］. http：//www. gansu. gov. cn/art. html. 2019 - 12 - 5.

② 甘肃省人民政府办公厅关于进一步促进旅游投资和消费的实施意见（甘政办发〔2015〕174 号）［EB/OL］. http：//www. gansu. gov. cn/art/2015/12/23/art_4786_259177. html. 2015 - 12 - 23.

③ 甘肃省人民政府办公厅关于大力促进全省文化旅游产业提质增效的意见（甘政办发〔2019〕100 号）［EB/OL］. http：//www. gansu. gov. cn/art. html. 2019 - 12 - 5.

冬春冰雪游。持续举办冬春季旅游节会活动，推出冬春季欢乐冰雪游、丝路文化修学游、养生保健游、多彩民俗游、生态观鸟游等特色旅游产品，催热全省冬春季旅游市场。加大冬春季旅游优惠奖励政策扶持力度，扶持冬春冰雪旅游项目，开发高品质冬春旅游产品，打造冬春旅游新亮点、培育旅游消费新热点，打造"欢乐陇原冬春冰雪"之旅。

高原避暑游。完善避暑休闲度假设施，推出森林氧吧游、消暑美食游、养生保健游、户外健身游、温泉度假游、草原风光游、文化体验游、峡谷漂流游、溯溪探险游、黄河夜色游、窑洞避暑游等旅游产品，打造"清凉世界高原避暑"之旅。

研学科普游。出台《甘肃省教育厅等11部门关于开展中小学生研学旅行工作的实施意见》①，依托丰富的自然文化遗产和科技资源，建设敦煌、酒泉卫星发射中心等一批以寻根访祖、航天科技、生存训练、地质科考、红色教育等为主题的研学科普旅行基地，推出文化采风、专家讲学、论坛研讨、古迹观光、艺术研修、寻根访祖、专题培训、活态非物质文化传承等一批研学科普旅行产品。引导旅游景区、企业对青少年研学旅行给予价格优惠。加大在政策、资金、项目、人才培训、宣传推广等方面的支持力度，切实提高管理服务水平和安全保障，不断提升"神舟飞天研学科普"之旅的综合吸引力和品牌认知度。

养老度假游。制定实施甘肃省老年旅游发展纲要，建设养老度假基地，多层次、多样化开发休闲养老漫游产品。鼓励民间资本依法使用农民集体所有的土地开办非营利性乡村养老机构。鼓励地方和企业针对老年旅游实施减免优惠措施，研发老年旅游保险产品，打造"甘美如意养老度假"之旅。

摄影采风游。依托神奇山川、古城遗迹、多彩民俗、宗教艺术、藏地秘境、金色胡杨、七彩丹霞、草原湿地、冰川雪峰、斑斓花海、关山月夜、九曲黄河、峡谷飞瀑等镜像审美资源，打造"绚丽甘肃摄影采风"之旅，吸引拍客开展写意写生、摄影摄像等艺术采风活动，通过自媒体传播绚丽甘肃形象、讲述甘肃故事。举办系列摄影大赛，支持长城影视集团建设影视基地、影视产业园区，开发甘肃元素系列影视作品，把甘肃美景传

---

① 甘肃省教育厅等11部门关于开展中小学生 研学旅行工作的实施意见（甘教基一〔2017〕16号）［EB/OL］. http://jyt.gansu.gov.cn. 2018-06-15.

遍世界。

(3) 中医药养生文化和旅游产品①

深入挖掘中医药文化，加快旅游资源化开发。梳理中医药养生文化体系。依托陇东南丰富的中医药养生保健旅游资源，深入挖掘中医药文化内涵，梳理岐黄中医药、广成子道家养生、西王母长寿、皇甫谧针灸、伏羲阴阳调和养生、定西书画养生和运动养生文化体系，促进陇东南中医药养生保健资源化开发。对中医药文化进行系统挖掘和梳理，结合游客需求，开发成系列养生旅游产品，创新“食疗”形式，把生态环境、传统民俗和特色文化等要素融入“食疗”活动中。通过开创生态餐厅、民俗宴席、养生膳食等多种形式，使“食养”从单一的美食消费提升到民俗体验和文化熏陶、饮食健康的新消费层次。

推进中医药资源和旅游资源的整合开发。在旅游产品设计上，创新理念，将中医医疗、康复疗养、养生保健功能和生态观光、休闲度假、文化体验进行有机结合，创新升级传统旅游产品，在传统旅游产品中嵌入中医医疗、养生保健、养生膳食等体验内容，并积极开发“医疗+旅游”“疗养+度假”等形式的新型特色旅游产品。

推进中医药养生保健基地建设。将陇东南中医药养生保健旅游产品嵌入大景区内，突出地域特色，相互补充，差异化发展，重点打造岐黄中医康复疗养基地、崆峒山—大云寺·王母宫养生文化体验基地、皇甫谧针灸医疗保健基地、麦积山中医药休闲养生度假基地、武—清—街温泉养生基地、陇南山水田园养生基地和定西中医药科考旅游基地等七大基地。

推进中医药养生保健旅游产品的系列化开发。重点开发康复疗养、养生文化体验、膳食养生、温泉养生、生态养生、情志养生、武术养生和中医药科考八大系列特色旅游产品。

推进健康甘肃建设。全面实施陇东南国家中医药养生保健旅游创新区总体规划，促进中医药与养生旅游产业深度融合。着力打造中医药养生保健旅游特色基地，开发推拿按摩、针刺艾灸、拔罐药浴、温泉疗养、药膳美食等可体验、可消费的养生保健旅游产品，加快养生保健产品进景区、进宾馆、进餐馆、进乡村的步伐。围绕岐黄周祖医食养生、皇甫谧针灸养生、中药材科考、温泉养生、藏医药康体养生、日光沙疗养生、香草花卉

① 源自《甘肃陇东南国家中医药养生保健旅游创新区建设总体规划（2014—2020年）》。

养生等，科学设计推出养生保健旅游线路，加大市场宣传推广力度，打造甘肃中医药保健旅游知名品牌。规范中医药健康旅游市场，切实加强行业标准制定和质量监督管理。加大中医药健康旅游宣传推广力度，积极组织开展中医药健康旅游交流合作，扩大中医药养生保健旅游知名度和影响力。①

（4）配套产业要素②

① 旅游住宿。

实施旅游床位工程。推动旅游住宿从以传统星级酒店为主向多元化、个性化、非标准化住宿业态发展。重点发展主题酒店、商务酒店、养生度假酒店、汽车露营地、帐篷营地、青年旅馆、汽车旅馆、乡村民宿以及多功能度假营地、运动酒店、生态庄园酒店、郊野别墅酒店等新型、特色旅游住宿模式。推进住宿业连锁化和集团化发展，培育一批有产业竞争力和社会影响力的住宿业品牌。

整合各级政府在房产清理中统一收回的行政事业单位培训中心、招待所、疗养院、办公用房等闲置房源，由市场主体盘活运营，开展旅游接待服务设施，扩大旅游床位数量。整合农村特色民居、城市居民公寓等存量资源，开发多种类型、不同档次的民宿。引导市场主体投资建设经济型、家庭型适合大众旅游者要求的住宿设施，增强散客自助旅游服务功能，弥补季节性住宿矛盾突出的短板。鼓励发展高端酒店，引进品牌酒店和管理模式，社会饭店不评星级可评绿色旅游饭店，提升酒店管理水平和服务质量。

② 旅游餐饮。

深度挖掘地方饮食文化，融入民族和地域特色，举办特色餐饮节会和美食大赛，开展金牌名小吃评选活动，探索创新旅游餐饮经营模式，培育有竞争力的餐饮品牌和标杆企业。推广甘肃餐饮名店、特色菜品、养生美食，打造精品陇菜品牌菜系，争取入选“中国文化菜系”名录。

依托旅游热点区域，开发原生态餐饮、风味小吃、大排档夜市、休闲餐吧等特色餐饮消费。各市（州）、县（区）城区、大景区依托城镇、乡

---

① 甘肃省人民政府办公厅关于进一步促进旅游投资和消费的实施意见（甘政办发〔2015〕174号）[EB/OL]. http://www.gansu.gov.cn/art/2015/12/23/art_4786_259177.html. 2015-12-23.

② 甘肃省人民政府办公厅关于印发《甘肃省“十三五”旅游业发展规划》的通知（甘政办发〔2016〕171号）[EB/OL]. http://wlt.gansu.gov.cn/ghjh/11550.html. 2016-10-13.

村旅游集聚区建设特色美食风情街区。

建立旅游餐饮规范化和标准化管理体系，制定并实施旅游餐饮标准和服务规范，加强食品卫生安全监管，提高饮食从业人员的整体素质和服务水平，确保“舌尖上的安全”。

③ 旅游商品。

创新旅游商品研发。搭建旅游商品研发平台，创新商品研发设计，持续推出适应市场需求的新产品。评选命名“甘肃旅游名品”100 种以上，各市（州）研发名优旅游商品 10 种以上，各县（区）和 4A 以上旅游景区至少研发 1 个标志性旅游商品。增加旅游商品研发的文创含量，形成“乐购甘肃”旅游商品品牌。

实施旅游名品计划。加快甘肃元素系列旅游商品开发，扶持一批短、平、快项目，重点开发具有甘肃文化特色和鲜明地方特征的时尚性、艺术性、实用性、便携性、小型化、创意性、收藏性系列旅游商品，尽快打造一批游客喜爱、销售量大、复买率高的旅游商品精品。引导各类创客、民间能工巧匠、城乡富余劳动力从事旅游商品生产经营活动。举办旅游商品大赛，加速旅游商品研发成果的市场化、品牌化。

拓展商品销售渠道。积极开展旅游商品进景区、进酒店、进旅行社、进商城、进机场、进车站、进演艺场、进文化园、进宣传手册、进招商项目册等“十进活动”。在电商平台推介甘肃名、特、优旅游商品。在客流密集区、繁华商业区，建立旅游商品专营店、专柜。重点扶持旅游商品企业发展统一品牌、统一价格、统一服务规范的连锁店。在兰州、敦煌等国际口岸建设退（免）税商店，省内各市、县探索建立免税商店，逐步建立多渠道、多形式、多层次的旅游商品销售网络体系。

研发制作一批融入甘肃地方标志性文化元素的文化旅游商品。依托丰富的非物质文化遗产，实现文化创意和旅游资源的有效嫁接。着力做好旅游纪念品、土特产品、工艺美术品、生活用品、中药材和养生保健品、民族宗教特色商品的研发、生产、加工、销售，支持甘肃洮砚系列、庆阳香包系列、“梦里敦煌”系列、“兰州玫瑰”系列、太平鼓工艺品系列、天水麻制品系列、酒泉夜光杯系列、马踏飞燕系列、乞巧民俗系列、甘南唐卡系列、保安腰刀系列、彩陶复制品等品牌做大做强，着力发展刻葫芦、木雕、漆器、铜艺、砖雕等工艺美术品，虫草、百合、苁蓉、锁阳、油橄榄、罗布麻等保健品，当归、党参、红芪、黄芪、枸杞等中药材产品，葡萄酒、养生酒、时令鲜果、植物饮品等食品系列，加大农副土特产业向旅游商品转化的力度，培育旅游商品市场，优化销售网络。设立旅游商品研发专项资金，加强创意设计与文化生产企业的对接，促进文化旅游商品交流、展示和开发，每年推出一批艺术性、纪念性、实用性、便携性、收藏性、馈赠性较强的新产品。建立全省重点旅游商品企业、重点旅游商品名录，加强对旅游商品的知识产权保护，鼓励旅游商品申请设计专利，传承和弘扬老字号品牌，扶持发展一批省级品牌和全国知名名牌。举办全省旅游商品博览会和旅游纪念品、工艺品创意设计大赛，组织“甘肃旅游推荐商品”评选活动，引导全省文化旅游商品创意设计开发，提升甘肃旅游商品的品牌影响力。

加快道地中药材的旅游商品开发。按照统一规划、突出特色的原则，以中国药都——定西市为中心，依托当归、党参、黄（红）芪、大黄等道地中药材种植基地，结合中医药养生保健旅游市场需求，重点加强中药新药、中药保健品等领域特色产品的“精”“深”研究开发，为中药材养生保健产业发展提供实体产品支撑。①

④ 旅游运输②。

鼓励社会资本投资经营旅游客运，着力培育大型旅游运输企业集团。党政机关公车改革过程中，涉改车辆公开拍卖时，同等条件下优先支持旅游交通运输企业参与竞拍。开行市、县城区到 3A 级以上景区和重点乡村旅游区的客运专线，支持景区经营公司和旅游汽车服务公司经营旅游交通专线。鼓励社会资本投资经营旅游客运，着力培育大型旅游运输企业集团。党政机关公车改革过程中，涉改车辆公开拍卖时，同等条件下优先支持旅游交通运输企业参与竞拍。开行市、县城区到 3A 级以上景区和重点乡村旅游区的客运专线，支持景区经营公司和旅游汽车服务公司经营旅游交通专线。

2. 促进与相关产业融合

(1) 文化和旅游产业融合

打造一批有特色、有影响、有效益的文化旅游产品，初步形成一批在

① 源自《甘肃陇东南国家中医药养生保健旅游创新区建设总体规划（2014—2020 年）》。

② 甘肃省人民政府办公厅关于进一步促进旅游投资和消费的实施意见（甘政办发〔2015〕174 号）[EB/OL]. http://www.gansu.gov.cn/art/2015/12/23/art_4786_259177.html. 2015-12-23.

国内外有一定知名度和影响力的文化旅游目的地。建立形成“122235”文化旅游产业体系，即：打造敦煌国际文化旅游名城，建设20个文化旅游大景区、20个重点文化旅游产业园、20家文化旅游骨干企业、30个历史文化名城名镇、50个投资规模10亿元以上的战略性文化旅游项目，全省形成一批国内外知名文化旅游品牌，实现由旅游资源大省向旅游产业强省转型升级。[①] 以经营性文化事业单位市场化改制为契机，推动文化资源进入旅游市场，组建文化旅游企业，参与文化旅游市场竞争。[②] 推进文化资源向旅游产品转化，培育文化旅游骨干企业[③]。

把敦煌打造成全省文化旅游融合发展的示范样板。落实《敦煌国际文化旅游名城建设规划纲要》和《敦煌旅游综合改革试验区总体方案》，按照“一会四区”部署，强化文化旅游融合，开发旅游资源，发展驻场演艺，打造节会品牌，建设旅游特区。推进敦煌旅游综合改革，全力推动城市经济、社会、行政和旅游管理及资源一体化管理等方面的体制、机制创新突破；建设具有较强国际竞争力的旅游上市公司和龙头企业，打造一批旅游与文化等其他产业融合发展的优势产业集群，整合提升旅游产品体系和购物消费体系，搭建旅游产业发展合作平台；加快国际化进程，高标准建设旅游基础设施和公共服务设施，全面提升服务水平，推动敦煌旅游产业和城市功能的升级换代；打造与中亚、西亚地区直至欧洲各国“政策、道路、贸易、货币、民心”五通的丝绸之路国际知名旅游目的地。

集中建设20个文化旅游产业园区。加强以敦煌文化、长城文化、黄河文化、石窟文化、始祖文化、天马文化、民族文化、红色文化等全国知名文化为核心元素的甘肃特色文化资源的挖掘，认真研究文化资源优势和产业发展基础，突出创意文化旅游园区主题，支持创意文化旅游产品开发，加快建设一批总体布局合理、产业融合紧密、服务功能配套的创意文化旅游区。重点推进兰州水车博览园、黄河母亲主题文化公园、华夏文明甘肃文化产业园、兰州创意文化产业园、庆阳民俗文化产业园、庆阳农耕文化

---

① 源自《甘肃省关于加快推进文化和旅游深度融合发展的实施意见》。

② 甘肃省人民政府办公厅关于印发《甘肃省“十三五”文化产业发展规划》的通知（甘政办发〔2016〕135 号）[EB/OL]. http://www.gansu.gov.cn/art/2016/9/1/art_4786_284968.html. 2016-8-24.

③ 甘肃省人民政府关于推进文化创意和设计服务与相关产业融合发展的实施意见（甘政发〔2014〕99 号）[EB/OL]. http://www.gansu.gov.cn/art/2014/11/21/art_5148_215846.html. 2014-10-27.

产业博览园、天水汉唐文化产业园、天水中华始祖文化产业园、临夏民族文化产业园、甘南羚城藏族文化产业园、武威天马文化产业园、武威葡萄酒文化产业园、张掖祁连玉文化产业园、陇南西狭颂中华书法文化产业园、陇南天赐一秀文化产业园、嘉峪关文化旅游产业园、玉酒泉文化旅游博览园、白银工矿文化旅游产业园、灵台皇甫谧中医针灸养生产业园、敦煌国家级文化产业示范园等项目建设。推进红色文化旅游繁荣发展，完善第一期全国红色旅游规划的8个红色旅游经典景区，加快建设第二期的7个经典景区。

扶持发展20个以上文化旅游骨干企业。选择一批行业吸引力强、产品市场潜力大的企业作为培育对象进行重点扶持。支持成立国有旅游投资公司，并引进大型品牌企业，进行战略合作投资开发，形成一批具有支撑带动力的实体项目和旗舰品牌。各市（州）要按照提升品位、扩大规模、培育龙头、扶持壮大的要求，出台相关激励政策，放宽文化旅游市场准入，打破行业、地区壁垒，采取横向整合各种生产要素的方法，鼓励社会资本依法投资文化旅游产业，多元开发建设文化旅游项目。通过政策、资金等方面的杠杆撬动，组建、培育、扶持一批龙头企业，形成一批综合实力较强的文化旅游市场主体。对于主题选择新颖、项目规划科学、商业模式领先、社会效益显著、自我发展及带动能力强的民营文化旅游项目，要特别予以关注，跟踪做好服务，支持民营企业度过初创期，顺利进入良性循环的发展快车道。各市州要以经营性文化事业单位市场化改制为契机，推动文化资源进入旅游市场，组建文化旅游企业，参与文化旅游市场竞争。积极引导有条件的文化旅游关联企业进入文化旅游市场，实现跨行业发展，为文化旅游产业注入活力。

保护开发30个文化旅游名城名镇。正确处理保护与发展、传承与创新、经济效益与文化遗产保护社会效益的关系，以推动城镇功能更新、促进文化传承创新为主题，建设具有鲜明时代特征、强烈时代气息和地方特色风格的文化旅游名城名镇。发挥敦煌国际文化旅游名城建设的示范带动作用，积极推动兰州、酒泉、天水、张掖、武威、平凉、嘉峪关7个中国优秀旅游城市建设，加强和改进城市管理，构建结构合理、门类齐全、科技含量高、富有创意、竞争力强的现代文化产业体系，推动文化产业与旅游、体育、信息、物流、建筑等产业融合发展。配套完善敦煌市阳关镇、肃州区银达镇、金塔县航天镇、嘉峪关观礼古镇、张掖丹霞七彩镇、金川区双湾镇、天祝县天堂镇、西固区河口镇、榆中县青城镇、皋兰县什川镇、永靖县太极镇、和政县松鸣镇、临潭县冶力关镇、碌曲县郎木寺镇、麦积区麦积镇、平凉崆峒古镇、华池县南梁镇、宕昌县哈达铺镇、康县阳坝镇、文县碧口镇、白银区水川镇、漳县大草滩乡、兰州新区秦川镇等文化旅游名镇旅游功能，通过政府主导、社会参与、政策引领、项目支撑，促进文化旅游名镇名村持续快速发展。

落实抓好50个重大文化旅游项目建设。按照甘肃省委提出的“注重文化和旅游项目捆绑实施，注重区域联动和扩大招商同步推进”的要求，坚持高起点定位、高强度推进，全省规划论证50个投资规模10亿元以上的战略性文化旅游项目，积极促进文化和旅游有机结合、无缝连接。建立省、市分级负责的文化旅游项目建设机制，以市（州）为责任主体，谋划储备并开工建设一批重大建设项目。省上每年将具备省重大项目条件的亿元以上项目，纳入政府重大项目建设计划管理，整合各类可以利用的政策、项目和资金，捆绑实施建设项目。项目所在地市州政府要建立党政领导包挂项目制度，优选有信誉、有实力、有责任感、有积极性的企业作为投资建设和管理运营主体，推动项目建设。要进一步创新体制机制，把文化旅游产业、城镇建设、生态建设结合起来，运用市场运作的方式，实施大招商、招大商，拓宽开发途径，积极引进国内外战略投资商和社会资金，参与文化旅游项目建设。各市州、各有关部门要提高办事效率，简化项目审批程序，对文化旅游项目进行统筹指导、跟踪服务，为项目建设开辟“绿色通道”，提供“一条龙”服务，实现“一站式”办结，推动文化旅游重大项目建设。

实施“点极带”突破行动。深度挖掘甘肃厚重多元的文化资源特色特质，着力打造新的增长点、增长极、增长带。集中优势资源，优先开发资源禀赋高、基础条件好、带动性强的景区，力争新增5A级景区3个以上，辐射带动20个大景区联动发展。建设大敦煌文化旅游经济圈，争取设立丝绸之路文化遗产国家研究中心、敦煌文化艺术国际交流与创新中心、丝绸之路文化遗产数据中心，争取敦煌享有“一带一路”沿线国家游客入境免签权、外籍人士144小时落地免签政策，探索建立大敦煌版权交易、文化会展、文化贸易保税区，将敦煌创建为国家文化旅游消费示范中心城市；开展长城国家文化公园建设，建设一批长城文化遗产保护创新平台，实施河西走廊国家文化遗产线路综合保护利用、长城文化保护利用等重大项目，着力打造世界级长城文化体验基地。深度挖掘黄河文化旅游资源，支持兰州创建全国文化消费试点城市，建设全省“一带一路”旅游黄金节点和旅游集散中心城市，大力开发辐射周边城市的精品文化旅游线路，加快实施兰州黄河风情线改造提升工程、“读者印象”精品文化街区建设，以及兰州老街、黄河楼、华夏文化展示中心等沿黄重点文化旅游项目建设，打造高品位的黄河文化演艺、节会活动，培育高标准的黄河文化旅游业态，形成省会文化旅游消费新高地。①

（2）与生态融合②

加快森林公园建设步伐，大力发展森林旅游，实现旅游与林业的深度融合发展。发挥甘肃林业资源优势，创建一批森林体验基地和森林养生基地。加强冶力关、麦积山、崆峒山、兴隆山等国家森林公园，张掖湿地、尕海湿地、银滩湿地等国家湿地公园，武威沙漠公园、阳关沙漠公园等国家沙漠公园建设，开发森林生态、休闲度假、养生避暑、自驾房车、科普研学等旅游产品。祁连山国家自然保护区、关山区域等有条件的自然保护区积极创建国家公园。

（3）与体育融合

开展多元体育运动，发展时尚健康旅游和户外旅游，集中打造一批户外运动基地和系列户外体育运动产品。创建酒泉“中国西部户外运动基地”、张掖旅游文化体育医养融合发展示范区，办好丝绸之路（嘉峪关）国际房车博览会和丝绸之路（张掖）国际通航大会。加强体育基础设施建设，开发汽车越野、高山滑雪、徒步穿越等旅游项目产品，持续办好“玄奘之路”戈壁挑战赛、“非凡足迹”戈壁马拉松赛，以及汽摩越野拉力赛、自行车挑战赛、铁人三项赛等品牌户外活动，推动体育健身休闲产业发展。充分发挥体育产业专项资金的带动作用，支持开发特色体育旅游项目，构建丝路户外旅游长廊和多元户外旅游线路。③

发展体育休闲旅游、健身服务、竞赛表演等项目，开拓体育文化衍生

---

① 甘肃省人民政府办公厅关于大力促进全省文化旅游产业提质增效的意见（甘政办发〔2019〕100 号）［EB/OL］. http：//www. gansu. gov. cn/art. html. 2019 – 12 – 5.

② 甘肃省人民政府办公厅关于大力促进全省文化旅游产业提质增效的意见（甘政办发〔2019〕100 号）［EB/OL］. http：//www. gansu. gov. cn/art. html. 2019 – 12 – 5.

③ 甘肃省人民政府办公厅关于大力促进全省文化旅游产业提质增效的意见（甘政办发〔2019〕100 号）［EB/OL］. http：//www. gansu. gov. cn/art. html. 2019 – 12 – 5.

产品创意和设计开发，推进相关产业发展。丰富传统节庆活动内容，围绕实施“甘肃丝绸之路体育健身长廊”工程，支持市州根据当地自然人文资源特色举办体育活动，打造嘉峪关国际铁人三项洲际杯赛暨全国赛、兰州国际马拉松赛等精品赛事，推动体育竞赛表演业全面发展。吸引社会资本兴建体育户外营地、主题公园、攀岩基地、滑雪基地、赛马场等高端体育场地设施。鼓励发展体育服务组织，以赛事组织、场馆运营、技术培训、信息咨询、中介服务、体育保险等为重点，逐步扩大体育服务规模。加强体育产品品牌建设，利用数字信息技术，建立体育设施、人才、法规数据库和信息发布平台，开发科技含量高、拥有自主知识产权的体育产品。加大对体育用品制造业扶持力度，鼓励民间资本投资体育用品制造，鼓励支持本土企业发展，积极引进国内外知名品牌企业落户甘肃，培育甘肃体育用品知名品牌。促进体育衍生产品创意和设计开发，推进相关产业发展。①

(4) 与科技融合

依托酒泉卫星发射中心、国家循环经济示范区、主题公园、现代游乐设施等资源，推进旅游与科技融合发展。创建“甘肃河西走廊国家科普主题旅游示范区”，建设一批旅游创新创业示范园区、示范企业，提升旅游创意开发产品的科技含量，助推旅游产品的升级换代。加强科技型企业与旅游密切合作，引导构建旅游产业技术创新联盟，推动跨领域跨行业协同创新，促进旅游产业与科技深度融合。②

全面实施文化科技创新工程，依托数字技术、互联网、软件资源，将各种文化资源与最新数字技术相结合，大力培育发展以数字技术为载体的文化产业，以高端技术带动传统产业，实现数字化更新换代，支撑文化内容、装备、材料、工艺、系统的开发和利用，加快文化产品和服务数字化、网络化进程。大力发展互联网新媒体，推动传统媒体和新兴媒体融合发展。推动动漫游戏产业优化升级，促进动漫游戏与虚拟仿真技术在设计、制造等产业领域中的集成应用。加大智慧城市、智慧社区、智慧家庭

① 甘肃省人民政府关于推进文化创意和设计服务与相关产业融合发展的实施意见（甘政发〔2014〕99号）[EB/OL]. http://www.gansu.gov.cn/art/2014/11/21/art_5148_215846.html. 2014-10-27.

② 甘肃省人民政府办公厅关于印发《甘肃省“十三五”文化产业发展规划》的通知（甘政办发〔2016〕135号）[EB/OL]. http://www.gansu.gov.cn/art/2016/9/1/art_4786_284968.html. 2016-8-24.

建设力度，推进兰州市国家级三网融合试点工作，支持多媒体广播电视、互联网电视等产业发展，引导国内电商和企业与甘肃合作，加强通信设备制造、网络运营、集成播控、内容服务单位间的互动，推动下一代广播电视网和交互式网络电视等服务平台建设。提高数字版权集约水平，健全智能终端产业服务体系，推动产品设计制造与内容服务、应用商店模式整合发展。推进数字电视终端制造业和数字家庭产业与内容服务业融合发展，提升全产业链竞争力。推进数字绿色印刷发展，引导印刷复制加工向综合创意和设计服务转变，推动新闻出版数字化转型和经营模式创新。①

（5）与教育融合②

建设研学基地，培育研学旅游市场。将研学旅行、夏令营、冬令营等作为青少年爱国主义、革命传统和国情教育基地，纳入学生综合素质教育内容，规范引导大中学生开展形式多样的研学旅游活动、建立完善的研学旅行体系。鼓励各地区、各院校灵活安排春秋短假，引导旅游景区、企业对青少年研学旅行给予价格优惠。支持建设寻根访祖、航天科技、生存训练、地质科考、红色教育等研学旅行基地，建立健全研学旅行安全保障机制，旅行社和研学旅行场所应结合青少年学生特点，加强内容设计、导游配备和安全防护。

（6）与制造业融合

整合提升工业旅游资源，通过挖掘企业文化、开辟游客参观通道、增加旅游消费业态、发行工业旅游年票等措施，培育工业与旅游相结合的项目。着力打造矿山公园、酒文化博览园区、新能源基地、铁人纪念馆等项目。

加快旅游装备制造业发展，建设一批园区、基地，填补全省旅游装备制造业空白。推进中国电子科技集团、兰石集团、公航旅集团房车项目战略合作，开展旅游装备自主创新研发。创新制造业与旅游服务业的新兴融合发展模式，大力培育具有自主品牌的休闲、登山、滑雪、潜水、露营、

① 甘肃省人民政府关于推进文化创意和设计服务与相关产业融合发展的实施意见（甘政发〔2014〕99号）[EB/OL]. http://www.gansu.gov.cn/art/2014/11/21/art_5148_215846.html. 2014-10-27.

② 甘肃省人民政府办公厅关于印发《甘肃省“十三五”文化产业发展规划》的通知（甘政办发〔2016〕135号）[EB/OL]. http://www.gansu.gov.cn/art/2016/9/1/art_4786_284968.html. 2016-8-24.

探险等各类户外用品。①

通过文化元素渗透，促进工业设计向高端综合设计服务转变，推动工业设计服务领域延伸和服务模式升级。推动在生活消费品制造中引入创意设计元素，增加多样化供给，引导消费升级，推动生活日用品、礼仪休闲用品、家用电器、服装服饰、家居用品、数字产品、食品、文化体育用品等消费品工业向创新创造转变。加强传统文化与现代时尚融合，创新管理经营模式，加强广告营销策划，以创意和设计引领商贸流通业创新，增加消费品的文化内涵和附加值，形成一批综合实力强的自主品牌，提高整体效益和竞争力。②

（7）与人居环境建设融合

坚持以人为本、安全集约、生态环保、传承创新的建筑设计理念，完善优化功能，提升文化品位，提高城乡规划、建筑、园林和装饰等的设计水平。贯彻节能、节地、节水、节材的建筑设计理念，推进技术传承创新，积极发展绿色建筑，鼓励装饰设计创新，突出文化内涵，不断创造舒适优美的个性化家居环境。加强城市建设设计和景观风貌规划，突出甘肃地域和民族特色，提高园林绿化、城市公共艺术的设计质量，建设功能完善、布局合理、形象鲜明的特色文化城市。推进“美丽乡村”建设，加强村镇建设规划，培育村镇建筑设计市场，实施改善农村人居环境行动计划，建设环境优美、设施完备、幸福文明的社会主义新农村。在城市和农村开发建设中，注重对文物保护单位、历史文化名城名镇名村和传统村落的保护。推进文化生态保护区建设，保持乡村原始风貌、文化特色和自然生态，保护有历史、艺术价值的传统村落和民居。因地制宜融入文化元素，修订或更新相关建筑标准规范。重视文化内涵审查，不断建立各类设计方案竞选制度。鼓励装饰设计创新，引领装饰产品和材料升级。③

---

① 甘肃省人民政府办公厅关于印发甘肃省“十三五”文化产业发展规划的通知（甘政办发〔2016〕135 号）[EB/OL]. http://www.gansu.gov.cn/art/2016/9/1/art_4786_284968.html. 2016-8-24.

② 甘肃省人民政府关于推进文化创意和设计服务与相关产业融合发展的实施意见（甘政发〔2014〕99 号）[EB/OL]. http://www.gansu.gov.cn/art/2014/11/21/art_5148_215846.html. 2014-10-27.

③ 甘肃省人民政府关于推进文化创意和设计服务与相关产业融合发展的实施意见（甘政发〔2014〕99 号）[EB/OL]. http://www.gansu.gov.cn/art/2014/11/21/art_5148_215846.html. 2014-10-27.

3. 全面服务乡村振兴

发展特色乡村旅游。突出乡村生活生产生态特点，开发建设景区辐射型、古镇村落型、田园风光型、传统民俗型、养生度假型等多种类型的乡村旅游村镇。在注重乡村自然环境、乡土特色、历史风貌保护和传承的基础上，开发建设特色鲜明、个性突出的乡村旅游产品。[①] 依托不同地区的区位条件、特色资源和市场需求，打造景区依托型、田园观光型、休闲度假养生型、古镇古村落型、农耕民俗体验型等类型的乡村旅游产品，扶持建设一批生态良好、基础设施完善、特色鲜明的旅游示范村和专业村，引导发展以“吃农家饭、住农家院、摘农家果、干农家活”为主要内容的农（牧）家乐。积极推进现有旅游专业村和农家乐转型升级，鼓励乡村旅游专业村创建国家 A 级景区和旅游度假区，培育发展一批休闲农业观光园、家庭农场和休闲农庄。[②]

突出文化与乡村旅游的融合。强化休闲农业与乡村旅游经营场所的创意和设计，重点在河西走廊绿洲农业区、黄土高原农耕文化区、民族风情体验区、山地生态绿色度假区、黄河风情休闲区，建设集农耕体验、田园观光、教育展示、文化传承于一体的休闲农业园。注重农村文化资源和农业文化遗产的挖掘利用，借鉴农业文化遗产的丰富内涵，加快发展农村文化集市，不断丰富农业产品、农事景观、环保包装、乡土文化等创意和设计，在全省打造一批休闲农业示范园区、农家乐、休闲农庄和休闲农事体验区等经营实体，着力培育一批休闲农业知名品牌，提升农产品附加值，促进创意和设计产品产业化。鼓励引导发展楼宇农业、阳台农艺，进一步拓展休闲农业发展空间，陶冶市民文化生活。支持专业农产品市场建设特色农产品展览展示馆（园），推进特色农产品文化宣传交流。建立健全地理标志的地方性技术标准体系、质量保证体系与检测体系，扶持地理标志产品，加强地理标志和农产品商标的注册和保护。支持农业企业申报和推介绿色环保产品和原产地标记，鼓励利用信息技术创新具有地域文化特色

① 甘肃省人民政府办公厅关于进一步促进旅游投资和消费的实施意见（甘政办发〔2015〕174 号）［EB/OL］. http：//www. gansu. gov. cn/art/2015/12/23/art_4786_259177. html. 2015 - 12 - 23.

② 甘肃省人民政府办公厅关于加快乡村旅游发展的意见（甘政办发〔2018〕23 号）［EB/OL］. http：//www. gansu. gov. cn/art/2018/2/8/art_4786_333879. html. 2018 - 02 - 08.

的农产品营销模式。①

实施乡村旅游品牌战略。推进全域旅游示范区、生态旅游示范区、休闲农业和乡村旅游示范县、传统村落、美丽乡村、乡村特色旅游镇（村）、乡村旅游创客示范基地、现代农业庄园、星级农家乐、精品民宿、农家旅馆、特色餐馆等品牌创建；鼓励支持有条件的地区、企业和农户争创全国及省、市、县级乡村旅游示范镇、示范村、示范户。开展乡村旅游精品线路建设，以点连线，形成不同区域、不同季节、不同主题的乡村旅游精品线路。构建以黄土高原为主的农耕文化体验区，以河西走廊为主的戈壁生态农业观光体验区，以陇东南为主的山水田园康养度假体验区，以甘南临夏为主的民族风情体验区。集中打造十大田园综合体、十大乡村旅游度假区、十大乡村自驾景观廊道、十大乡村旅游精品线路、十大乡村民俗节会，百个最美旅游村镇、百家旅游专业合作社、百家精品民宿，千名乡村旅游带头人、千类特色旅游商品、千家品牌农家乐。② 创建、命名一批旅游强县，按照3A级以上旅游景区建设标准，建设具有地方特色和传统风貌的旅游名村名镇。③

建立健全乡村旅游服务标准体系，推进乡村旅游规范化建设，加强餐饮、住宿、卫生、购物等环节指导监管，不断提升乡村旅游服务质量与品质。加强旅游从业人员的专业知识教育和技能培训，提高乡村旅游发展带头人、经营户和从业人员的整体素质，提升发展乡村旅游的管理服务水平。引导建立乡村旅游协会，制定《诚信经营公约》，健全行业自律和动态管理机制，规范乡村旅游市场秩序，确保诚信经营和公平竞争。把乡村旅游市场整治列入全省旅游市场综合监管范围，开展多部门联合执法，探索构建良好市场秩序的长效机制。建立农家乐评星定级和摘星退出机制，促进农家乐标准化、规范化发展，有效发挥农家乐在乡村旅游发展中的主体作用。加强乡村旅游安全管理，将乡村旅游安全纳入地方综合治理体系，定期对乡村旅游景区（点）的食品生产、餐饮服务等开展监督检查，

① 甘肃省人民政府关于推进文化创意和设计服务与相关产业融合发展的实施意见（甘政发〔2014〕99号）[EB/OL]. http://www.gansu.gov.cn/art/2014/11/21/art_5148_215846.html. 2014-10-27.

② 甘肃省人民政府办公厅关于加快乡村旅游发展的意见（甘政办发〔2018〕23号）[EB/OL]. http://www.gansu.gov.cn/art/2018/2/8/art_4786_333879.html. 2018-02-08.

③ 甘肃省人民政府办公厅关于进一步促进旅游投资和消费的实施意见（甘政办发〔2015〕174号）[EB/OL]. http://www.gansu.gov.cn/art/2015/12/23/art_4786_259177.html. 2015-12-23.

确保乡村旅游交通安全、食品安全、消防安全、旅游安全。

4. 提升基础设施供给

完善铁路交通体系。加快兰渝、宝兰客专、天平、敦格、兰合、银西、中川、干武二线等铁路网络建设，与周边区域铁路环线实现连接。在火车站场新建、扩建规划中，充分考虑旅游业发展需要，设立旅游咨询服务点、旅游客运车辆临时停靠点。重点旅游景区、旅游城市增开与主要客源地之间的旅游专列。逐步开通甘肃通往中亚的铁路客运列车。在旅游旺季增开省内外旅游城市之间的旅游列车，对重点旅游团队火车票实行预售期外优先办理。

优化旅游航空网络。开通或加密省内机场至国内外主要客源城市的航线航班，加快实现敦煌、嘉峪关、张掖、天水、庆阳、金昌、夏河等机场的支线串飞，将嘉峪关机场建成国际口岸机场。2020 年建成陇南成州机场，新建平凉、临洮、武威机场，推进迁建天水机场，民用机场达到 12 个。加密中川机场直达国内所有省会城市、重要旅游商贸城市、国内前五十位机场的航线航班。强化省域支线机场之间以及与中川机场的有效衔接，完善支线航空网络。

建设连通景区道路和停车场。把景区道路建设作为“6873”交通突破行动的着力点，按照完善规划、分级负责、加快建设的要求，将旅游交通纳入全省各级交通运输规划统筹安排，加快城市及国道、省道至重要景区连接道路建设。完善旅游交通标识系统，将旅游标识纳入交通标志建设范围。加快推进高速公路电子收费系统建设，完善旅居全挂车上路通行的政策措施。推进旅游道路景观廊道建设，把沿线观景台、停车场建设纳入旅游廊道建设内容。在高速公路和高等级公路建设停车场、观景平台、旅游厕所、景区指南等，为游客提供道路引导、咨询、观景、购物等服务。2016 年起，全面实施景区与依托城镇之间、景区连接高速公路贯通工程，5A 级景区以一级及以上公路连通、4A 级景区以二级及以上公路连通，实现机场、火车站、客运站与主要景区公路交通无缝连接。在公路沿线设施建设中，进一步完善旅游服务功能，合理布局建设服务区、观景台、停车场及旅游交通引导标识系统。加大景区、车站、机场、码头及旅游城市停车场建设力度，到2017年年底，基本解决车辆停靠问题。①

完善城市旅游咨询中心和集散中心。在3A级以上景区、重点乡村旅游区以及机场、车站等合理建设集散中心，逐步完善集散换乘、信息咨询、应急救援、票务预订、随程讲解等多种功能。依托城市综合客运枢纽、道路客运站点建设布局合理、功能完善的游客集散中心和城市候机楼。加强各旅游城市集散中心之间的横向联系，推动区域化、网络化运营。

做到城乡规划与旅游规划相衔接，将重点旅游项目列入城乡规划。将游客集散中心、游客咨询中心、景区连接道路、停车场、厕所、水电气等旅游配套基础设施纳入城乡规划。在城市旅游景区（点）、博物馆、纪念馆、餐饮购物集中的商业场所等地设停车场或旅游客运车辆临时停靠点，满足游客游览、购物、用餐等需要。加强村镇道路、水电、通信、消防、环卫、给排水等设施建设，改善乡村旅游基础条件，提高乡村旅游景区景点的可进入性与旅游活动的安全性、舒适性。大力整治村容村貌，加快解决乡村旅游环境卫生和公共服务严重滞后问题。

加快自驾车房车营地建设。编制《甘肃省自驾旅游总体规划》，制定《丝绸之路甘肃省交通房车露营地发展规划》，统筹规划建设自驾游房车基地、户外活动营地、旅居全挂车营地和露营地、汽车旅馆，为自驾车旅游提供停车、住宿、餐饮、娱乐、购物、加油、排污、补给、维护保养等服务。在道路沿线合理布局建设醒目的自驾游引导标识，提供完备的自驾游信息服务。大力发展汽车租赁企业，鼓励开展落地自驾、异地交车等跨区域旅游汽车租赁业务。

全力推进旅游厕所建设。全面落实《甘肃省旅游厕所建设管理新三年实施方案（2018—2020年）》，将旅游厕所纳入城乡建设规划统一布局，按照谁主管、谁建设、谁管理的原则，通过政策引导、资金补助等方式，加快旅游厕所建设。进一步强化旅游厕所管理，着力解决冬季防冻等技术问题，实现旅游厕所数量充足、干净无味、实用免费、管理有效的目标。

完善乡村旅游配套设施。按照“乡村环境景区化”要求，结合美丽乡村建设、新型城镇化建设、移民搬迁等工作，大力整治村容镇貌，深入开

---

① 甘肃省人民政府办公厅关于进一步促进旅游投资和消费的实施意见（甘政办发〔2015〕174号）［EB/OL］. http：//www. gansu. gov. cn/art/2015/12/23/art_4786_259177. html. 2015－12－23.

展乡村改厨、改厕、改院落、整治周边环境等“三改一整”工程，纵深推进全域旅游无垃圾行动，着力改善乡村旅游环境条件。加快交通干道、重点旅游景区到乡村旅游景区（点）的道路交通建设，提高乡村公路等级标准，改善重点乡村旅游景区（点）的交通条件，提升乡村旅游可进入性。引导自驾车房车营地、交通驿站建设向特色村镇、风景廊道等重要节点延伸布点，逐步形成乡村旅游自驾游精品线路产品和服务体系。加快乡村旅游标识体系建设，完善旅游道路沿线导游导览图、旅游形象标识、景点解说牌、旅游区标志牌等乡村旅游标识体系，提高标识标牌布局密度，促进乡村旅游便利化。加强乡村旅游服务体系建设，改善游客接待、停车、环卫、通信等基础条件，配套建设餐饮住宿、休闲娱乐、户外运动、互动体验等服务设施，不断满足游客的多样化需求。① 整合新农村、美丽乡村、新型城镇化、移民搬迁等各类项目资金，加大旅游扶贫重点村公共服务建设，完善乡村旅游配套服务功能。②

加快广电传输网络建设，提升技术水平，扩大网络覆盖范围，丰富服务内容。支持甘肃省广播电影电视总台（集团）打造精品频道和栏目，加快电视节目制播高清化建设。加快高速全光下一代广播电视网、有线无线融合网建设，统筹有线电视与广播电视村村通、户户通建设，加快发展网络在线广播、交互式网络电视、移动多媒体广播电视等新媒体业务③。

5. 推动文旅品牌化建设④

塑造整体形象。以“精品丝路、绚丽甘肃”旅游整体形象为统领，打造“传奇丝路、壮美河西”“九曲黄河、奇峡秀水”和“华夏祖脉、养生福地”三大旅游目的地品牌。创新培育 15 个特色新型产品品牌：“全球华

---

① 甘肃省人民政府办公厅关于加快乡村旅游发展的意见（甘政办发〔2018〕23 号）[EB/OL]. http://www.gansu.gov.cn/art/2018/2/8/art_4786_333879.html. 2018-02-08.

② 甘肃省人民政府办公厅关于进一步促进旅游投资和消费的实施意见（甘政办发〔2015〕174 号）[EB/OL]. http://www.gansu.gov.cn/art/2015/12/23/art_4786_259177.html. 2015-12-23.

③ 甘肃省人民政府办公厅关于印发《甘肃省“十三五”文化产业发展规划》的通知（甘政办发〔2016〕135 号）[EB/OL]. http://www.gansu.gov.cn/art/2016/9/1/art_4786_284968.html. 2016-8-24.

④ 甘肃省人民政府办公厅关于印发《甘肃省“十三五”文化产业发展规划》的通知（甘政办发〔2016〕135 号）[EB/OL]. http://www.gansu.gov.cn/art/2016/9/1/art_4786_284968.html. 2016-8-24.

人寻根祭祖圣地”之旅、“驰骋陇原戈壁自驾”之旅、“最美高原民族风情”之旅、“岐黄故里中医养生”之旅、“清凉世界高原避暑”之旅、“修心养性问道礼佛”之旅、“神奇丝路户外探秘”之旅、“欢乐陇原冬春冰雪”之旅、“绚丽甘肃摄影采风”之旅、“博览天下会展商务”之旅、“甘美如意养老度假”之旅、“神舟飞天研学科普”之旅、“天马行空低空飞行”之旅、“快乐老家乡村田园”之旅、“追寻梦想红色记忆”之旅。

创新市场营销模式。包括：①全域营销。宣传方式由单一景点景区宣传转向整体区域旅游目的地宣传，由传统媒体宣传转向多媒体平台融合宣传，由线下宣传转向线上线下相结合的全方位宣传。加强旅游形象和旅游产品在全社会的普及推广，实现“人人都是宣传员”的旅游宣传效应。②精准营销。加强旅游大数据统计分析，通过对客源市场游客构成、消费偏好数据的收集分析，指导旅游产品创新优化，实现精准营销。根据不同距离市场、不同年龄市场、不同文化教育市场、不同职业细分市场，实施分类营销。针对大众旅游市场、高端旅游市场、自驾游市场、商务会展市场、自助游旅游市场、情侣婚恋旅游市场、研学旅游市场等不同的旅游市场，有针对性的推介旅游产品。③整合营销。统筹各方力量，按照“资源整合、一体营销”的原则，构建以产品、市场为导向的整合营销机制。省、市、县各级部门和旅游企业形成营销合力，统一优选宣传平台，加大海内外客源市场宣传力度。借助文化、工信、外宣、外事、商务、体育等交流渠道，联手合力营销“精品丝路，绚丽甘肃”旅游形象。④体验营销。坚持大众营销理念，在客源市场旅游集散中心和省内主要旅游城市、旅游景区（点）、旅游节会、旅游服务设施等场所，策划开展参与性、体验性强的旅游营销活动。鼓励各市州和旅游景区、旅游企业超前谋划，积极运用虚拟现实技术，建设旅游在线虚拟体验营销平台，开发集旅游虚拟体验、宣传推广和网络购买旅游产品于一体的现代营销平台。邀请主要客源市场旅行商和新闻媒体来甘肃考察踩线，对接合作，促进甘肃旅游产品的推广，扩大甘肃旅游形象的国际地位和影响力，逐步使节会活动成为国内外游客和旅游企业市场化参与的平台。⑤网络营销。主动适应互联网时代新趋势，实现网络营销与智慧旅游的有机结合，把网络宣传、移动终端宣传作为旅游宣传营销的重要阵地，着力构建新媒体网络宣传矩阵，开辟旅游宣传新途径，培育旅游新消费，打造旅游营销新引擎。建立旅游产品信息化流程系统，在知名旅游网站开展甘肃旅游产品的线上营销活动，针对网民个性化需求，设计营销定制化、个性化旅游产品。在境内外一流的社交媒体、搜索引擎、旅游商务网等网络媒介上开展甘肃旅游产品的线上营销推广活动。⑥节会营销。将旅游节会、体育赛事等节会活动办成“流动的景点、移动的景区”，借助“丝绸之路（敦煌）国际文化博览会”和“敦煌行·丝绸之路国际旅游节”等节会平台，全力推介旅游品牌形象和旅游产品。⑦借力营销。紧抓“一带一路”倡议机遇，主动融入国家发展大局，积极参加文化和旅游部牵头组织专业化展会和推广活动，中国与各国开展的旅游年活动、各种旅游外交、外事高峰论坛、高层会议；积极参与省委、省政府及文化、商贸外事部门组织的境外合作交流推广活动，提升甘肃旅游国际影响力；利用甘肃商贸驻外机构，为旅游企业牵线搭桥，开辟旅游合作渠道，助力丝绸之路旅游发展。

强化区域联合。①境外联合推广。充分发挥丝绸之路旅游推广联盟的作用，强化与丝绸之路沿线国家和地区交流合作，拓展国际营销渠道，实现资源共享、产品互联、市场互动，共同打造丝绸之路国际旅游平台。在欧美及澳新等国际重点市场增设甘肃旅游营销中心，联手包装策划甘肃旅游线路产品，集中投放广告宣传，加大客源市场开发力度。加强甘肃与丝绸之路沿线国家6对省级友好省州、11对市州级友好城市联系，深入开展交流合作。②国内旅游营销。加强中国黄河旅游推广联盟、中国长城旅游推广联盟、丝绸之路旅游推广联盟、青藏铁路沿线旅游推广联盟、中国世界遗产旅游推广联盟和西北五省区旅游协作区、黄河沿线省区旅游协作区、川陕甘旅游协作区等联盟的协作，加强营销策划和联合宣传推广，共同打造跨区域、具有国际影响力和竞争力的主题旅游线路产品，进一步提升甘肃在西北地区旅游市场中的中心地位。发挥山水相连、文化相近、民俗相通的地缘优势，加强市州与毗邻省区城市的旅游协作，建立市州一级的区域协作机制，共同谋划主题旅游线路产品，相互推介宣传旅游产品，吸引合作区域内广大市民互相旅游，促进陕西、宁夏、青海、新疆、河南、四川等周边和近中程市场赴甘旅游市场份额的快速增长。③省内联合宣传推广。加强省内区域协作，实施区域联合宣传推广。深度推进各市（州）之间，河西五市、沿黄四市（州）和陇东南五市三大联盟的协作。打造特色鲜明的区域旅游联盟板块，统一形象，统一产品，统一营销，增强区域旅游整体吸引力。

把乡村旅游纳入全省整体旅游宣传计划，作为“交响丝路、如意甘肃”品牌宣传的重要内容，在甘肃旅游网开设“甘肃乡村旅游”专网，实现与乡村旅游重点地区链接。通过以奖代补等方式，鼓励社会力量参与乡村旅游的宣传推广和中介服务，支持建设专业化、品牌化的乡村旅游网站。充分发挥旅游景区（点）、企业特别是旅行社的促销作用，形成宣传推广的合力。各地政府要有计划、有重点、有步骤地做好乡村旅游产品和线路的宣传营销工作，制作乡村旅游宣传片、歌曲、地图等宣传品，充分利用电台、电视、报纸、期刊、网站、微信、微博等多种平台，加大乡村旅游产品宣传营销力度，不断提高知名度、增强吸引力。策划举办乡村旅游节、美食节、采摘节、民俗文化展等乡风民俗和节会活动，吸引游客，聚集人气，拉动消费，实现“以节促销、以节促游、以节富民”。①

积极培育商标品牌设计、代理、评估、咨询、质押等中介机构，大力推介“甘肃制造精品”“甘味”农产品、特色文创和旅游商品品牌。依托甘肃商标网、甘肃商标品牌数据库等，搭建商标品牌服务平台和信息共享平台。着力培育区域公用品牌和地理标志品牌，围绕“牛羊菜果薯药”等特色优势产业，推动“甘味”农产品品牌认定，支持企业申报地理标志商标、国家地理标志保护产品和农产品“三品一标”。加强与世界知识产权组织等国际机构的合作交流，为出口企业商标国际注册提供服务。②

6. 实施智慧赋能行动

（1）全面建成“一中心”③

促进省直部门涉旅数据横向融合与开放共享。进一步深化公安、交通、银联、通信运营商数据共享，完成测绘、安监、质监、地震、气象、卫生计生、建设、在线旅行社等涉旅数据资源全面开放共享。

打通全省旅游大数据纵向归集系统。完成4A级以上景区视频监控、游客流量监控系统与国家、省级平台对接。旅游重点市（州）、县（市、区）建成本级旅游大数据中心，实现从省、市、县旅游部门到景区、旅行

---

① 甘肃省人民政府办公厅关于加快乡村旅游发展的意见（甘政办发〔2018〕23号）[EB/OL]. http://www.gansu.gov.cn/art/2018/2/8/art_4786_333879.html. 2018-02-08.

② 甘肃省人民政府办公厅关于推进丝绸之路国际知识产权港建设的意见（甘政办发〔2020〕44号）[EB/OL]. http://www.gansu.gov.cn/art/2020/5/8/art_10453_454490.html. 2020-05-08.

③ 甘肃省人民政府办公厅关于加快全省智慧旅游建设的意见（甘政办发〔2018〕22号）[EB/OL]. http://www.gansu.gov.cn/art/2018/2/8/art_4827_333877.html. 2018-02-08.

社、酒店、民宿等相关涉旅行业的数据对接。

建立省级大数据融合分析体系。以景区、酒店、旅行社等为自主数据采集单元，构建景区客流、游客分布密度、旅行社团队数据、涉旅业态统计等不同维度的大数据样本，形成省级涉旅数据自主资产和甘肃智慧旅游内容云，推动数据资源在旅游产品研发设计、生产运营、远程运维、供应链管理方面的应用，形成旅游信息数据智能传感控制能力。持续挖掘涉旅行业大数据价值，对旅游运行现状、旅游资产、旅游潜力、旅游收入、行业发展、社会价值、产业价值等进行详细跟踪分析研究，形成月度、重要时段、年度旅游分析报告体系。

（2）建成“三体系”

① 完善智慧旅游管理体系。

建立旅游综合监管平台。向上对接全国旅游监管平台，对下建成省、市、县三级互通的立体旅游应急指挥平台，实时掌握景区人流量、景区周边道路拥堵情况、天气情况，实施对突发事件进行全方位、无死角的全程预警应急处置。

建立旅游舆情监控平台。强化旅游舆情监控，实时采集分析互联网关注的旅游数据，监测社交媒体数据，及早发现甘肃旅游相关舆情。对重点舆情信息通过平台进行内部通报告知，并在微信、微博、互联网新闻门户、本地主要门户网站等网络媒体快速发布应对信息，第一时间引导舆论走向。

建立全省旅游行业协同办公系统。建设涵盖旅游管理部门、重点景区、三星级以上酒店、涉旅服务企业及交通、公安等涉旅部门为一体的网络协同办公系统，增强全行业信息发布、公文处理、协同办公、资源共享的时效性，打造全省旅游行业“无纸化、信息化、高效化、协同化”政务管理体系。

② 完善智慧旅游服务体系。

以甘肃旅游资讯网为基础，“微游甘肃”微信服务平台为核心，完善订票、订房、订车、旅游线路定制、线上线下互动交流等一体化功能，面向游客提供无缝化、即时化、精确化、互动化的旅游服务。

依托大型网络平台，开发电子导游导览系统，为游客提供生动有趣的导游讲解、导游推荐等导游导览服务，建立面向公众的电子导游库，开展“游客选择导游”服务。开设一批甘肃旅游营销服务品牌专区，向游客提供包括酒店客房、景区人流、交通车流、天气等多方面涉旅信息的查询，协助游客制定、完善目的地行程。对接各大景区景点、车辆游船、航班等票务系统，提升公众购票效率。

构建甘肃旅游交互评价平台，形成景区动态评价、导游服务评价及旅行社评价机制，实现游客旅游体验、服务质量的真实测评，推进景区、旅行社、酒店、导游等涉旅要素诚信体系建设，引导旅游企业和从业人员守法经营、诚信服务。

③ 完善智慧旅游营销体系。

建立健全网络宣传平台。不断加大网络宣传投入力度。各市（州）、县（市、区）及各景区要将新媒体作为旅游宣传营销主阵地，用于新媒体宣传旅游的投入占到旅游整体宣传费用一半左右。强化“微游甘肃”等自媒体宣传，构建网站、微信、微博、广播电视网络相互协同，线上宣传与线下主题活动共同发力的立体化网络宣传矩阵。加强与周边省市及旅游热点城市之间的信息互通、景区共推和粉丝共享，扩大宣传效果，提升营销水平，持续提升“交响丝路·如意甘肃”旅游品牌的知名度、美誉度和影响力。

创新旅游产品营销形式。广泛利用游客落地短信、网络热播剧、网上订票抽奖、网络投票、网络直播、达人踩线、网红游记、沙龙对话等多种生动活泼的形式，向游客全方位、多维度展示甘肃旅游独特魅力。引导旅游电商平台开发更符合市场需求的“住宿＋景区门票”、“交通＋景区门票”等网络旅游套餐，促进线上线下一体化电子商务模式落地，推进旅游电子商务系统与金融系统对接，建设甘肃综合性旅游服务预约平台，改变传统单一的旅游营销模式。鼓励本地旅游企业与不同类型在线旅行社合作，通过官方网站、微信等载体建设电商平台，进行旅游形象及特色活动宣传推广。

强化甘肃旅游国际网络宣传营销。全面升级主要面向海外客源地的多语种甘肃旅游网站，提供多种语言切换功能，大力宣传推介甘肃旅游资源和旅游产品。

（3）推进“三朵云”建设

① 建设以数据为中心的支撑云。

在现有甘肃旅游大数据中心的基础上，继续增加数据接入种类，接入各部门、各行业涉旅数据，提升数据分析的准确性，建立集中、共享的数据中心，实时支持数据交换，推进单向、双向、可控、有序、安全的信息资源交换共享，实现全省旅游大数据的“纵向贯通、横向融通、全域共享”。

② 建设以服务为中心的功能云。

围绕政府、行业、游客需求，不断完善管理、营销、服务等信息化功能，推进全省旅游产业全覆盖、旅游管理全方位、旅游服务全链条的线上线下无缝对接，提升政府部门管理服务水平、企业营销服务水平和游客满意度。

③ 建设以游客为中心的内容云。

多渠道合法采集游客特别是专业旅游达人分享的各类图片、视频、游记、攻略等信息，形成甘肃旅游目的地特有的旅游信息攻略，并依托自媒体和腾讯、马蜂窝、携程旅行等网络平台同步进行分发，引导游客出行，形成旅游目的地丰富的内容储备。

(4) 推动建设智慧文化旅游示范工程

坚持整体规划、分步实施的原则，以现代科学技术为基础，以游客互动体验为核心，以系统化整合旅游资源为手段，构建智慧旅游服务、智慧旅游管理、智慧旅游营销三大系统，建设和完善手机远程看景、手机导游、手机购票、远程环境检测与发布等游客服务系统，电子门票、游客统计、视频监控、GPS 车辆调度等内部管理系统，防火预警系统、地质灾害远程监测与预警等应急管理系统，提高文化和旅游产业的高信息含量、知识密集程度。以推广智慧旅游景区等级评定标准为主要抓手，促进传统景区景点的智慧化改造，优选信息化发展基础较好的景区景点，建设智慧旅游景区改造示范工程项目。利用空间地理数据、新一代移动通信技术、物联网、云计算等新技术和新传媒手段，打造全面覆盖、精准营销、全链条服务、全方位监管、高集约化、高效率的智慧旅游省级一体化平台。围绕自驾游基地建设，积极开辟丝绸之路文化“智慧旅游”自驾游专线，充分利用互联网与移动互联网技术，以兰州为中心，联结周边文化旅游资源，整合医疗、餐饮、交通等资源，为自驾文化游提供全程、全方位智慧服务。①

① 关于加快推进文化和旅游深度融合发展的实施意见［EB/OL］. http://wlt.gansu.gov.cn/wlfzclxz/794.html. 2014-12-16.

(5) 建立智慧乡村旅游平台

大力推进“互联网 + 乡村旅游”的产业发展战略，广泛运用互联网、大数据、云计算等现代信息技术，实施“一部手机游甘肃”计划，推动乡村旅游服务、管理、营销、体验智能化，不断提高游客的满意度。鼓励各市（州）、县（市、区）和旅游企业开发智慧乡村旅游项目，积极推进现代信息基础设施向乡村旅游重点区域延伸，重点乡村旅游景区（点）实现无线网络全覆盖。鼓励乡村旅游企业、村镇、农户开通微博、微信和手机客户端，实现信息智能推送、网络营销、网络预订和网上支付等互联网服务功能。建立乡村旅游展示、体验平台，设立微信公众号，推动知名线上旅行商与乡村旅游企业合作，建设乡村旅游电商平台，完善导游、导航、导厕、导览、导购等智慧旅游服务，引导智慧乡村旅游健康有序发展。实现3A级以上乡村旅游景区（点）免费无线网络、智能导游、电子讲解、在线预订、信息推送等功能全覆盖，全省具备条件的旅游专业村建成智慧旅游乡村。

6.3 完善发展体制机制的改革之路

体制机制是文化和旅游各项事业发展的根本保障。甘肃坚持以加强文化体制改革顶层设计来推动华夏文明传承创新区建设。以抓好顶层设计谋划文化领域深入改革，以文化领域深入改革谋划文化和旅游产业大发展。

1. 发展体制改革

(1) 组建省文化和旅游厅

2018年10月，按照《甘肃省机构改革方案》，甘肃省将原省文化厅和原省旅游发展委员会的职责整合，组建省文化和旅游厅，作为省政府组成部门。组建省文化和旅游厅是省委着眼于文化软实力和文化影响力，统筹文化事业、文化产业发展和旅游资源开发，推动文化事业、文化产业和旅游事业、旅游产业融合发展作出的重大部署，也为文化和旅游融合发展推动甘肃经济社会发展提供了组织保障。

(2) 完善文化管理体制

甘肃为加快文化宏观管理体制改革，按照政企分开、政事分开的原则转变政府职能，推动政府部门由办文化向管文化转变。

① 文化事业单位改革。

实施推进和完善文化事业单位的人事、收入分配和社会保障体制改革，形成了责任明确、行为规范、富有效率、服务优良的运行机制。省图书馆等公益性文化事业单位积极推进文化事业单位内部人事、收入分配和社会保障制度改革。制定出台《甘肃日报社进一步深化改革总体方案》重点解决事企不分的问题，出台《甘肃省推动传统媒体和新兴媒体融合发展的实施意见》推动传统媒体和新兴媒体融合，并启动实施。

② 国有经营性文化单位转企改制。

以建立现代企业制度为重点，加快推进经营性文化单位改革，全面完成国有经营性文化单位转企改制。加快公司制股份制改造，完善法人治理结构转型。以做强做大省属文化企业、创新文化产业投融资方式为抓手，推动文化企业跨地区、跨行业、跨所有制兼并重组，提高了文化产业规模化、集约化、专业化水平。深入推进国有经营性文化单位改革，推动已转制的国有文化企业加快公司股份制改造。实现出版发行全行业转企改制、全面完成国有文艺院团体制改革、非时政类报（刊）改革进展顺利、全面完成市、县电影发行放映单位改革和省、市、县广播电视网络整合，为构建和形成符合现代企业制度要求的资产组织形式和经营管理形式，逐步建立起合格规范的市场主体。甘肃省整合甘肃省歌舞剧院、省话剧团、省秦剧团、省京剧团、省杂技团、省曲艺团等六个省直院团和省演出公司、省舞台魔术工厂等省直文化单位组建成甘肃省演艺集团有限责任公司，成为甘肃文化市场的龙头企业，带动 27 家国有文化企业实现了转企改制市场化发展。

（3）优化旅游发展体制

以全省规划建设的 20 个大景区为重点，积极推进景区管理体制改革。各市（州）政府在现有管理机构的基础上，严格按规定程序报批后，整合组建大景区管理委员会，对景区实行统一规划、统一开发、科学管理，统筹开展景区招商引资、开发建设等工作。大景区管理委员会整合景区内林业、水利、文物等各类资源，按照分类管理要求，调动属地单位保护、开发、利用的积极性。鼓励有条件的省直景区资源管理部门将资源管理权限下放，实行属地管理，做到严格保护、合理开发、永续利用。按照“一区一策、先易后难，成熟一个、改革一个”的原则，由各市（州）政府会同省直有关部门，制定大景区管理体制改革方案，报省政府审批后实施。大景区按照“管委会+旅游开发公司”模式，加快构建产权明晰、富有活力的市场化经营机制。①

在敦煌旅游改革综合实验区内探索景区股份化整合。吸引民营资本和先进管理模式进入，加速景区发展。对于政府控制的风景区管理处（局），将管理权和开发权剥离，实行政企分开，管委会实行政府职能，采取特许经营的办法，将核心景区内的国有经营性资产委托旅游（集团）公司经营。集团公司通过交纳景区资源有偿使用费获得景区的经营开发权，进而对景区经营性资本进行市场化运作，使得资源优势转化为经济优势。除国家法律法规明确禁止事项外，允许旅游投融资公司以景区门票、土地质押贷款进行融资开发。加大招商引资力度，积极引进国内外战略投资商和企业集团，广泛吸引社会资本，通过合作、租赁、入股、承包等方式参与景区开发。

在敦煌旅游改革综合实验区内探索资源属地化管理改革。树立大旅游理念，努力改善旅游资源条块分割、多头管理、行政级差大、遗产保护和管理效率受掣肘的现状，在自然文化遗产保护优先，门票收入归属不变的情况下，将分属于文化、文物、宗教、林业、水利、土地等行业部门管辖的各类旅游资源实行属地化管理，按照分类管理要求，调动属地单位保护、开发、利用的积极性。统一建设基础设施和旅游服务设施，统一宣传促销、统一政策发布、统一接待服务，实现旅游标准化管理、规范化服务，实现旅游资源的一体化运营，做到严格保护、合理开发、永续利用。大景区分别成立景区管委会（管理局），按正县级设置，对景区实行统一规划、统一开发、科学管理。景区管委会在明确职能、责任和管理权限基础上，探索与所在行政区一体化合署办公管理模式，行使对大景区范围内的土地、文物、森林、水利等所有资源资产的保护管理和统筹开发，承担大景区规划、招商引资、项目审批、建设监管、安全维护、公共服务、民生保障等行政管理职能，形成管委会统一管理，文物、林业、国土资源、住建等相关部门具体负责资源保护和研究，投资开发公司负责经营服务的大景区一体化管理机制。②

---

① 甘肃省人民政府办公厅关于大力促进全省文化旅游产业提质增效的意见（甘政办发〔2019〕100号）[EB/OL]. http://www.gansu.gov.cn/art.html. 2019-12-5.

② 源自《敦煌旅游综合改革实验区总体方案》。

（4）培育壮大市场主体

建立公平开放透明的市场运行规则，打破区域限制和行业隐形壁垒，促进各类旅游要素和市场向社会资本全面开放。鼓励支持各类社会资本投资旅游业，引进国内外品牌旅行社、旅游饭店、景区管理公司、航空公司、汽车租赁公司，在甘肃跨行业、跨地区、跨所有制兼并重组，打造跨界融合的产业集团和产业联盟。鼓励发展和引进旅游策划营销、装备制造、旅游电子商务、旅游演艺、旅游培训、户外运动等专业旅游经营机构。扶持发展旅游餐饮、旅游客栈、休闲农庄、旅游商品开发、旅游客运、游乐场所等特色中小微型旅游企业。支持省内外旅行社跨省（区、市）、跨市（州）设立分社和门市，做大做强各类旅游企业。①

允许外资在大敦煌区域内经批准的文旅产业聚集区设立演出场所经营单位。支持国内大型企业集团通过股权合作、产业基金扶持引导、吸纳民间资本投入，与甘肃文旅企业实现精准对接，推进企业混改。大力培育孵化中小微企业，扶持一批小而精、小而特、小而优、小而新的产业“小巨人”。②

（5）推进政府职能转变和简政放权

强化市（县）政府在旅游改革发展战略研究、政策制定、规划编制、市场监管、公共服务、形象推广等方面的职能，使市场在资源配置中起决定性作用。省级旅游管理部门承接国家下放的外商投资旅行社及中外合资旅行社设立项目审批、4A 级景区评定等职能，将经营国内旅游业务和入境旅游业务的旅行社审批、备案及 3A 级旅游景区评定权限下放至市（州）旅游管理部门。加快推进省、市旅游协会和行业中介组织改革发展，建立健全导游行业组织，发挥行业自律作用。落实景区门票预约制度和最大游客承载量公示制度，实行最大承载量控制。完善旅游统计指标体系和调查方法，建立科学的旅游发展考核评价体系，加大旅游工作在政绩考核中的权重。③

完善管人、管事、管资产、管导向相结合的国有文化资产管理体制。

① 源自《中共甘肃省委甘肃省人民政府关于促进旅游业改革发展的意见》。

② 甘肃省人民政府办公厅关于大力促进全省文化旅游产业提质增效的意见（甘政办发〔2019〕100 号）［EB/OL］. http://www.gansu.gov.cn/art.html. 2019 - 12 - 5.

③ 源自《中共甘肃省委甘肃省人民政府关于促进旅游业改革发展的意见》。

党委宣传部门负责文化体制改革的组织协调和宣传业务的指导工作，重大国有文化资产变动事项的审核把关；财政部门履行对国有文化资产的监管职责；文化行政主管部门按部门职责对所属企事业单位的国有文化资产实施具体管理。认真落实已经出台的国有文化资产管理、国有文化企业监督管理和企业负责人绩效考核及薪酬管理等相关制度，做好国有资产的管理及负责人的绩效考评工作。转制为企业的出版、发行单位，转制时可通过资产清查，对其库存积压待报废的出版物做一次性处理，损失允许在净资产中扣除；出版、发行单位库存呆滞出版物，超过一定期限的，可以作为财产损失在税前据实扣除，不采取税前提取提成差价等准备金办法；已作为财产损失税前扣除的呆滞出版物，以后年度处置的，其处置收入应纳入处置当年的应税收入。①

在敦煌旅游改革综合实验区改革旅游行业管理体制。以简政放权、激发市场活力为重点，理顺旅游管理体制，整合旅游资源开发；放宽市场准入，扩大市场开放；下放管理权限，加强市场监管；强化旅游管理职能，建立高效的旅游行政管理和服务体系。率先在敦煌市开展旅游综合改革试点，在旅行社、星级饭店、A 级景区、导游管理、旅游项目审批、规划管理等方面享有市（州）一级的旅游管理权限。支持敦煌开展低空飞行等特许旅游经营项目。加快敦煌国际航空口岸建设，争取旅游团过境免签政策及出入境免税和离境购物退税政策。在总结敦煌市经验做法的基础上，形成可复制、可推广经验，逐步在重点旅游城市和全省全面推进改革。②

2. 财政扶持政策

各级财政要保证对文化建设投入的增长幅度高于财政经常性收入增长幅度，提高文化支出占财政支出比例。对甘肃省精品剧目资金和有关专项资金予以整合，在此基础上设立甘肃省文艺精品创作生产传播专项资金，理顺和扩大资金扶持范围，增加对影视、文学、书法以及其他艺术门类重点精品项目创作生产传播的扶持、奖励投入。对重大文艺项目，采取专项申报的方式，经评审确认后，由省财政厅予以核拨。各市（州）和有条件

① 甘肃省人民政府办公厅关于印发甘肃省加快文化大省建设若干政策规定的通知（甘政办发〔2012〕38 号）[EB/OL]. http://www.gansu.gov.cn/art/2012/4/27/art_472_189280.html. 2012-2-21.

② 源自《敦煌旅游综合改革实验区总体方案》。

的县（市、区）也要设立文化产业改革发展专项资金，加大对文化产业的资金扶持力度。从城市住房开发投资中提取 1% 用于社区公共文化设施建设。扩大甘肃社科基金规模，重点扶持立足甘肃经济社会发展实践的研究项目，着力推出一批有价值、有分量，经得起历史检验的优秀成果。加快甘肃省哲学社会科学研究基地建设。建立“电影精品专项资金”，列入省财政预算，用于支持电影精品的制作。按照“一团一场”的原则，将演出场所建设纳入城市建设总体规划，以新建、改造、租赁、委托经营等多种形式为文艺院团提供相对固定的演出场所。提高各级彩票公益金用于文化事业的比例。文化单位转企改制过程中的财务审计、资产评估等工作由财政部门统一组织实施，所需费用由同级财政部门予以补助，相关土地评估按国家规定办理。国有文艺院团转企改制后，原事业费继续拨付。一般经营性文化事业单位在改制后 5 年过渡期内，原事业费继续拨付。采取政府采购、项目补贴、定向资助等方式，鼓励转企改制文化企业参与公共文化服务。①

通过政府购买、消费补贴等途径，引导和支持文旅企业提供更多产品和服务，鼓励出版适应群众购买能力的图书、期刊，鼓励在商业演出和电影放映中安排低价场次或门票，鼓励网络文旅运营商开发更多低收费业务。加大对文化旅游消费基础设施建设、改造投资力度，完善政府投入方式，建立健全社会力量、社会资本参与机制，促进多层次多业态文化旅游消费设施发展。落实支持现代文化服务业、中小文化企业特别是小微企业等发展的有关优惠政策，促进中小文化企业发展。实施“专精特新”的中小文化企业培育计划，对认定为省级“专精特新”的中小文化企业每户奖励 30 万元，认定为国家细分领域“行业小巨人”的文化企业每户奖励 50 万元。对国家文化出口重点企业和项目扶持力度，加强国家文化出口基地建设。实行航线培育补贴，重点支持旅游包机、省内支线航班和新开通的省会城市航班、国际及港澳台航班。省级人民政府批准，2020 年年底前省属重点文化企业可免缴国有资本收益。② 鼓励从事文化创意和设计服务的企业申报高新技术企业，对经认定为省级工业设计中心的，一次性奖励 50

① 甘肃省人民政府办公厅关于印发甘肃省加快文化大省建设若干政策规定的通知（甘政办发〔2012〕38 号）[EB/OL]. http：//www. gansu. gov. cn/art/2012/4/27/art_472_189280. html. 2012 - 2 - 21.

② 甘肃省人民政府办公厅关于大力促进全省文化旅游产业提质增效的意见（甘政办发〔2019〕100 号）[EB/OL]. http：//www. gansu. gov. cn/art. html. 2019 - 12 - 5.

万元，认定为国家级工业设计中心的，一次性奖励 100 万元。①

3. 税收优惠政策

（1）支持事业单位转制

在 2013 年 12 月 31 日前，经营性文化事业单位转制为企业的，自转制注册之日起免征企业所得税；由财政部门拨付事业经费的经营性文化事业单位转制为企业的，对其自用房产免征房产税；对经营性文化事业单位转制中资产评估增值涉及的企业所得税，以及资产划转或转让涉及的增值税、营业税、城建税等给予适当的优惠政策。②

经营性文化事业单位转制为企业，自转制注册之日起五年内免征企业所得税。2018 年 12 月 31 日之前已完成转制的企业，自 2019 年 1 月 1 日起可继续免征五年企业所得税。由财政部门拨付事业经费的文化单位转制为企业，自转制注册之日起五年内对其自用房产免征房产税。2018 年 12 月 31 日之前已完成转制的企业，自 2019 年 1 月 1 日起对其自用房产可继续免征五年房产税。对经营性文化事业单位转制中资产评估增值、资产转让或划转涉及的企业所得税、增值税、城市维护建设税、契税、印花税等，符合现行规定的，享受相应税收优惠政策。对党报、党刊，将其发行、印刷业务及相应的经营性资产剥离组建的文化企业所取得的党报、党刊发行收入和印刷收入，在规定期限内免征增值税优惠政策。③

（2）支持企业发展

符合西部鼓励类产业目录的文化企业，享受西部大开发税收优惠政策，减按 15% 的税率征收企业所得税；经认定为高新技术企业的文化企业，减按 15% 的税率征收企业所得税；文化企业开发新技术、新产品、新工艺发生的研究开发费用，允许按国家税法规定在计算应纳税所得额时加

---

① 甘肃省人民政府关于推进文化创意和设计服务与相关产业融合发展的实施意见（甘政发〔2014〕99 号）[EB/OL]. http://www.gansu.gov.cn/art/2014/11/21/art_5148_215846.html. 2014－10－27.

② 甘肃省人民政府办公厅关于印发甘肃省加快文化大省建设若干政策规定的通知（甘政办发〔2012〕38 号）[EB/OL]. http://www.gansu.gov.cn/art/2012/4/27/art_472_189280.html. 2012－2－21.

③ 甘肃省人民政府办公厅关于大力促进全省文化旅游产业提质增效的意见（甘政办发〔2019〕100 号）[EB/OL]. http://www.gansu.gov.cn/art.html. 2019－12－5.

计扣除；经认定的动漫企业自主开发、生产动漫产品，可申请享受国家现行鼓励软件产业发展的所得税优惠政策。广播电视运营服务企业按规定收取的有线数字电视基本维护费，经省政府同意并报财政部、国家税务总局批准，免征营业税，期限最长不超过三年。在 2013 年 12 月 31 日前，广播电影电视行政主管部门（包括中央、省、市及县级），按照各自职能权限批准从事电影制作、发行、放映的电影集团公司（含成员企业）、电影制片厂及其他电影企业取得的销售电影拷贝收入、转让电影版权收入、电影发行收入以及在农村取得的电影放映收入免征增值税和营业税。对图书、报纸、期刊、音像制品、电子出版物、电影和电视完成片等按规定享受出口退税政策。文化企业在境外演出从境外取得的收入免征营业税。为生产重点文化产品而进口国内不能生产的自用设备及配套件、备件等，按现行税收政策有关规定，免征进口关税。图书馆、博物馆、文化馆、纪念馆、美术馆、展览馆、书画院、文物保护管理单位等举办文化活动的门票收入和宗教场所举办文化、宗教活动的门票收入，免征营业税。①

文化创意和设计服务企业发生的职工教育经费支出，不超过工资薪金总额 8% 的部分，准予在计算应纳税所得额时扣除。企业为开发创意和设计发生的研究开发费用，未形成无形资产计入当期损益的，在按照规定据实扣除的基础上，按照研究开发费用的 50% 加计扣除；形成无形资产的，按照无形资产成本的 150% 摊销；一般纳税人销售自行开发生产的软件产品，按照 17% 的法定税率征收增值税，其增值税实际税负超过 3% 的部分实行即征即退政策。对国家重点鼓励的文化创意和设计服务出口实行营业税免税。落实营业税改增值税试点有关政策，对纳入增值税征收范围的国家重点鼓励的文化创意和设计服务出口实行增值税零税率或免税，对国家重点鼓励的创意和设计产品出口实行增值税零税率。②

建立公开、透明的行政事业性收费定价制度，鼓励和推行优质优价，取消各类不合理收费，凡省委、省政府及价格主管部门、财政部门制定的

---

① 甘肃省人民政府办公厅关于印发甘肃省加快文化大省建设若干政策规定的通知（甘政办发〔2012〕38 号）[EB/OL]. http://www.gansu.gov.cn/art/2012/4/27/art_472_189280.html. 2012-2-21.

② 甘肃省人民政府关于推进文化创意和设计服务与相关产业融合发展的实施意见（甘政发〔2014〕99 号）[EB/OL]. http://www.gansu.gov.cn/art/2014/11/21/art_5148_215846.html. 2014-10-27.

收费标准，有上下限规定的，一律按省级制定收费标准下限执行；法律法规明确的行政事业性收费标准，按照相关规定执行；国务院及其相关部门制定的收费标准，按照国家规定执行。严格限定广告领域文化事业建设费征收范围，费用只在广告媒介单位和户外广告经营单位征收，推动落实文化创意和设计服务企业用水、用电、用气、用热与工业企业同价。加强行政事业性收费、政府性基金的管理，规范行业协会、商会收费行为。①

对电影企业取得的销售电影拷贝收入、转让电影版权收入、电影发行收入以及在农村取得的电影放映收入、广播电视运营服务企业收取的有线数字电视基本收视维护费和农村有线电视基本收视费，自 2019 年 1 月 1 日至 2023 年 12 月 31 日免征增值税。对符合国家小微企业普惠性税收减免政策条件的文化企业，自 2019 年 1 月 1 日至 2021 年 12 月 31 日，月销售额 10 万元以下（含本数）的增值税小规模纳税人，免征增值税；年应纳税所得额不超过 100 万元的部分，减按 25% 计入应纳税所得额，按 20% 的税率缴纳企业所得税；对年应纳税所得额超过 100 万元但不超过 300 万元的部分，减按 50% 计入应纳税所得额，按 20% 的税率缴纳企业所得税。②

4. 加强金融服务

印发《关于促进文化与金融合作的意见》③，成立甘肃银行文化支行，把文化产业发展列为信贷政策重点支持的领域，加大信贷投入，创新金融服务，出台商标权、股权、专利权等多项抵押质押融资管理办法。将各金融机构信贷支持文化产业力度、文化金融产品创新力度、金融服务效果纳入全省银行业金融机构综合信贷政策导向效果评估，充分引导、正向激励各银行业金融机构加大对文化产业和项目的支持，全省文化产业贷款投放规模逐年扩大。

鼓励和引导金融机构发挥自身优势，推动文化创意金融服务模式创新，拓宽贷款抵（质）押物范围，开发适合文化创意和设计服务企业特点

---

① 甘肃省人民政府关于推进文化创意和设计服务与相关产业融合发展的实施意见（甘政发〔2014〕99 号）［EB/OL］. http：//www.gansu.gov.cn/art/2014/11/21/art_5148_215846.html. 2014-10-27.

② 甘肃省人民政府办公厅关于大力促进全省文化旅游产业提质增效的意见（甘政办发〔2019〕100 号）［EB/OL］. http：//www.gansu.gov.cn/art.html. 2019-12-5.

③ 源自《甘肃省关于深入推进文化金融合作的实施意见》。

的信贷产品和服务方式。建立无形资产和收益权抵（质）押权登记公示制度，完善文化创意和设计服务企业无形资产评估体系，推动金融机构积极开展专利权、著作权、商标权、“版权 + 票房收益”等无形资产质押贷款业务。拓展甘肃省文化产业发展集团业务，不断完善文化资产评估和文化产权交易体系，发展文化经纪、投资保险等文化市场中介服务机构，构建投资主体多元、方式多样、风险可控的文化产业投融资体系，努力开拓融资租赁、风险投资和私募股权投资等融资渠道，促进金融资本、社会资本与文化资源有效对接。支持符合条件的企业上市，鼓励企业发行公司债、企业债、集合信托和集合债、中小企业私募债等非金融企业债务融资工具。支持保险机构开展保险产品和服务试点，鼓励各类担保机构提供融资担保和再担保服务，探索设立专业文化产业保险组织机构，建立文化产业保险承保和理赔的便捷通道，支持为文化产业保险市场提供服务的中介机构发展，推进保险业与文化创意和设计服务深度融合，促进文化产业保险发展。积极引导私募股权投资基金、创业投资基金及各类投资机构投资文化创意和设计服务领域。①

鼓励金融机构加大对文化企业的信贷支持。商业银行对符合信贷条件的文化企业，可在国家允许的贷款利率浮动幅度内给予一定的利率优惠。引导和鼓励金融机构拓展适合文化产业发展特点的贷款融资方式和相关的保险服务。鼓励有实力的企业、团体、个人依法发起组建各类文化投资公司。②

落实进一步加强知识产权质押融资工作要求，促进银行保险机构加大对知识产权运用的支持力度，研究扩大知识产权质押物范围。大型银行、股份制银行应指定专门部门负责知识产权质押融资工作，在风险可控的前提下，通过单列信贷计划、专项考核激励等方式支持知识产权质押融资业务发展。落实中小微企业专利权质押融资办法，支持中小微企业创新，培

---

① 甘肃省人民政府关于推进文化创意和设计服务与相关产业融合发展的实施意见（甘政发〔2014〕99 号）［EB/OL］. http://www.gansu.gov.cn/art/2014/11/21/art_5148_215846.html. 2014 - 10 - 27.

② 甘肃省人民政府办公厅关于印发甘肃省加快文化大省建设若干政策规定的通知（甘政办发〔2012〕38 号）［EB/OL］. http://www.gansu.gov.cn/art/2012/4/27/art_472_189280.html. 2012 - 2 - 21.

育独角兽企业、瞪羚企业、新领军者企业。①

5. 产业投资政策

（1）设立产业发展基金

比照中国文化产业投资基金的设立形式，在省政府主导下，报经国家有关部门审批，由省财政注入一定的引导资金，同时吸纳社会资金共同设立甘肃省文化产业发展基金。② 鼓励国有文旅产业投资基金作为产业投资者，对重点领域的文旅企业进行股权投资。创新基金投资模式，更好地发挥文化旅游产业投资基金的引导和杠杆作用，推动文化旅游企业跨地区、跨行业、跨所有制兼并重组。③

（2）鼓励、引导多元投入

党报、党刊、电台、电视台等重要新闻媒体经营部分剥离转制为企业的，在确保国家绝对控股的前提下，允许吸收社会资本；国有发行集团、转制为企业的科技类报纸、期刊和出版单位，在原国有投资主体控股的前提下，允许吸收国内其他社会资本投资。进一步放宽市场准入领域和条件，鼓励、支持、引导社会资本以股份制、民营等形式，兴办影视制作、放映、演艺、娱乐、发行、会展、中介服务等文化企业，并享受国有文化企业同等待遇，具体办法按《甘肃省非公有资本投资文化产业指导目录》执行。④ 在国家许可范围内，鼓励和引导社会资本以多种形式投资文化产业，参与国有经营性文化事业单位转企改制，允许以控股形式参与国有影视制作机构、文艺院团改制经营，在投资核准、银行贷款、土地使用、税收优惠、上市融资、发行债券、对外贸易等方面给予支持。放开放活文旅产业市场，降低准入门槛。对投资新办文化旅游企业的，不得收取规定之

---

① 甘肃省人民政府办公厅关于推进丝绸之路国际知识产权港建设的意见（甘政办发〔2020〕44 号）[EB/OL]. http://www.gansu.gov.cn/art/2020/5/8/art_10453_454490.html. 2020-05-08

② 甘肃省人民政府办公厅关于印发甘肃省加快文化大省建设若干政策规定的通知（甘政办发〔2012〕38 号）[EB/OL]. http://www.gansu.gov.cn/art/2012/4/27/art_472_189280.html. 2012-2-21.

③ 甘肃省人民政府办公厅关于大力促进全省文化旅游产业提质增效的意见（甘政办发〔2019〕100 号）[EB/OL]. http://www.gansu.gov.cn/art.html. 2019-12-5.

④ 甘肃省人民政府办公厅关于印发甘肃省加快文化大省建设若干政策规定的通知（甘政办发〔2012〕38 号）[EB/OL]. http://www.gansu.gov.cn/art/2012/4/27/art_472_189280.html. 2012-2-21.

外的任何附加费用，对“个转企”注册登记提供“绿色通道”服务。允许投资人依法依规以知识产权等无形资产评估作价出资组建文化旅游企业。①

鼓励社会力量兴办文化事业文化产业政策。鼓励房地产开发企业在建设住宅时，按城市总体规划和空间布局，建设综合文化活动室等文化设施。企业通过公益性社会团体或者县级以上人民政府及其部门对文化单位的捐赠支出，在企业年度利润总额1%~2%以内的部分，准予在企业所得税前予以扣除。鼓励在甘国有大型企业承担社会责任，每年列支一定资金购买各种文化产品服务基层人民群众。充分利用税收、信贷、专项资金补贴等优惠政策，鼓励、支持、引导在甘国有企业100强和民营企业100强，以独资设立文化企业或参与国有文化企业改组改制的方式，带头投资文化产业。鼓励、支持、引导个人投资文化产业，对有一定经营场所、投资10万元以上、自2012年1月1日起连续经营3年以上、年平均用工8人以上的文化企业经营者，可由当地财政给予一次性补贴。鼓励扶持各类文化企业吸纳更多城乡劳动者就业，符合条件的，享受小额担保贷款等促进就业的扶持政策。投资文化企业，设立注册资本在50万元以下的有限责任公司，允许其注册资本在2年内分期到位，首期不低于注册资本的20%。允许投资人以商标、品牌、技术、科研成果、版权、股权、债权转股权等无形资产评估作价出资组建文化企业，无形资产占注册资本的比例不超过70%。②

(3) 鼓励利用资本市场

创新文旅产业投融资体制，鼓励有条件的文旅企业利用资本市场发展壮大，推动资产证券化，鼓励文旅企业充分利用金融资源，投资开发全局性、先导性文旅项目。通过公司制改造实现投资主体多元化的文化企业，符合条件的可申请上市。鼓励符合条件的已上市文化企业通过公开增发、定向增发等再融资方式进行并购和重组。鼓励符合条件的文化企业进入中小企业板、创业板、科创板等板块融资。鼓励符合条件的文化企业通过发行企业债券、公司债券、非金融企业债务融资工具等方式扩大融资，鼓励

① 甘肃省人民政府办公厅关于大力促进全省文化旅游产业提质增效的意见（甘政办发〔2019〕100号）[EB/OL]. http://www.gansu.gov.cn/art.html. 2019-12-5.

② 甘肃省人民政府办公厅关于印发甘肃省加快文化大省建设若干政策规定的通知（甘政办发〔2012〕38号）[EB/OL]. http://www.gansu.gov.cn/art/2012/4/27/art_472_189280.html. 2012-2-21.

以商标权、专利权等无形资产和项目未来收益权提供质押担保以及第三方公司提供增信措施等形式，提高文化企业的融资能力。针对文化企业的特点，建立健全知识产权、文化品牌等无形资产的评估、质押、登记、托管、投资、流转和变现等办法，完善无形资产和收益权抵（质）押权登记公示制度，鼓励金融机构积极开展金融产品和服务方式创新。在风险可控、商业可持续原则下，进一步推广知识产权质押融资、供应链融资、并购融资、订单融资等贷款业务，加大对文化企业的有效信贷投入。鼓励开发文化消费信贷产品。探索开展旅游景区经营权质押、门票收入权质押以及旅游企业建设用地使用权抵押、林权抵押等贷款业务。探索建立符合文化企业特点的公共信用综合评价制度。加强对文化企业的分类监管，鼓励各类担保机构对文化企业提供融资担保，通过再担保、联合担保以及担保与保险相结合等方式分散风险。① 加大力度扶持通过股份制改造实现投资主体多元化的文化企业申请上市。②

支持符合条件的旅游企业上市融资，鼓励金融机构加大对旅游企业的信贷支持，着力打造专项旅游金融产品。积极发展旅游投资项目资产证券化产品，推进旅游项目产权与经营权交易平台建设。引导预期收益好、品牌认可度高的旅游企业探索通过相关收费权、经营权抵（质）押等方式融资筹资。③

由读者出版集团有限公司、甘肃日报报业集团、甘肃省广播电视总台（集团）、甘肃省广播电视网络股份有限公司、省演艺集团公司、甘肃新华书店集团公司联合成立甘肃省文化产业投资公司，发行文化企业债券或中期票据。④

（4）引导企业集约发展

依托省内文化创意和设计园区基地，加强公共技术、资源信息、投资

① 甘肃省人民政府办公厅关于大力促进全省文化旅游产业提质增效的意见（甘政办发〔2019〕100号）[EB/OL]. http://www.gansu.gov.cn/art.html. 2019-12-5.

② 甘肃省人民政府办公厅关于印发甘肃省加快文化大省建设若干政策规定的通知（甘政办发〔2012〕38号）[EB/OL]. http://www.gansu.gov.cn/art/2012/4/27/art_472_189280.html. 2012-2-21.

③ 甘肃省人民政府办公厅关于进一步促进旅游投资和消费的实施意见（甘政办发〔2015〕174号）[EB/OL]. http://www.gansu.gov.cn/art/2015/12/23/art_4786_259177.html. 2015-12-23.

④ 甘肃省人民政府办公厅关于印发甘肃省加快文化大省建设若干政策规定的通知（甘政办发〔2012〕38号）[EB/OL]. http://www.gansu.gov.cn/art/2012/4/27/art_472_189280.html. 2012-2-21.

融资、交易展示、人才培养、交流合作等服务能力建设，促进各类园区基地提高效益，完善创新创业服务体系。根据各地资源条件和产业优势，分区域明确发展重点，科学规划建设融合发展集聚区，打造区域性创新中心和成果转化中心。落实《甘肃省工业设计中心认定管理办法》，在工业聚集区培育发展设计中心，积极引进国内外知名工业设计机构、著名高校工业设计中心，在省内创办研发设计中心和分支机构。分行业在全省建立区域协调机制与合作平台，加强产业集群内部的有机联系，形成合理分工与协作、优势互补、相互促进的区域发展格局。充分发挥部门职能，组织实施基础性、引导性重大工程和重点项目，提升产业整体实力，增强发展后劲。发挥文化产业园区基地的孵化、服务功能，支持专业化的创意和设计企业向专、精、特、新方向发展，着力打造中小企业集群。挖掘、保护、发展民间特色传统技艺，培育特色创意和设计企业，支持设计、广告、文化软件工作室等各种形式中小企业发展。推动创意和设计优势企业跨地区、跨行业、跨所有制业务合作，打造跨界融合的产业集团和产业联盟。①

6. 土地政策

(1) 保障文化和旅游用地需求

在组织编制省级和市（县）国土空间规划时，将实际需要的新增文化旅游项目用地纳入国土空间规划。编制和调整土地利用总体规划、城乡发展规划时，充分考虑旅游项目、设施的空间布局和建设用地需求。年度用地计划要适当增加旅游发展用地，保障旅游项目用地需求。将文化建设用地优先安排用地计划指标，保证确定的文化产业园区（基地）和重点文化企业建设用地。公共文化设施建设应纳入新建城区、居民住宅小区、各类园区的规划建设中。② 贯彻落实原国土资源部、住房和城乡建设部、原国家旅游局《关于支持旅游业发展用地政策的意见》（国土资规〔2015〕10号），对旅游项目全部占用国有荒地、荒滩、荒坡等未利用土地的，除应

① 甘肃省人民政府关于推进文化创意和设计服务与相关产业融合发展的实施意见（甘政发〔2014〕99号）[EB/OL]. http://www.gansu.gov.cn/art/2014/11/21/art_5148_215846.html. 2014-10-27.

② 甘肃省人民政府办公厅关于印发甘肃省加快文化大省建设若干政策规定的通知（甘政办发〔2012〕38号）[EB/OL]. http://www.gansu.gov.cn/art/2012/4/27/art_472_189280.html. 2012-2-21.

由国务院审批的外，全部下放至市（州）政府审批。将旅游重点项目列入各地土地利用总体规划和城乡建设总体规划重点项目清单。①

（2）*落实差别化旅游用地政策*②

鼓励旅游项目建设使用国有荒地、荒坡、荒沟、荒滩等未利用土地，享受国家西部大开发土地出让优惠价格。为旅游配套的公益性城镇基础设施建设用地，可以划拨方式提供用地。修建旅游设施涉及改变用途的，依法办理用地审批手续。乡村旅游项目需要使用存量建设用地的，可以依法通过集体建设用地使用权流转的方式取得，在不改变土地性质的情况下，大力支持发展休闲农业与乡村旅游。

城市游客集散中心等为旅游配套的公益性城镇基础设施建设用地，依照国家颁布的《划拨用地目录》，以划拨方式供给。在符合土地利用总体规划和用途管制要求的前提下，农村集体经济组织可依法使用建设用地，采取自办或以土地使用权入股、联营等形式与其他单位和个人举办住宿、餐饮、停车场等旅游接待服务企业。深度贫困地区文旅项目用地，执行省级支持深度贫困地区脱贫攻坚项目用地政策。旅游景区以外的咨询服务中心、游客集散中心、公路服务区、厕所、观景台、停车场、港湾式停车带、房车露营地、驿站、自行车道、步道等公益性基础设施建设用地，以划拨方式供地。

利用划拨方式取得的存量房产、土地兴办文旅产业的，符合《划拨用地目录》的，可按划拨方式办理用地手续；不符合《划拨用地目录》的，在符合国家有关规定的前提下可采取协议出让方式办理。鼓励利用闲置设施、盘活存量建设用地发展文旅产业。鼓励将城市转型中退出的工业用地根据相关专项规划用于发展文旅产业。企业利用文物建筑、旧厂房、仓库等存量房产、土地或生产装备、设施发展文旅产业，可实行继续按原用途和土地权利类型使用土地的过渡期政策。在符合生态环境保护要求和相关规划的前提下，支持使用未利用地建设文旅项目。优先安排新增建设用地计划指标，出让底价可按不低于土地取得成本、土地前期开发成本和按规

---

① 甘肃省人民政府办公厅关于大力促进全省文化旅游产业提质增效的意见（甘政办发〔2019〕100号）［EB/OL］. http：//www. gansu. gov. cn/art. html. 2019－12－5.

② 甘肃省人民政府办公厅关于大力促进全省文化旅游产业提质增效的意见（甘政办发〔2019〕100号）［EB/OL］. http：//www. gansu. gov. cn/art. html. 2019－12－5.

定应收取相关费用之和的原则确定。提倡和引导文旅企业采用离地高架方式建设旅游固定设施，旅游景区中未改变除永久基本农田以外的农用地、未利用地用途，未固化地面、未破坏耕作层的生态景观用地的，按实际地类管理，不办理农用地转用和土地征收手续。鼓励各地实行点状供地政策，保障文旅项目用地。

7. 人力资源政策

（1）人才培养政策①

强化文旅产业人才支撑，以培养高技能人才和高端文化创意、经营管理人才为重点，加大对文旅产业人才的培养和扶持。探索与知名培训机构、专业院校、科研院所建立人才共同培养机制，通过资金补助、师资支持等多种形式，支持各地开展文旅产业人才培训。依托工作室、文化名人、艺术大师，促进人才培养和传统技艺传承。加强对非物质文化遗产传承人和学艺者的培训，着重提高其创新创意能力。积极将特色文旅产业人才培养纳入各级人才发展规划和工作计划。统筹使用人才奖励资金和“四个一批”人才队伍建设专项资金，重点用于省属国有文旅企业、“专精特新”中小文旅企业高端人才和优秀人才的引进、培育和奖励。

加强文化科技学科建设与人才培养。加强理工类学科与人文、管理类学科的交叉融合，支持高校设立文化科技交叉型学科，支持科研院所开展文化科技专业研究生培养，培养文化科技融合型人才。依托高校、科研院所，建设文化和科技融合的综合性研究中心。依托职业院校，加大文化旅游人才培养力度，打造全省文化旅游人才培育中心。依托国家各类人才计划，注重对高端文化科技人才的引进，培养造就专业化、复合型的人才队伍与团队。积极争取国家支持，组建敦煌艺术学院，打造文化艺术国际交流窗口平台。支持有条件的高校开设旅游专业，鼓励有条件的地区创办旅游院校。完善导游薪酬管理，加强导游人才培养。②

建立以市场需求为导向、以能力建设为核心的文化创意和设计人才培

① 甘肃省人民政府办公厅关于大力促进全省文化旅游产业提质增效的意见（甘政办发〔2019〕100 号）［EB/OL］. http：//www. gansu. gov. cn/art. html. 2019 - 12 - 5.

② 甘肃省人民政府办公厅关于进一步促进旅游投资和消费的实施意见（甘政办发〔2015〕174 号）［EB/OL］. http：//www. gansu. gov. cn/art/2015/12/23/art_4786_259177. html. 2015 - 12 - 23.

养机制。鼓励各类院校、科研院所按市场需求和地域民族特色设置专业，支持民营资本兴办各类文化创意和设计类培训机构，制定出台普通高校、职业培训、继续教育相互衔接的人才培养配套政策。支持有条件的高校和创意设计企业建立博士后工作站、流动站，扶持和鼓励相关行业和产业园区、重点企业与普通本科高校、职业院校及科研机构共同建立人才培养基地，逐步形成学历教育与职业培训并举、创意和设计与经营管理结合的人才培养新模式。鼓励各类文化创意和设计人才到各类文化产业园区、兰州高新开发区等各级各类经济开发区开展各种形式的合作开发，兼职从事技术咨询等活动。创新民间文化艺人的保护、继承和推广模式，鼓励企业与民间文化艺人合作，培养民间文化传承人和接班人，支持将非物质文化遗产代表性传承人才培养纳入职业教育体系，鼓励有条件的职业学校开设民族文化传承创新专业。加大对核心人才、高层次人才的扶持和急需紧缺人才的培养引进力度，加强对各级干部电子商务相关知识和实用技能的培训，建立健全创意和设计人才使用、流动、评价和激励体系，落实国有企业、院所转制企业、职业院校、普通本科高校和科研院所创办企业的股权激励政策，鼓励文化创意和设计人才开展创作、学习交流、参加竞赛、成果展示活动。积极推荐有突出贡献的文化创意和设计人才参加“甘肃省领军人才工程”“甘肃省优秀专家”等评选，引进人才享受省各类人才优惠政策。推进职业技能鉴定和职称评定工作，加强人才科学管理。①

（2）人才培训工程

依托省级旅游智库，发挥高校旅游专家的智力优势，为乡村旅游规划、开发、营销、培训等提供指导服务。各级农业、人社、旅游、扶贫等部门要将乡村旅游人才培育纳入培训计划，加大对乡村旅游管理人员、服务人员的培训力度，造就一支结构合理、素质较高的乡村旅游从业人员队伍。实施乡村旅游“创客”行动，创建乡村旅游创客示范基地，组织引导大学生、返乡农民工、艺术人才、专业技术人员、青年创业团队等各类“创客”投身乡村旅游发展，促进人才资本向乡村流动，改善乡村旅游人才结构。健全完善乡村旅游发展研究中心，整合高校专家和行业精英力

---

① 甘肃省人民政府关于推进文化创意和设计服务与相关产业融合发展的实施意见（甘政发〔2014〕99号）［EB/OL］. http://www.gansu.gov.cn/art/2014/11/21/art_5148_215846.html. 2014－10－27.

量，提供项目策划、创业辅导、经营管理、市场营销、商品研发、人才培训等一站式服务，为乡村旅游和旅游扶贫提供智力支撑。到2020年，全省共组织培训乡村旅游从业人员3万人次以上，旅游专业村培训实现全覆盖。①

8. 消费惠民政策②

（1）落实带薪休假制度

鼓励单位与职工结合工作安排和个人需要，分段灵活安排带薪休假、错峰休假。鼓励企业将安排职工旅游休闲作为奖励和福利措施，有条件的地区和单位可根据实际情况，在遵守标准工时的前提下，探索弹性作息制度。在有条件的地区和学校积极探索学校放假与职工带薪休假衔接机制，在教学时间总量不变的前提下，高等院校结合实际调整寒暑假时间，中小学依据有关规定安排春秋假期，为学生与家长假期出行旅游创造条件。落实职工带薪年休假制度。认真贯彻落实《职工带薪年休假条例》（国务院令第514号）和《甘肃省人民政府办公厅关于切实做好机关事业单位干部职工带薪年休假工作的通知》（甘政办发〔2015〕150号），统筹兼顾、科学合理地制定实施细则或实施计划，确保职工带薪休假制度落实到位。鼓励机关事业单位和企业根据自身实际，将带薪休假与地方特色活动、民族传统节日相结合，安排错峰休假。鼓励弹性作息，有条件的地方和单位可根据自身实际，依法调整优化夏季作息安排，为职工周五下午与周末结合外出休闲度假创造条件，形成多个旅游“周假期”。积极探索推行学生春秋假期，在保证在校学生基本学时的基础上，调整安排春秋短假期，带动错峰休假旅游。③

（2）鼓励、引导旅游消费

组织开展文化旅游消费季、消费月等活动，鼓励各地实施景区门票减免、淡季免费开放、演出门票打折等政策，引导居民消费。在依法合规的

① 源自《甘肃省人民政府办公厅关于加快乡村旅游发展的意见》。

② 甘肃省人民政府办公厅关于大力促进全省文化旅游产业提质增效的意见（甘政办发〔2019〕100号）［EB/OL］. http：//www. gansu. gov. cn/art. html. 2019－12－5.

③ 甘肃省人民政府办公厅关于进一步促进旅游投资和消费的实施意见（甘政办发〔2015〕174号）［EB/OL］. http：//www. gansu. gov. cn/art/2015/12/23/art_4786_259177. html. 2015－12－23.

前提下，鼓励金融机构发行文化旅游消费联名银行卡，并给予特惠商户折扣、消费分期等用户权益。拓展文化旅游消费信贷业务，以规范发展为前提创新消费信贷抵（质）押模式，开发不同首付比例、期限和还款方式的信贷产品。积极制定出台冬春季旅游优惠政策，加大冬春季引客入甘奖补力度，鼓励景区、饭店等对冬春季游客给予价格捆绑优惠。①

实施周末休闲工程。推进乡村旅游与城市休闲有机对接，大力开发“城里人游乡村”“周边省区来甘游乡村”市场和产品，设计周末乡村旅游线路产品和营销主题，丰富提升城市周边、公路沿线、景区附近以及与周边省区交界地带的乡村旅游产品，各市州要有针对性地编排 2 天或 2.5 天周末短假乡村旅游线路产品，集中在客源市场投放宣传；省旅游部门要组合推出一批周末精品线路，加大市场宣传推介力度。全面落实职工带薪休假制度，将带薪休假与地方特色活动、民族传统节日相结合，安排错峰休假。鼓励弹性作息，有条件的地方和单位可根据自身实际，在遵守标准工时的前提下，灵活调整作息安排，形成多个旅游“周假期”，为城乡居民周末外出休闲度假创造条件。②

运用创意和设计引导消费。加强全民文化艺术教育，提高人文素养，推动转变消费观念，激发创意和设计产品服务消费，扩大文化消费规模。加大政府对创意和设计产品服务的采购力度，鼓励企业开展设计服务外包，扩大设计服务市场。提升省内交易平台信息化和网络化水平，规范交易秩序，促进产品和服务交易。鼓励省内电子商务平台针对创意和设计提供专项服务，帮助小微企业、创意和设计创业人才拓展市场。通过国家许可，建设行业性文化交易市场。在商贸流通业改造升级中，运用创意和设计促进专业市场和特色商业街发展。鼓励批发、零售、住宿、餐饮等生活服务企业在店面装饰、产品陈列、商品包装和市场营销上突出创意和设计，注重节能环保，顺应消费者需求。③

---

① 甘肃省人民政府办公厅关于进一步促进旅游投资和消费的实施意见（甘政办发〔2015〕174号）[EB/OL]. http://www.gansu.gov.cn/art/2015/12/23/art_4786_259177.html. 2015-12-23.

② 甘肃省人民政府办公厅关于加快乡村旅游发展的意见（甘政办发〔2018〕23号）[EB/OL]. http://www.gansu.gov.cn/art/2018/2/8/art_4786_333879.html. 2018-02-08.

③ 甘肃省人民政府关于推进文化创意和设计服务与相关产业融合发展的实施意见（甘政发〔2014〕99号）[EB/OL]. http://www.gansu.gov.cn/art/2014/11/21/art_5148_215846.html. 2014-10-27.

9. 市场监管保障政策

（1）健全旅游市场综合监管机制

认真贯彻落实《中华人民共和国旅游法》，进一步健全完善旅游市场综合监管、旅游投诉统一受理机制，严厉查处超范围经营、不合理低价、虚假广告、挂靠承包、非法出让经营权、欺客宰客等违法违规行为。加强旅游安全综合监管，强化旅游安全监管责任，加大旅游安全隐患整治力度，坚决遏制重特大旅游安全事故发生。指导旅游景区核定最大承载量，规范旅游景区门票价格管理，切实维护旅游市场秩序。积极开展文明旅游宣传活动，落实游客不文明行为记录制度。①

（2）加强知识产权保护

围绕知识产权保护，开展知识产权宣传周、知识产权战略宣讲企业行等活动，加强商标法、专利法、著作权法、反不正当竞争法等知识产权保护法律法规宣传普及。加强数据保护等问题研究，完善网络环境下相关法律法规运用，形成有利于创意和设计发展的产权制度。优化知识产权申请与审查环境，建立完善专利优先审查和软件著作权快速登记通道，健全便捷高效的商标注册审查体系。促进专利技术的交流合作、成果转移和技术保护，合理配置和利用知识产权资源，完善知识产权入股、分红等管理制度，健全创新、创意和设计激励机制，促进知识产权合理有效流通。提升企业知识产权综合能力，在全省培育一批知识产权优势企业。加强知识产权监督执法，完善维权援助机制，有效发挥省打击侵犯知识产权和制售假冒伪劣商品工作机制的作用，加大对侵权行为的惩处力度。鼓励企业、院校、科研机构成立战略联盟，引导创意和设计、科技创新要素向企业和园区基地聚集，推行知识产权集群式管理。②

（3）提高旅游安全监管水平

坚持把社会效益放在首位。建立健全文化旅游市场安全综合监管体

① 甘肃省人民政府办公厅关于进一步促进旅游投资和消费的实施意见（甘政办发〔2015〕174号）［EB/OL］. http：//www.gansu.gov.cn/art/2015/12/23/art_4786_259177.html. 2015 - 12 - 23.

② 甘肃省人民政府关于推进文化创意和设计服务与相关产业融合发展的实施意见（甘政发〔2014〕99 号）［EB/OL］. http：//www.gansu.gov.cn/art/2014/11/21/art_5148_215846.html. 2014 - 10 - 27.

系，完善文化旅游安全预警信息发布制度和应急处置预案，提升突发事件应急处置能力。全面落实文化旅游领域意识形态工作责任制，强化意识形态工作阵地管理。落实文化旅游领域属地监管责任、行业监管责任和生产经营单位的主体责任。加强对旅游交通、涉旅消防、高风险文旅项目、预防自然灾害等重点环节的安全隐患排查整治，全面保障游客人身财产安全。建立联合执法机制，对列入文化旅游市场黑名单的市场主体和从业人员实施联合惩戒。健全完善全面反映文旅产业发展的统计指标体系，组建文化旅游数据中心，建立文旅产业统计单位名录库，完善统计调查措施，优化统计途径、方式。①

试点建立旅游安全管理机构、救援保障和紧急处置多位一体的安全系统。实现旅游从业人员安全风险防范及应急救助技能培训常态化。高风险旅游项目风险提示和安全培训数字化、智能化。加强市场诚信建设，加快完善旅游相关企业和从业人员诚信记录电子档案和信息发布渠道。建立严重违法企业“黑名单”制度，加大曝光力度，完善信息共享机制。加强旅游市场综合执法，依法严厉打击“黑车”“黑导游”和诱导、欺骗、强迫游客消费等行为，依法严肃查处串通涨价、哄抬价格和价格欺诈等违法、违规行为，积极营造诚实守信的消费环境，引导旅游者文明消费。

6.4 向基层深入的延伸之路

服务人民、服务社会，是社会主义文化的根本宗旨。习近平指出：“社会主义文艺，从本质上讲，就是人民的文艺。”“党的根本宗旨是全心全意为人民服务，文艺的根本宗旨也是为人民创作。”建设社会主义文化强国“必须坚持贴近实际、贴近生活、贴近群众”，必须坚持为人民服务、为社会主义服务的方向。

甘肃发展道路的探索是基于“欠发达”的实际进行的道路探索，只有深入人民中，深入基层中，才能满足人民的需求，激发广大人民的活力，保持发展探索的持续动力。

---

① 甘肃省人民政府办公厅关于大力促进全省文化旅游产业提质增效的意见（甘政办发〔2019〕100号）［EB/OL］. http：//www. gansu. gov. cn/art. html. 2019－12－5.

1. 搭建文化为人民服务的平台

（1）建设“乡村舞台”

甘肃通过大力整合惠及城乡基层的各类资源项目，建设集宣传思想教育、文体娱乐活动、法制科教普及及美丽乡村建设等于一体的“乡村舞台”，这是创新开展基层文化活动的重要抓手，是构建农村公共文化服务体系的重要具体举措。出台《全省“乡村舞台”建设方案》和《甘肃省“乡村舞台”建设管理细则》，明确建设的实施步骤和组织形式，细化各级党委政府和成员单位的职责分工，建立考核验收体系。推动文化管理体制改革，完善了部门之间的协调议事制度、统筹规划制度、信息反馈制度，探索形成了工作任务协同化、资源配置最优化、服务管理集约化的协调推进机制。各市（州）按照省“乡村舞台”建设领导小组的统一部署，规划任务、明确责任、细化分工，按照“一村一特色、一台一品牌”的要求，进一步强化措施、完善制度。

“公益性、基本性、均等性、便利性”是“乡村舞台”工程建设的四项基本要求；“有组织、有队伍、有场地、有设施、有活动”是“乡村舞台”建设的基本条件；让农民群众充分享有健康丰富的精神文化生活，全面提高村社文化整体水平，引导广大农民群众在文化建设中实现“自我表现、自我教育、自我服务”是“乡村舞台”建设的 3 个终极目标。在建设中整合各种力量建成“大舞台”，推动农村公共文化服务从单一向综合的发展。在农村基层建成集“思想宣传教育、文化知识传播、文体娱乐活动、民俗文化传承创新、法制科教普及”等功能为一体的文化综合服务平台。以“乡村舞台”为平台，促进农民自办文化的固定化、常态化，把分散的、各具特长的文化爱好者集结起来，健全了“歌舞娱乐、曲艺弹唱、琴学书画、民俗艺术”等组织班子。以“乡村舞台”为平台推动群众文化产品的“自产自销”，为农民文化爱好者、民间艺人搭建了创作展示平台，激发了“草根”创作的动力和活力，使村民自己的文化艺术作品实现“自产自销”。“乡村舞台”以“身边人讲身边事，身边事教身边人”的形式，激发群众参与文化生活的热情。

甘肃把“乡村舞台”建设与农村文化人才队伍建设相结合。各级宣传文化部门组织文艺院团专业人员，对基层业余文化骨干、文化能人、文化活动积极分子和民间艺人开展经常性的业务指导和培训。以文艺演出和科技培训为抓手，依托甘肃省“千台大戏送农村”、文化科技卫生“三下乡”等文化惠民活动，组织省、市（州）、县（市、区）文化单位与当地民间自办社团结成帮扶对子，定期进行文艺培训和文化辅导。

甘肃还把“乡村舞台”建设与美丽乡村建设相结合。与本土传统民俗文化结合起来，打造特色文化品牌，是“乡村舞台”建设的突出特点。例如，白银市的“乡村舞台”建设着力在黄河文化、红色文化、工矿遗址文化、民间民俗文化等方面形成特色；陇南市文县重点打造白马风情、琵琶弹唱、玉垒花灯戏、洋汤号子四大文化品牌，建立了20个具有浓郁民族、民俗特色的民间自办文化社团。

（2）培育“乡村记忆”博物馆

对全省现有的各类乡村文化陈列进行充实规范，提高展示水平，改造提升为“乡村记忆”博物馆。将“乡村记忆”博物馆作为实现城乡基本公共文化服务均等化，保障基层人民群众精神文化需求，引导城市文明要素向农村流动的主要载体，纳入公共文化服务体系建设，在“乡村舞台”等综合文化服务平台建设中统筹考虑，同步推进。

充分培育和发挥“乡村记忆”博物馆的社会教育功能，以社会主义核心价值观为引领，通过民俗展、乡情展、沿革展等多种形式，反映当地生活传统、劳作传承、民间习俗、礼仪道德及乡村变迁，促进广大乡村形成民风美、家风美的“人的新农村”，让农民能够享受更多、更好的公共文化服务。积极探索多种形式的文化遗产惠民途径。扶持小型城市遗址公园建设，结合新型城镇化建设和城市公共文化服务设施建设，将位于城市或城市周边的古文化遗址建成为市民提供文化休闲和访古凭吊、领略古风的城市遗址公园。鼓励各级政府把文化遗产展示利用纳入城乡建设规划和社区文化建设计划，充分利用文物建筑空间，展示相关文物及“非遗”，实现文化遗产的合理利用和传承发展。

2. 开展文化和旅游扶贫

（1）打造“文化集市”

2015年以来，甘肃着眼于地方性、民族性文艺产品生产历史传统悠久，但受限于地域、规模、市场的现状，创新实施了“文化集市”。通过统筹公司、农户、协会、基地等力量，依托农家书屋和新华书店发行网点等阵地设立“集市”，建设生产、流通、营销“三张网”，把分散的、遍布全省的民间民俗工艺品推向国内外市场，让基层群众在家门口致富。

打造主要方式是：①建立市场运营体系。甘肃省新闻出版广电局指导飞天出版传媒集团有限公司组建成立了专业的飞天文化集市商贸有限公司，推动建立了定西、天水等 5 个分公司和 3 个集市，初步搭建起了以飞天文化集市商贸有限公司及其分公司、基层购销网络为主体的运营体系。②建立产品加工体系。以民间民俗手工艺品为生产对象，以广大手工艺从业者和有一定手工艺生产技能的农民为主体，推动组建了一批专业化的手工艺者协会和文化产品生产基地，组织手工艺从业者和农民利用农闲时间开展手工艺产品生产加工活动。③扶持保障体系。争取国家文化产业发展专项资金，用于扶持一批市场需求旺盛、发展前景广阔的项目。庆阳、平凉等市先后针对农村文化集市建设出台了相关扶持政策，为顺利推进文化集市建设发挥了重要作用。④建立宣传推广体系。指导飞天出版传媒集团有限公司与中国文化传媒集团有限公司签订战略协作协议，对农村文化集市产品在其专业网站进行宣传展示；加强与各地党委政府的协调联动，支持各地农村文化集市行业协会积极参加国内各种展会，取得了良好的社会效益和经济效益。

目前全省就已建成“文化集市”190 个，形成覆盖全省的生产销售网络，销售总额 3 亿多元，带动 1 万多农户。例如，庆阳市目前已形成了 110 多家企业、39 个基地、89 个营销公司、15 万多人参与的香包、陇绣生产大军，年产量 900 多万件，年销售收入超过 10 亿元；“中国书画艺术之乡”通渭通过“文化集市”打造中国书画作品集散地，年交易额达到 18 亿元，形成独具特色的“通渭现象”。“文化集市”不仅发挥了经济效益，由于其根植于甘肃地方特色和传统文化，在增强文化自信和文化认同方面也体现着显著的社会效益。

（2）开展陇原巧手计划

甘肃民间手工艺品内涵丰富、种类繁多。“陇原巧手”妇女手工编织是由甘肃省妇女联合会发起的项目，旨在努力把手工编织小商品做成经济发展的大产业，把“陇原巧手”打造成带动贫困妇女就业增收的重点品牌。通过“陇原巧手”品牌的市场效应和社会效应，不断拓宽妇女手工产品的营销渠道，做大、做活甘肃妇女手工编织产业，切实帮助更多贫困妇女实现灵活就业、脱贫致富。2015 年 8 月 7—10 日在张掖市国际展览中心举办的甘肃省“陇原巧手”妇女手工编织产品展销会，得到了甘肃省委省政府的高度重视，被列入甘肃省政府 2015 为民办实事的重要内容。

计划开展的主要方式是：①确保对象精准。省妇联对省委、省政府确定的建档立卡户中的贫困妇女单独进行建档立卡，摸清贫困妇女的基本情况，找准致贫原因。送家中可以离得开的妇女走出去，在省内外服务行业、生产企业转移就业；把不想走出去、不能走出去的妇女动员起来，经过培训，从事绣、编、织、剪、画、串等手工编织产业。②以“组合拳”的方式主动出击，全力拓展贫困妇女就业增收渠道。成立“陇原妹”巾帼联盟，通过劳务输出中介和经纪人与经济发达地区服务行业建立长期稳定的合作机制，精准帮助“陇原妹”走出去；成立“陇原巧手”联盟，紧紧抓住市场和订单两个关键环节，精准帮助“陇原巧手”干起来，实现灵活就业。③强化金融服务，推动金融机构全面启动妇小贷发放工作，确保符合条件的农村贫困妇女都能享受到政策性贷款，加大对妇女领办的手工编织生产经营企业、产业协会及劳务输出中介组织的金融服务力度，不断提升金融服务在扶贫开发中的重要作用。④定向“喷灌”，定点“滴灌”，省妇联实施精准扶贫的一系列创新举措，汇聚全省各相关部门支持贫困妇女脱贫致富的强大合力，吸引更多贫困妇女成为“陇原妹”“陇原巧手”，切实帮助贫困妇女通过勤劳的双手增收致富。⑤把“陇原巧手”打造成带动贫困妇女就业增收的重点品牌，通过“陇原巧手”品牌的市场效应和社会效应，不断拓宽妇女手工产品的营销渠道，做大、做活甘肃妇女手工编织产业。

（3）开展精准文旅扶贫

深入实施《甘肃省深度贫困地区脱贫攻坚实施方案》，以纳入国家深度贫困地区的“两州一县”和 18 个省定深度贫困县为重点，指导 35 个深度贫困县制定旅游扶贫实施方案，150 个贫困村结合实际编制旅游扶贫公益规划。整合旅游扶贫专项资金集中扶持 500 个贫困村发展乡村旅游，通过旅游廊道和大景区辐射、重点城镇和示范村带动、旅游企业吸纳和就地输转、农村文化遗产入股、异地搬迁村庄改造等方式，推进村镇变景区、农舍变旅馆、农民变导游。进一步加强东西部旅游扶贫对口帮扶合作，积极争取帮扶单位加大贫困地区旅游项目建设、游客输送、人才培训、产品推介等帮扶工作力度。依托乡村旅游实训基地，采取“走出去、请进来”

和送教上门、网络培训等方式，切实加强对乡村旅游扶贫从业人员的培训。整合省、市、县力量和各种宣传资源，采取专题创意策划、公益推介营销、免费制作宣传品等方式，加强对深度贫困地区旅游资源和产品的宣传推介。①

把乡村旅游与推进精准扶贫精准脱贫相结合，进一步强化规划引导、金融支持、专业培训，加大旅游扶贫重点村建设力度。落实精准扶贫小额贷款实施方案，有意愿发展乡村旅游、农家乐的建档立卡贫困户，可享受银行免抵押、免担保，省财政全额贴息 5 万元以内的精准扶贫专项贷款政策。鼓励无经营能力但又有贷款需求的贫困户，按照量化到户、股份合作、入股分红、滚动发展的方式，与投资企业、农民专业合作社（互助组）开展合作，从中获取收益。截至 2020 年，全省支持 500 个贫困村开展乡村旅游，扶持 70 万贫困人口通过发展旅游业实现脱贫。

6.5　文化交流互鉴的开放之路

习近平指出，文明因交流而多彩，文明因互鉴而丰富。密切人文交流，推动文化开放互动，是甘肃建设文化旅游强省的题中之义、当然之举。

1. 全面实施敦煌国际文化旅游名城建设

甘肃省着眼服从服务于国家战略和加快转方式、调结构，把敦煌国际文化旅游名城建设作为甘肃文化和旅游发展探索的首位工程。制定《敦煌国际文化旅游名城建设发展规划纲要》，出台《省政府关于支持敦煌国际文化旅游名城建设若干政策的意见》《敦煌旅游综合改革试验区总体方案》。

敦煌发展的首要是实施国际化发展路径。①建设国际文化交流基地。重点建设以文化遗产保护为重点的国际文化遗产保护交流基地；以丝绸之路文化研究为重点的国际文化研究交流基地；以艺术创作、艺术培训、艺术交流为重点的中外文化艺术创作交流基地；以敦煌佛教艺术为重点的国

---

① 甘肃省人民政府办公厅关于加快乡村旅游发展的意见（甘政办发〔2018〕23 号）［EB/OL］. http://www.gansu.gov.cn/art/2018/2/8/art_4786_333879.html. 2018-02-08.

际佛学交流基地；以古文明保护为重点的古文明城市联盟。建设丝绸之路沿线国家文化遗产博览园，推动丝绸之路沿线国家文化展示，积极推进敦煌与古丝绸之路沿线文化旅游名城缔结友好关系，邀请有关国际商贸组织在敦煌设立办事机构。②打造国际文化商贸平台。申请设立敦煌保税区。留足建设空间和用地，构建版权交易、文化会展、产业融资、文化贸易公共服务等支撑平台，为国内外文化企业提供文化商品出口加工、国际贸易与保税仓储等服务。充分利用中外互办文化年、文化节、艺术周等国际文化活动，以及在敦煌举办丝绸之路国际文化博览会、丝绸之路旅游节、艺术品交易会、文化旅游商品交易会、世界文化遗产博览会等机会，吸引丝绸之路沿线国家文化企业在敦煌落地生根，开展各具特色的文化产品加工、生产、展示和销售，建立全球文化贸易网络，拓展文化贸易营销渠道，推动敦煌成为国际文化旅游企业的集聚地和文化旅游产品的集散地。③培养外向型文化市场主体。鼓励、支持和引导各种所有制文化企业开拓国际市场，在丝绸之路沿线节点城市和地区设点办厂，积极开展跨国经营，培养一批参与国际竞争的外向型文化市场主体，使之在拓展国际文化市场、促进敦煌文化产品和服务出口中发挥主力军作用，成为敦煌文化出口的主导力量。④对接国际资本市场。改革创新现有金融体制，建立国际化投融资体系。将国际化的文化旅游资源与国际资本市场实现有效对接，充分利用国际金融股权交易市场、债权交易市场、国际信贷、信托租赁等金融工具，推动资产证券化，充分发挥国际金融资本的杠杆作用，实施国际金融支持工程，为敦煌国际文化旅游名城建设提供金融保障。按国际标准、国际惯例、国际市场的需求，全面提升敦煌基础设施、城市管理、公共服务等领域的国际化水平。

2. 丝绸之路（敦煌）国际文化博览会与敦煌行・丝绸之路国际旅游节

丝绸之路（敦煌）国际文化博览会是中国政府批准举办的唯一以“一带一路”文化交流为主题的高端论坛和文化展示平台，以“推动文化交流、共谋合作发展”为宗旨，传承和弘扬“和平合作、开放包容、互学互鉴、互利共赢”的丝绸之路精神。2015 年，丝绸之路（敦煌）国际文化博览会（以下简称敦煌文博会）列入国家《丝绸之路经济带和 21 世纪海上丝绸之路建设战略规划》，并获得国家正式批复，到目前已连续举办四次。首届敦煌文博会于 2016 年 9 月举行，习近平致贺信，与会丝绸之路沿线国家就进一步加强文化交流合作达成共识，共同发布了《敦煌宣言》。首届敦煌文博会紧紧围绕“推动文化交流、共谋合作发展”的主题，第二届敦煌文博会以“展现丝路风采，促进人文交流，让世界更加和谐美好”，第三届敦煌文博会以“传承丝路精神、推动交流互鉴”为主题。

敦煌行·丝绸之路国际旅游节自 2011 年开始已连续成果举办九届。该旅游节立足甘肃，以服务丝绸之路沿线国家和省区旅游产业发展，推动丝绸之路沿线各国、各地区开展多层次、多领域合作交流，进一步打响丝绸之路国际旅游品牌，提升甘肃旅游整体形象为总体目标。2019 年第四届丝绸之路（敦煌）国际文化博览会和第九届敦煌行·丝绸之路国际旅游节共同举办，简称“一会一节”。

3. 多元方式促进人文交流

依托友城交流、华侨社团、驻外使领馆，积极促成政府高层间的往来和民间互访往来，达到以“民相亲”促“国相交”，取得良好的效果。经初步统计，2013—2017 年甘肃与丝绸之路沿线国家开展人文交流项目数出访达到 386 起，交流人数 4500 多人次，来访 120 多起，来访人数 980 多人次，年增长 13%，其中官方交流占总项目数的 73%，占总交流人数的 85%。目前，甘肃与丝绸之路沿线国家友城数已达到 16 个。组织重点交流项目如“亚洲合作对话——丝绸之路务实合作论坛”、“行走中国·聚焦华夏文明创新”活动、“丝路中国行”活动、“第十四届全国中亚问题研讨会”、“聚焦丝绸之路经济带——2014 甘肃国际经贸研讨会”等。推出一系列文化精品项目《敦煌艺术展》《丝路花雨》《敦煌韵》《甘肃风情展》赴中亚、西亚国家的成功展演，为加深各国民众对甘肃的了解做出了努力。

加强教育交流，积极开展特色、优势交流项目，丰富合作双方的交流内容与合作形式。目前，甘肃高校已与中亚的吉尔吉斯斯坦、哈萨克斯坦、土库曼斯坦、乌兹别克斯坦、塔吉克斯坦等，南亚的巴基斯坦，西亚的土耳其、叙利亚等国家建立了密切的友好协作关系。兰州大学、西北师范大学等先后与哈萨克斯坦阿里—法拉比哈萨克国立大学、乌兹别克斯坦塔什干东方语言学院、格鲁吉亚第比利斯自由大学合作，并与苏丹喀土穆大学孔子学院、摩尔多瓦自由国际大学孔子学院、波黑萨拉热窝大学孔子学院等共建孔子学院。国侨办西北师范大学华文教育基地，通过招收培养海外华人华侨子弟，培训海外华文教师，选派教师到海外华校任教等方面，推动华文教育全方位多样化发展。2015 年 10 月复旦大学、兰州大学、西北师范大学等高校与俄罗斯乌拉尔国立经济大学、韩国釜庆大学等46 所中外高校，在甘肃敦煌成立了“一带一路”高校战略联盟，达成《敦煌共识》，将探索跨国培养与跨境流动的人才培养新机制，联合建设“一带一路”高校国际联盟智库，共同打造“一带一路”高等教育共同体，推动“一带一路”沿线国家和地区之间在教育、科技、文化等领域的全面交流与合作。

在中医药文化交流方面，开展合作或合作时机较为成熟的国家主要包括乌克兰、摩尔多瓦、吉尔吉斯斯坦、匈牙利等。双方合作的内容主要包括中医药交流合作、中医药服务贸易、陇药产品器械贸易及医疗卫生人才培养等领域。目前，甘肃已经在近20 个国家和地区建立了医疗卫生人员培养合作关系。

在文化“引进来”与“走出去”相结合的节会展示方面，甘肃省成功推出了国际文化产业大会、中国·嘉峪关国际短片电影展、“张芝奖”全国书法大赛、“西狭颂”全国书法大展、“朝圣敦煌”全国美术作品展、中国·通渭国际书画艺术节等一批重大节会活动，深化了与中西亚、东南亚、俄欧等丝绸之路沿线国家的文化交流与合作。现在，“华夏文明在甘肃”的文化影响力与美誉度，正在国内外的快速扩散并不断提升。

第7章　甘肃省文化和旅游发展的再探索

自华夏文明传承创新区开始建设以来，甘肃加快推进文化和旅游发展强省战略，在取得成绩的同时，也还存在一些不足，文化和旅游引领经济发展的道路需要进行再探索。

7.1　发展不足

1. 产业支撑力不够强

(1) 文化产业整体上规模小

2018年全省文化产业增加值占全国的比重仅为0.43%，文化产业增加值仅有广东省的3.03%，近邻四川省的10.48%。文化产业增加值占GDP的比重为2.16%，远小于全国4.48%的水平，与东部地区北京、上海占GDP比重超过10%等相比较，差距更大，也落后于西部地区四川、陕西等超过4%的比重。

(2) 文化市场主体发展缓慢

文化与旅游市场主体小、散、弱，资源的整合开发利用效率不高，项目规划水平低，项目产业链条短，没有形成较好的盈利模式。

2018年全省拥有文化市场经营机构4006家，占全国总数的1.44%；但文化经营机构从业人员占全国总数的1.34%，单家经营机构吸纳从业人员仅及全国平均水平的79.21%；资产规模仅占全国总额0.37%，单家资产110.39万元，仅为全国平均水平的21.77%、陕西省的47.16%；营业总收入仅占全国总额的0.31%，单家收入46.67万元，仅及全国平均水平的18.39%，陕西省的49.19%。目前全省仅一家文化类A股上市公司（截至2017年年底，仅广州市A股文化上市公司已达26家），缺乏实力雄厚、在全国有影响力的旗舰型文化企业集团，国有文化企业市场开拓能力弱。民营文化经济不发达，内生动力不足。

甘肃拥有星级饭店307家，占全国总量的3.43%，但五星级饭店仅3家，占全国0.39%；星级饭店从业人员占全国总数的1.94%，单家星级饭店吸纳从业人员64.67人，仅及全国平均水平的56.52%、陕西省的64.42%；星级饭店经营收入占全国总量的1.14%，单家星级饭店经营收入778.75万元，仅及全国平均水平的33.38%、陕西省的48.39%。

甘肃拥有A级景区298家，占全国总量的2.50%，但5A级景区仅4家，占全国总量的1.54%；A级景区固定从业人员占全国总数的1.81%，每家A级景区平均从业人员81.74人，仅及全国平均水平的72.48%、陕西省的80.33%；A级景区经营收入占全国的1.56%，每家A级景区平均经营收入2468.121万元，仅及全国平均水平的62.52%、陕西省的66.79%。

（3）产业结构不合理

资源型、传统型文化产业占比大，科技型、创新型文化产业发展滞后，且后劲不足。可供国际交流合作，针对国际消费市场特别是丝绸之路沿线国家的文化旅游产品原创能力严重不足，文化原创型人才极其匮乏。

文化出版产业相对滞后，2018年音像制品出版种数21种，占全国总量的0.16%，相比2012年减少4.55%，全国同期增长41.24%；录像制品出版数量3.85万盒，占全国总量的0.01%，相比2012年减少79.00%，全国同期增长27.25%。2018年图书出版种数3611种，占全国总量的0.70%；图书总印数0.8亿册，占全国总量的0.80%。

入境旅游市场不旺，2018年接待入境旅游10.0万人次，国际旅游收入2740万美元，分别仅占全国的0.07%、0.02%，相比2012年减少1.99%、增长22.60%，相比全国同期增长6.97%、154.06%的水平，差距明显。

2. 发展保障体制机制不够强

（1）对文化产业发展规律认识不足

各地尽管对文化建设发展的积极性较高，但主要还是把文化看做是精神产品，过于强调文化的公益事业属性和文化产品的意识形态属性，忽视乃至排斥文化发展的产业属性和文化产品作为消费品的一般商品属性，因而在很大程度上没有从产业化发展的角度推进文化建设。实践中，甘肃丰富的文化资源没有更多地从产业化发展角度来开发利用，在开发中更好地保护和在保护中更快地开发的理念和认识没有得到充分体现，这使得甘肃的文化资源优势没有更快、更好地转化为产业发展优势。一些原本可以实施产业化运作、企业化经营的文化资源，限于产业化发展认识的局限性，没有实现产业化发展和市场化投融资，影响了文化和旅游产业发展的步伐。

（2）部门协作机制不健全

文化和旅游、外事、商务等部门之间信息不对称、协同作战能力弱；旅游管理体制不健全，文物保护、林业、旅游、地方政府等部门存在分头管理现象，部门利益相互掣肘。国有文化单位已转企改制，但还没有完全建立现代企业制度，成为真正的市场主体，民间文化创造活力没有真正释放。

（3）保护与开发的矛盾突出

一方面，文物保护力量相对较弱，全省文物保护管理机构 57 家，占全国总量的 1.61%，保护管理机构从业人员 809 人，占全国 2.50%，专业技术人才 210 人，占全国总数的 2.29%。相比同是文物大省的陕西省，共有文物保护管理机构 216 家，从业人员 3758 人，其中专业技术人才 830 人，尚有较大差距。

另一方面，地方政府对文化遗产保护工作的认识尚具有片面性，对于传承创新关系的理解存在偏差，对于资源保护与利用开发的目标协调认识得不清楚，在实现探索经济发展的道路上，急功近利的思想、经济优先的观念依然存在，许多面子工程、形象工程、快餐工程与文化遗产的保护宗旨相背离，保护与开发的矛盾比较突出。

3. 全方位交流合作格局未形成

（1）交流合作规模小

整体上，对外文化交流、旅游合作的项目和人数少，涉及面不够宽泛，影响力有限，仍处于官方层面的初步交流阶段。2013—2017 年，全省在与丝路沿线国家开展的人文交流项目中，出访仅 386 起，交流人数 4500

多人次，来访仅120多起，来访人数980多人次，丝绸之路沿线国家和地区中，与甘肃开展过文化交流的国家仅占1/3。丝绸之路沿线国家来甘肃旅游人数近年来非常少，其中土库曼斯坦、塔吉克斯坦、阿富汗等非我国正式开展组团业务的出境旅游目的地国家，入境游客没有具体的官方统计数字。总体上甘肃与丝绸之路沿线国家间，各自的文化旅游资源、产品在对方国家公众中认知度较低。

（2）交流合作能力不足

领导干部重经济轻文化的政绩观仍然存在，对抓文化交流、文化贸易表现出办法不多、本领不够，存在不熟悉、不会管、不会抓的本领恐慌。

交流合作的人才队伍亟待加强。全省外向型、复合型、国际化人才严重缺乏。专业性艺术人才，高端文化创意、经营管理、复合型、国际化人才紧缺，面向丝绸之路沿线国家的高水平俄语、阿语导游翻译人才缺乏，专门的文化类人才培养院校缺少，文化人才引进、激励、保障机制有待健全完善。

市场、社会民间力量参与度不够，省内优秀的文化艺术产品主要是“送出去”而不是“卖出去”，普遍依赖政府投入，近年来官方交流占总项目数的73%，占总交流人数的85%。

4. 投融资保障有待增强

（1）政府投入不足、重点不突出

近年来，甘肃各级政府加大了文化事业的投入力度，相比2012年，2018年甘肃文化体育传媒的财政支出由33.1亿元增加到64.6亿元。但是，相对于文化发展的需求，政府的强制性资金保障仍然不足。2012年，甘肃文化体育传媒等支出占当年财政支出的2.42%，到2018年下降到1.92%。2012—2018年，该项支出年均规模60.4亿元，不足四川的1/2，广东的1/3。2018年该项支出全省人均水平274.98元，在西北地区处于最低水平。2012—2018年该项支出年均增长6.43%，低于全国7.69%的年均增长率，在西北五省（区）中仅高于新疆，相比陕西、青海、宁夏12.78%、10.98%、8.37%的年均增长率，有较明显的差距。2018年西北五省区与全国的文化体育传媒的人均财政支出及2012—2018年年均增长率状况如图7-1所示。

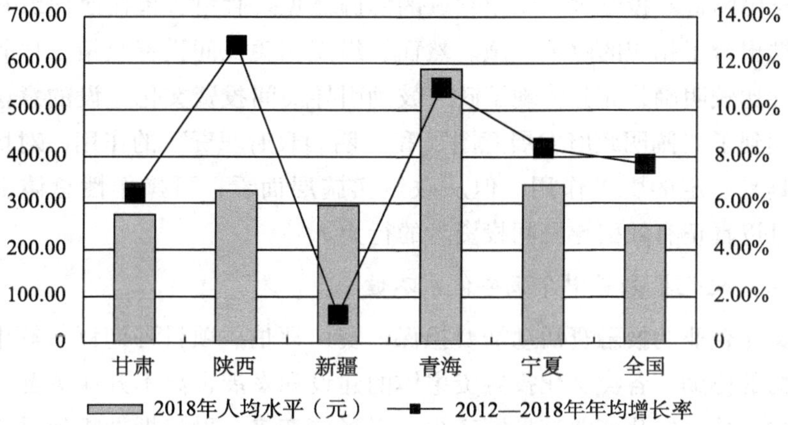

图7-1　2018年西北五省（区）与全国的文化体育传媒的人均财政支出及2012—2018年年均增长率状况

同时，政府财政投入保障方向不明确，重点不突出。一方面，文化单位的公益性、经营性性质不清导致在文化投入上政府与市场的边界模糊，造成政府财政该投入的没有足够保障；另一方面，对于公益性文化事业，基本公共文化需求与非基本公共文化需求的界定也不清晰，财政资金很难把握投入的突破口和重点，不利于满足城乡居民的基本公共文化需求。"缺位"与"越位"并存，分散了本来十分有限的财政资源。

（2）政府文化投融资平台发展缓慢

目前甘肃的省级投融资平台公司总体上发展滞后，数量偏少，投融资能力不强。在文化建设领域，甘肃省级政府投融资平台更是尚处于起步和探索阶段，与其他省份尤其是发达地区相比，大多起步较晚，存在较大差距。甘肃省公路航空旅游投资集团有限公司是甘肃省总资产、净资产规模最大的省级政府投融资主体，但主要资产为公路，文化建设投资有待进一步加强。甘肃文化产业发展集团有限公司尽管已经正式组建，但注册资本偏少（初期确定为3亿元）。

（3）民间投资政策可操作性差

近年来，国家相继出台了鼓励、支持民间投资发展系列政策文件，如2010年发布的《国务院关于鼓励和引导民间投资健康发展的若干意见》等。特别是2012年以来，国家文化、广播电视、新闻出版等有关文化主管部门还结合各自部门职责分工和文化改革发展实际情况，出台了相关鼓励和引导民间资本投资进入文化领域的实施意见。甘肃省也按照国家相关要求相继出台了相应的政策措施。然而，纵观相关民间投资政策，尽管政策导向性比较明确，充分体现了政府鼓励引导民间投资文化建设的意愿和政策，起到了“阐明政府发展意图”和“明确政府职责”的作用，对民间资本也具有一定的引导作用。但从政策实施层面看，可操作性总体上比较差，难以真正有效引导民间投资者的行为。

（4）文化投融资中介服务体系不健全

文化企业的投融资活动需要担保、资产评估、项目咨询评估等中介服务机构的协助，各类文化投融资主体的建设和发展也离不开相关配套服务体系的支持。文化产业有形资产少、无形资产多、融资抵押担保品不足等问题突出。

7.2 再探索的目标

2019 年，甘肃省人民政府办公厅关于印发《新时代甘肃融入“一带一路”建设打造文化制高点实施方案》① （以下简称《方案》），提出了新形势下甘肃文化和旅游发展的目标和重点任务。

《方案》以习近平新时代中国特色社会主义思想为指导，全面贯彻党的十九大和十九届二中、三中、四中全会精神，深入落实习近平总书记视察甘肃重要讲话和指示精神，充分挖掘文化遗产蕴含的哲学思想、人文精神、价值理念和道德规范，以华夏文明传承创新区建设为抓手，注重保护弘扬和创新发展相结合、社会效益和经济效益相统一，利用独特的文化遗产和自然遗产优势，统筹旅游资源保护和开发，完善旅游设施和基础服务，扩大文化旅游业的综合效应，打造“丝绸之路文化产业带”核心区。

《方案》提出的甘肃文化和旅游发展的目标是：将甘肃建设成文化遗产研究保护、传承弘扬、创新利用的新高地，丝路精神和时代精神融合的新典范，服务共建“一带一路”民心相通的新样板，使敦煌文化、长城文化、黄河文化、始祖文化、红色文化、民族民俗文化成为“一带一路”文化的重要标志和优秀代表，不断扩大“交响丝路·如意甘肃”的国际知名

---

① 新时代甘肃融入“一带一路”建设打造文化制高点实施方案（甘政办发〔2019〕106 号）[EB/OL]. http: //www. gansu. gov. cn/art/2019/12/5. 2019 - 11 - 27.

度和影响力。促进文化和旅游产业从资源依赖型向创新开发型转变，从观光消费型向综合效益型转变，从高速发展向高质量发展转变，力争到 2025 年，全省文化旅游综合收入达到 9000 亿元，年均增长 20% 以上，人均文化旅游消费达到 1300 元以上，年均增长 10%，成为推动甘肃绿色发展崛起的首位产业和支柱产业。

7.3　再探索的要求

甘肃文化和旅游产业发展的实际表明，只有立足特色资源，面向人民大众，依靠市场机制，利用现代方式，不断改革创新，才能实现优质发展。

要遵循路径的市场观。无论是文化和旅游产业还是文化事业实现发展的基础就是资源的优化配置，社会主义市场经济是使市场在社会主义国家宏观调控下对资源配置起决定性作用的经济体制，它使经济活动遵循价值规律的要求，适应供求关系的变化；通过价格杠杆和竞争机制，把资源配置到效益最好的环节中去，并使企业实行优胜劣汰；运用市场对各种经济信号反应灵敏的特点，促进生产和需求的及时协调。《中共中央关于全面深化改革若干重大问题的决定》提出：“经济体制改革是全面深化改革的重点，核心问题是处理好政府和市场的关系，使市场在资源配置中起决定性作用和更好发挥政府作用”。

要遵循发展的整体观。文化和旅游发展包含了价值观与思想道德建设观，包含了文化遗存的保护与传承，也包含了公共服务与文化和旅游产品的提供，它们各有侧重，共同构成了文化和旅游发展的要求。只有树立文化和旅游发展的整体观，协调推进整体发展，才能实现文化自身的发展。文化和旅游发展具有综合性、整体性、思想性、导向性的特征，需要顶层设计，整体布局，统筹谋划，步调一致、协调发展，使得文化和旅游的发展融入经济社会发展的整体布局之中，有效发挥文化和旅游的综合性功能。

要遵循内容的特色观。文化和旅游建设，核心是内容，关键是特色。传承弘扬优秀传统文化需要依托自身遗存，在挖掘、整理、研究的基础上，实现创造性转化和创新性发展；文化和旅游产业发展需要生产出具有特色竞争力，消费者愿意“买单”的消费品；公服务体系建设需要与老百姓的日常相连、生活相关、需求一致的文化内容的供给；繁荣社会主义文艺需要创作出有特色、有筋骨、有道德、有温度的文艺精品；扩大对外交流与文化和旅游贸易需要生产出被外国受众接受和认同的独特文化产品。

要遵循主体的人民观。习近平指出："能不能搞出优秀作品，最根本的决定于是否能为人民抒写、为人民抒情、为人民抒怀"。一切进步的文化和旅游生产都源于人民、为了人民、属于人民。文化和旅游发展要满足人民需求，提供符合大众消费习惯、消费途径便捷的产品。要通过产品供给引领文化和旅游消费风气，通过生动有趣的宣扬正能量的产品的供给，发挥对经济社会的引领作用。

要遵循形式的现代观。习近平指出："要使中华民族最基本的文化基因与当代文化相适应、与现代社会相协调，以人们喜闻乐见、具有广泛参与性的方式推广开来，把跨越时空、超越国度、富有永恒魅力、具有当代价值的文化精神弘扬起来，把继承传统优秀文化又弘扬时代精神、立足本国又面向世界的当代中国文化创新成果传播出去。"优秀的民族传统文化是过去完成时，只有将传统的文化与时代的发展相适应，用现代的方式展现出来、推广开来，文化才能传承创新。传统文化内容最具有民族本性，它要借助现代技术得以传承和弘扬，在社会化文化生产中实现中华文化的积累和再创造。只有系统地梳理传统文化资源，"让收藏在禁宫里的文物、陈列在广阔大地上的遗产、书写在古籍里的文字都活起来"，才能创造出符合时代特点的文化精品，才能在广泛传播中激发民族自豪感和自信心。

7.4　再探索的路径

甘肃文化和旅游发展再探索，必须立足自身优势，实施文化体制、文化内容、文化载体、文化品牌的创新改革，寻找甘肃文化和旅游发展的新方案。

1. 加强文化遗产保护与传承，构建战略发展的凝结核①

文化遗产资源是甘肃文化和旅游发展的资源依托与发展的凝结核，应立足保护与创新相融合的路径，实现文化遗产的传承与发展。加强文化遗

① 新时代甘肃融入"一带一路"建设打造文化制高点实施方案（甘政办发〔2019〕106 号）[EB/OL]. http://www.gansu.gov.cn/art/2019/12/5. 2019-11-27.

产挖掘、整理。组织实施丝路文化遗产挖掘、整理系列的研究工作，说准、说清、说透、说好中国故事，深挖各类文化遗产的外在表现、精神内涵、历史缘由，整理各种传说故事，使得文化内容不仅有看头，还有听头、有想头，增强文化内涵魅力，激发、满足人们的文化探知需求。

（1）实施敦煌文化工程

开展丝绸之路文化遗产数字化建设。依托“数字敦煌”的技术、成果和经验，开展甘肃丝绸之路文化遗产数字化工程，建设甘肃丝绸之路文化遗产数字化资源库。打造网上丝绸之路文化遗产、旅游景点、文化旅游产品展示、导览、交易平台，建设“线上丝绸之路”。

建成国家文物保护创新研究中心。依托敦煌研究院，联合国内外文博单位、高校和科研机构共同组建国家文物保护创新研究中心，重点开展文化遗产保护前沿领域重大科学和技术研究。依托敦煌研究院，联合国内外知名高校组建敦煌艺术学院，培养敦煌学、考古学、艺术学等文化遗产保护人才。

打造“一带一路”文化遗产资源数据云平台。打造“一带一路”文化资源数字化平台，引领文化资源数字化标准。加强文化遗产数字化工作交流与合作，广泛开展文物保护和展示利用多领域的数字化基础研究和应用技术研究，推广石窟壁画数字化、彩塑和壁画三维重建技术。

（2）实施长城文化工程

开展长城抢救性保护行动。建立长城保护专业机构和团队，全面开展长城文物本体和周边环境风貌抢救保护工作，形成全国长城抢救性保护的甘肃模式。

创建长城文化遗产保护创新平台。以嘉峪关为中心，整合各地富集的长城文化遗产，将嘉峪关长城博物馆和长城文化研究会打造为全省长城文化研究基地。建设长城文化“双创”基地。

建设长城国家文化公园。加强对各类文物本体及环境实施严格保护和管控，适度发展文化旅游、特色生态产业。推动“长城文化保护带”向“长城保护与文旅产业展示带”转型，活化长城文化遗产。

（3）实施黄河文化工程

创建国家黄河文化保护创新（兰州）中心。依托甘肃省社科院、甘肃省内各高等院校，联合国内外相关研究单位及科研机构，共同组建国家黄河文化保护创新（兰州）中心，加强黄河上游生态保护、文化创新发展研究。

建设黄河文化展示和产业集聚区。深度挖掘黄河文化、彩陶文化等文化遗产的丰富内涵，支持发展黄河文化创意产业，创作以黄河文化为主要内容的文化艺术作品，拍摄一批全面反映、颂扬黄河文化的专题片、纪录片、动画片和影视剧。加快实施“读者印象”精品文化街区、四库全书数字展示、兰州国家级文化产业园、黄河风情线改造提升等重大文旅融合项目，大力培育文旅新产品、新业态。

（4）实施始祖文化工程

创建始祖文化协同发展中心。整合各学术平台，联动各地研究、保护和传承机构，建立甘肃始祖文化协同发展中心。重点研究和传承始祖文化特有历史记载、文化传说、祭祀大典、考古遗址、图画、器物、雕塑以及非物质文化遗产，保护好伏羲女娲、大地湾、先秦、周祖农耕、岐黄中医药、传统民俗等始祖文化体系。

打造“全球华人寻根祭祖圣地”文旅品牌。持续办好公祭伏羲大典，大力发展文化创意、民俗农耕文化展示、演艺会展、工艺美术制造等产业，开展“天水—定西—平凉—陇南—临夏—甘南”文化旅游与中医药产业等领域应用示范，打造特色文化品牌，建成全球华人寻根祭祖圣地和全球知名华夏文化旅游体验目的地。

（5）实施红色文化工程

加强革命文物保护。开展革命文物资源挖掘和红色文化研究，将甘肃的党史研究打造成国家级红色文化学术高地。实施一批革命文物保护和展示项目，全面改善483处不可移动革命文物保存状况，改善省内长征遗址遗迹和纪念设施等的环境风貌，丰富长征精神的展示主题和手段。

建设长征国家文化公园。打造提升16个国家红色旅游经典景区，推出“重走胜利会师长征路”红色旅游精品线路，打响红色旅游品牌，推进红色初心教育和长征红色主题旅游深度融合，打造长征文化线路保护利用甘肃示范段。

（6）加强非物质文化遗产保护传承

加快建设丝绸之路非遗文化博览中心（甘肃非遗博物馆）。加大甘肃花儿、环县道情皮影戏等世界非物质文化遗产保护传承。开展国家级非物质文化遗产生产性保护示范基地、国家传统工艺振兴目录入选项目建设和新项目储备。加强对少数民族文化特别是东乡、保安、裕固3个甘肃独有少数民族文化的挖掘保护。推进陇东南农耕文化、肃南裕固族民俗文化、甘南州游牧文化等整体性保护，创建国家级文化生态保护区，打造“非遗甘肃”国家品牌。抢救保护和挖掘整合民族音乐舞蹈资源。

2. 实施供给侧改革，构建特色产品体系

（1）文化旅游①

建设河西走廊国家遗产线路。充分利用河西走廊中华文化象征符号众多、中西方文化广泛汇聚交融的优势，将河西走廊国家遗产线路打造成全国首条国家遗产线路。全面提升嘉峪关长城国家文化公园基础设施配套水平，完善展示利用模式，丰富文化产品供给，优化智慧文旅体系，建设“一带一路”文化生态景观带，将敦煌—嘉峪关—张掖—武威—兰州串联打造成国际文化旅游风景廊道，建成国家级文化生态保护利用综合创新示范区。

建设长城国家文化公园。加强对各类文物本体及环境实施严格保护和管控，适度发展文化旅游、特色生态产业。针对景泰、凉州、古浪、山丹、临洮等7处长城重点段落实施本体修缮、环境整治、展示标识和导览导引系统建设，达到旅游开放标准。加强嘉峪关关城、玉门关遗址等长城重点段智慧化建设，打造世界级长城文化体验基地。串联整合全省最美长城点的公路、山峦小径等，打造集登山健行、徒步运动、户外游憩、乡村休闲等于一体的“长城文化体验之旅”主题线路，推动“长城文化保护带”向“长城保护与文旅产业展示带”转型，活化长城文化遗产。

建设长征国家文化公园。打造提升16个国家红色旅游经典景区，推出“重走胜利会师长征路”红色旅游精品线路，打响“南梁精神红色记忆之旅”“长征会师胜利之旅”“西路军红色征程之旅”等红色旅游品牌，推进红色初心教育和长征红色主题旅游深度融合，打造长征文化线路保护利用甘肃示范段，将红色文旅资源优势转化为文旅产业发展优势。

实施民族民俗文化工程。开展民族民俗文化振兴行动。加大对秦腔、

① 新时代甘肃融入“一带一路”建设打造文化制高点实施方案（甘政办发〔2019〕106号）[EB/OL]. http://www.gansu.gov.cn/art/2019/12/5.2019-11-27.

陇剧及少数民族剧种扶持力度，加强重点戏曲院团建设及剧种的传承创作、人才培养、理论研究、传播推广，鼓励地方民族戏曲流派及风格样式创新。大力扶持民族民间歌舞艺术，推出一批主题民族音乐舞蹈作品。实施甘肃省民族文化产业示范园区项目，打造集文化旅游、影视拍摄、文博展示、营地教育、娱乐互动等为一体的乡村文旅综合体。

（2）文化内容产业

从总体产业结构来看，文化产业可以分为文化内容产业、传媒平台产业和延伸产品制造业三大部分，就目前我国文化内容产业的形势而言，文化内容的生产和激励存在结构性问题，已经成为制约文化内容产业发展的瓶颈。

甘肃文化发展的优势在于文化传统优势、文化题材优势。应立足文化资源优势，从内容原创环节入手，打通和理顺文化产业的价值链，树立“内容为王”的资源自信，抓住文化发展的核心要素，做大夯实文化产业的内容体系，借力外部技术与渠道，推动文化大发展。通过政府资金支持、知识产权严格保护、产权交易便利、税收政策优惠等措施，促进具有浓郁丝路特色与深厚历史情怀文化内容的出现。依托现有的“敦煌画派”“戏剧大省”“纪录片大省”“西风烈原创音乐”等成果和品牌，加大丝绸之路文化主题的文艺创作与品牌培育，着力打造新的丝绸之路文化品牌。加大户外运动、驻场演出、休闲养生等文化旅游线路、产品和旅游商品研发，在敦煌等地建设阿拉伯一条街、西域风情园等，丰富与丝绸之路沿线国家开展文化旅游合作的内容。

① 影视产品。

目前甘肃影视精品不断涌现。电影《甘南情歌》、陇剧《西狭长歌》、歌曲《老百姓的爱》获“五个一工程”奖，小制作正能量电影精品渐成气候，纪录片《河西走廊》《永远的丝路花雨》、歌剧《貂蝉》、舞台剧《大秦文公》《西王母》广获好评，实景演出《敦煌盛典》正式演出，实景演出《又见敦煌》、电影《丝路公主》《敦煌之玉林天下》、电视剧《苦乐村官》《南泥湾》正在紧张拍摄。纪录片《河西走廊》以“河西走廊关乎国家经略”为核心主题，从政治、军事、外交、文化、经济等多角度阐述了河西走廊在中国历史发展进程中所发挥的重要作用。要深耕丝绸之路题材资源，策划创新、打磨储备一批具有浓郁的丝路风情、丝路风格和丝路文化的特色内涵，以华夏民族生生不息、锐意进取、海纳百川为主题，打造能够体现“和平合作、开放包容、互学互鉴、互利共赢”的丝路精神文化的影视作品。要深度挖掘黄河文化、彩陶文化等文化遗产的丰富内涵，支持发展黄河文化创意产业，创作以黄河文化为主要内容的文化艺术作品，拍摄一批全面反映、颂扬黄河文化的专题片、纪录片、动画片和影视剧，不断扩大黄河文化的影响力。①

② 文化演艺。

打造独具特色的精品剧目来吸引观众的眼球。精品剧目的灵魂是特异性和创新性，利用甘肃地域性突出的历史文化资源，通过对文化资源进行“深加工”和“精加工”，打造具有甘肃特色的文化产品，生产出内容丰富、形式多样、符合市场口味的精品产品。打造甘肃演出品牌，在坚持“敦煌、丝路、多民族”总体特色的基础上，认真研究敦煌文化、丝绸之路文化、民族民间文化与生产演出产品的切入关系，特别要从甘肃民族民间文学、音乐、舞蹈、戏曲、节会中获得灵感、素材和创新元。应重点扶持陇剧和秦腔等独有剧种，形成地方文化特色品牌。大力扶植民间演出形式，培养民间消费主体。培育演出市场、培育消费主体是国有大行演艺企业开拓市场的前提。重视乡村文化、社区文化的发展，根据不同地域和不同娱乐方式，通过多层面、多式样的演出活动，满足人民日益增长的演出文化需求。开拓文化旅游演出市场，通过重点项目突破，带动相关产业发展。加强与演艺企业的合作，开拓农村演出市场。拓宽作品的传播渠道，促进产品在流通领域实现其价值。依据观众的需求打造精品，策划有特色的主体活动，不断增强市场竞争的能力，将演出经营和艺术生产有机地结合起来，走艺术生产和市场营销相结合的道路。寻求“西艺东输”的机遇，把演艺企业生产的优秀演艺作品源源不断的送到东部和南部经济发达的地方，通过市场的检验，提高院团剧目生产水准和演出市场的适应能力。

③ 文化衍生产品。

重点开发出版发行产品，围绕《读者》等核心品牌开发衍生产品，围绕丝路题材、边关题材、三国题材等，引导开发具有独特文化内涵的动漫、游戏、卡通玩偶等产品开发。凭借内容知识产权不仅可以延长产业

① 新时代甘肃融入“一带一路”建设打造文化制高点实施方案（甘政办发〔2019〕106 号）[EB/OL]. http：//www. gansu. gov. cn/art/2019/12/5. 2019 - 11 - 27.

链，而且可以通过艺术授权等做法来带动文化产业制造业乃至延伸至其他制造业的提升。开发以《读者》为核心品牌的包括小说、故事、随笔、游记开发等形式的衍生产品。

(3)“文化和旅游 +”产业发展

① 文化体育。

依托特色自然环境与文化医药，深挖民俗民族体育文化资源，积极有效的开发和建设观光型、探险型、健身型、竞赛型、度假疗养型、极限型、拓展型等体育旅游项目，积极有效地拓宽体育旅游市场，打造地方性特色旅游品牌。建立体育健身娱乐项目，通过政府的积极推动、大力扶持、科学管理、规范引导、规模扩大等一系列措施，大力发展健康有序的体育健身娱乐业市场，不断扩大体育消费人群，培育人们的消费潜力，扩大人们的体育消费，进一步带动经济的增长。开展品牌体育赛事，如嘉峪关国际铁人三项挑战赛、嘉峪关国际航空滑翔节、兰州国际马拉松赛、全国沙滩排球巡回赛（敦煌站）、兰州元旦万人环城赛、中国冶力关拔河公开赛、酒泉阿克塞赛马大会、玄奘之路戈壁挑战赛、甘南玛曲格萨尔赛马大会、华池全国钓鱼邀请赛、全国钓鱼大赛（高台站）、漳县全国天然攀岩锦标赛、中国·张掖汽车拉力赛刘家峡黄河龙舟拉力赛、庆阳的全国红色运动会等品牌体育赛事。积极开发具有丝路特色与文化底蕴的体育用品。扩大体育用品生产、批发、销售、服务市场的规模，招商引资一些体育知名大企业落户甘肃，自主创建和研发基于一定档次的体育用品。

要进一步的调整和优化现有体育产业结构，坚持体育产业向集约化、规模化和专业化并举的方向发展，以丝绸之路体育健身长廊为载体，以场馆建设和开放为基础，以全民健身服务业为主导，以体育彩票销售业为龙头，大力发展体育健身休闲，全力提升体育经营管理，积极开发体育消费市场，健康推进体育彩票业，深度开发好体育旅游市场，激活体育品牌赛事市场，开创体育用品市场，关注无形资产的开发，发展具有甘肃特色的体育产业。

② 文化创意设计。

依托甘肃省内高校资源，激发企业与民间设计高手的能力，借力外部资源，提升甘肃省制造的工业产品、特色农产品与文化创意产品的文化趣味与文化品位，赋予产品形象、产品内容与外观形态文化谐趣，将厚重的丝绸之路文化融入现代产品中。

立足特色文化与特色手工艺等，开发独具特色的既具有文化内涵和审美情趣，又适应现代产品需求与技术要求的创意性产品。

3. 加快机制改革，发挥市场对资源配置的决定性作用

文化领域的改革要步入主动式改革发展的路径，核心是建立健全现代文化市场体系。鼓励各类市场主体公平竞争、优胜劣汰，促进文化资源的有效、有序、充分流动；建立出资人专业化制度，改变阻碍转制后企业发展的事业化管理模式；逐步建立起现代公共服务型的行政管理模式，借助市场，整体推进，呈现出理论创新、制度创新和实践创新的新局面；转变政府职能，推动政府由“主管主办”向“管理服务”的职能转变。

（1）打造“一区一圈”文旅融合创新发展平台

加快建设华夏文明传承创新区。大力推进国家级创意文化产业园区建设，推动文创产业规模化、集约化、专业化发展。整合优势资源向优质景区、重大项目和文旅产业集聚区集中，将大景区打造成高文化品位、高服务质量、高商业价值的顶级文化旅游景区。支持炳灵寺世界文化遗产公园、张掖丹霞、官鹅沟、甘南扎尕那、兰州黄河风情线等景区创建国家5A级景区。支持发展文化旅游演艺，实现重点旅游景区和热点旅游城市驻场演艺常态化。精心打造品牌主题旅游线路，力争在2～3年内把甘肃打造成世界级丝绸之路旅游目的地、中国户外体验大本营、西部自驾旅游黄金线。

打造大敦煌文化旅游经济圈。以敦煌市为核心，统筹周边区县资源，实施一批重大文化旅游项目，把敦煌建成丝绸之路国际文化旅游名城。争取国家批准建立“大敦煌国家文化旅游经济特区”，设立敦煌海关特殊监管区域，推进“酒泉—嘉峪关—张掖”文化旅游与生态文明示范建设，促进文化生态发展，保护文化形态多样性，打造国家级文旅产业集聚区和文旅融合创新示范区。

（2）加快完善文化管理体制

要按照政企分开、政事分开原则，推动文化“管办分离”“四管统一”。要牢固树立创新、协调、绿色、开放、共享的发展理念，以深入改革大景区管理体制机制为突破口，以旅游精品景区为核心，打破行政区划，整合多头管理的部门职能，整合开发利用文化旅游资源，实现“文化

+旅游”的深度融合发展，走出能极大释放甘肃文化资源富集潜力的创新之路。要按照政企分开、政事分开的原则转变政府职能，推动政府部门由办文化向管文化转变。在加快转变文化行政部门职能方面，进一步简政放权，减少审批程序，释放审批权限，发挥市场在资源配置中的决定性作用，省属各文化企业加快去行政化步伐，加大简政放权力度。在健全坚持正确舆论导向的体制机制方面，完善互联网管理领导体制和工作联动机制，全面完成文化市场综合执法改革和综合文化行政责任主体组建工作，完善信息发布制度等。在改革大景区管理体制机制方面，贯彻落实《关于促进旅游业改革发展的意见》。从强化管理职能、推进简政放权、实施资本化运作、发挥市场作用四个方面理顺景区管理体制，以旅游精品景区为核心，打破行政区划，整合多头管理的部门职能，整合开发利用文化旅游资源，按照所有权、管理权和经营权分离原则，组建文化旅游景区国有资产管理机构和混合所有制的景区经营公司，鼓励社会资本和民营企业参与景区经营。

（3）建立文化发展示范平台与试点机制

① 依托敦煌历史文化名城，建立国际文化自由贸易区。

积极申请设立敦煌国际文化自由贸易区（保税区）。构建国际文化版权贸易、文化会展贸易、文化金融资本贸易、文化贸易公共服务等支撑平台，为国内外文化企业特别是丝绸之路沿线国家和地区提供文化商品出口加工、国际贸易与保税仓储等服务，再现敦煌中西方文化以及文化商品自由贸易集散的盛景。充分利用中外互办文化年，在国外举办中国文化节、艺术周等国际文化活动，以及在敦煌举办艺术品交易会、文化旅游商品交易会和国际文化产业大会等贸易活动，建立全球文化贸易网络，拓展文化贸易营销渠道，推动敦煌文化企业和产品走向世界。

积极谋求敦煌国际历史文化名城在文化旅游方面拥有更多的、更加灵活的政策安排。探索建立敦煌一地（包括瓜州、嘉峪关）旅游免签或落地签的可行性。进一步下放项目与土地审批权，对项目和土地实行统一征收、统一整理、统一储备、统一供应和统一管理。试验文化旅游的特殊政策，主要包括大型免税购物、体育彩票、沙漠戈壁旅游、低空开放、离岸金融等。

② 依托兰州都市圈文化产业区，建立文化产业经济开发区。

重点发展文化创意产业，大力发展影视制作、文化旅游、出版、发行、印刷、广告、演艺、会展、数字内容和动漫等文化产业，形成以中心城市为依托，以教育科技人才为支撑，以改革创新为动力，以产业发展为突破口的高层次文化产业圈。

全面推行文化产业引资发展负面清单制度，对于未进入负面清单的产业文化形式，一律开放。综合运用土地政策，保障文化企业用地需求。依托甘肃文化产权交易中心平台，推动文化产权的合理流通。建立兰州市文化产权保护机构，专职服务区域内文化企业产权保护。建立兰州市文化产业发展基金，专项扶持文化企业发展，撬动社会资本参与文化产业发展。建立兰州市文化产业发展信息发布平台，推动投资信息与产品信息的沟通。比照经济开发区的优惠税收政策，全面减免文化企业税负。推进文化企业“费改税”，取消政府收费。建立文化企业市场退出机制，要通过设备折旧补贴、设备贷款担保、迁移补贴、土地置换等手段，促进经营不善的文化产业跨区域转移或关闭。

建立文化产品知识产权政府援助中心，为甘肃生产的文化产品提供知识产权的政府担保与政府救济机制，保护、促进文化产品的本地生产，吸引其他地区文化产品的生产流向甘肃。

③ 依托陇东南文化历史区，完善推广民俗文化集市。

陇东南文化历史区着重围绕始祖文化、大地湾文化、先秦文化、道教文化、农耕和民俗文化、红色文化等，重点发展文化旅游、文化创意、民俗农耕文化展示、红色旅游、演艺会展、工艺美术制造等产业，形成以天水为中心，以伏羲文化为重点，以再现农耕和民俗文化为手段，以文化旅游为载体，以文化产业为支撑的保护传承和创新发展体系。打造全球华人祭祖圣地天水、生态陇南、养生平凉、民俗庆阳以及红色南梁、周祖圣地、岐黄故里等特色文化品牌。

陇东南地区民俗文化底蕴深厚，民间特别是乡间文化活动、文化产品丰富，民间文化贸易兴盛，通渭的书法、成县的绘画、天水的古玩、陇西的剪纸、庆阳的香包与刺绣、秦安的草编，以及传统的印染，无不是具有浓郁乡土特色并已然成熟并为群众喜闻乐道的文化产品，应当借鉴创新促进农业发展的政策手段和组织形式，推动民间文化产品的生产与贸易。通过典型示范、重点培育，提供资金、场地支持等手段支持乡村集市发展。借鉴支持发展养殖专业户、专业村的手段，支持乡村文化专业户、专业村发展，命名、宣传一批乡村文化产业示范村。鼓励、支持乡村文化合作社，通过“村民+合作社”或“村民+企业”的方式，实现乡村文化产品的集合发展。推广“陇原巧手联盟”的成功经验，借助乡村妇女组织等平台，组织乡村妇女参与特色民俗文化产品生产。用政府贴息、担保等方式，为乡村文化生产者提供贷款支持。

（4）深入推进经济体制改革

全面贯彻落实党的十八届三中全会精神，深入实施甘肃文化体制改革专项方案，以全面深化改革破除制约人文交流合作的体制机制障碍。政府进一步减政放权，减少审批程序，释放审批权限，发挥市场在资源配置中的决定性作用，该交给市场的就交给市场。加快文化宏观管理体制改革，按照政企分开、政事分开的原则转变政府职能，推动政府部门由办活动向管理活动转变。

按照甘肃省第十二次党代会明确提出的未来五年非公经济占国民经济的比重将提高到50%以上的要求，创造有利于发展的体制机制环境，加快推进非公文化经济体快速发展。对凡是国家没有禁止私人资本、国外资本进入的文化、旅游、服务、商贸等领域，一律鼓励他们投资发展。重点是积极吸引社会资本参与国有文化企业的公司制、股份制改造，加快发展混合所有制经济。鼓励有实力的国外公司来甘肃投资文化旅游产业，逐步扩大外资在甘肃投资旅游公司、景区等建设中的比重。研究出台扶持中小文化企业的扶持政策。

（5）推进内部管理体制改革

加强对旅游资源的管理，理顺管理关系，以大景区建设为龙头，切实解决旅游景区和资源条块分割、多头管理的问题，建立健全文化资源保护开发利用的统筹协调推进机制。打破部门行政分割，建立省级人文交流部门联席会议机制。完善公共文化服务投入保障机制，以乡村舞台建设为抓手，统筹规划和建设基层公共文化服务设施，鼓励社会力量、社会资本参与公共文化服务体系建设，推动公共文化服务社会化。为切实推进敦煌国际文化旅游名城建设，进一步理顺敦煌的行政管理体制，促进敦煌承载丝绸之路（敦煌）国际文化博览会等高规格活动和项目创造条件。

（6）改进产业统计工作

研究出台及时、准确反映文化产业发展真实情况的文化产业统计工作制度，努力做到省、市、县都有专门的机构，有专人负责。要结合文化产业规模小、业态类型多、融合化存在形式比较普遍的特点，研究出台，加强文化产业统计工作，防止漏统、误统等问题。对于像古玩城、字画城、工艺品交易市场等由分散个体集聚化形成的交易场所，可探索以整个交易场所或商品协会为单位，统一报送统计数据。在统计监测中，在选择文化企业时，要考虑文化企业的特点，适当降低资产、收入门槛，扩大覆盖面，争取能够较为全面地反映文化和旅游产业发展情况。

（7）推动对外文化贸易机制改革

紧扣丝绸之路经济带建设总体战略部署，建立面向西亚、中亚以及中东欧的文化对外贸易格局。争取在丝绸之路沿线国家建立与甘肃在文化交流人员来往方面的相互认证、相互免签证或一次签证多次有效的合作机制，为密切文化交流合作创造条件。鼓励双方的旅行社、旅游公司、文化企业到对方国家地区投资开办文化旅游公司，加强双方之间的文化旅游互动。支持和鼓励甘肃文化企业组团到丝绸之路沿线国家开办文化贸易公司，参加文化贸易博览会、展销会，推动甘肃文化产品尽快走出去。

4. 强化支撑保障，营造良好的发展环境

（1）加强国际化人才队伍建设

建立健全人才培养培训机制，加大文化人才队伍培训力度，完善有利于文化人才健康成长的体制机制，为丝绸之路经济带甘肃黄金段人文交流合作提供有力人才支撑。加大丝绸之路沿线各国留学生培养力度，储备一批“文化使者”。通过高等教育、职业教育和岗位技术培训，加大本土翻译、国际贸易、旅游管理、外语、国际金融等国际交流人才培养力度，在省内各高校开设相关专业，培养一批专业性的基础人才队伍。实施高端国际化人才引进工程，着力培养和引进一批具有战略思维和国际视野、熟悉国内外文化市场、善经营懂管理、开拓创新能力强的优秀企业家、高端创意人才、经营人才、管理人才和资本运作人才。健全文化交流人才选拔评价机制、激励机制，完善人才顺畅流动机制，让人人都有成长成才、脱颖而出的通道和机会。

（2）利用好平台政策

充分发挥华夏文明传承创新区的国家级战略平台优势，做好与国家各相关部委的衔接，争取国家在丝绸之路经济带文化旅游交流合作战略布局

中，在项目、资金、政策方面向甘肃进一步倾斜。深入贯彻落实中央关于文化建设的一系列举措部署，研究制定甘肃省鼓励支持对外文化交流、文化贸易、产业融合、文化金融合作的政策意见。落实好中央关于文化建设的各项政策，加大对国际文化交流、文化产业发展、文化旅游融合等领域的政策扶持力度。给予外向型文化企业更多的土地、政策、税收、贴息、担保等方面的优惠和倾斜。在兰州新区综合保税区和武威保税物流中心发展文化产品出口加工、国际贸易、仓储物流、展示交易业务，积极推进敦煌申报综合保税区。

（3）完善税收政策

政府税收对文化产业投资的影响，主要是通过调整有关税种税率、税前抵扣、税收减免等措施影响纳税人的投资收益、投资成本，即净收益率，进而影响其生产和投资行为。一是调整投资总量。当政府对企业征收企业所得税、提高或降低企业所得税税率、扩大或缩小税基采取差别对待时，企业投资净收益率也随之发生变化，如果企业投资净收益率提高，将影响企业投资意愿和投资能力，企业可能增加投资。二是调整和优化投资结构。政府可以综合考虑投资地区、投资时间、投资规模、所属行业、投资项目所有权及经营权等因素，实行税收优惠政策或差别税率。通过对不同行业、地区的投资项目实行不同的税收政策，达到调整和优化投资结构的作用。

根据甘肃文化体制改革的现实特点和现行税收政策情况，应完善相关税收政策。确定税收政策的扶持重点和切入点。在文化改制的关键期，对转制企业给予减免企业所得税等政策有其积极的作用；与此同时，还应进一步提高政策的针对性，从文化企业的具体经营行为入手，制定税收优惠政策。如鼓励文化企业优秀作品创作，对取得重要奖项或产生较大社会效益的文化产品，其创作、制作及传播费用和成本予以税前加计扣除；进一步加大对原创性文化科技创新的税收优惠扶持的广度与力度，鼓励社会资本对于内容创意、科技研发的投资；鼓励文化企业拓宽融资渠道，对融资租赁企业支持文化发展签订的租赁合同，实行优惠税率。出台针对中小型文化企业的税收优惠政策，在融资方面给予中小型文化企业所得税抵扣、减免等优惠，减轻其融资负担。

建立文化领域税收扶持的长效机制。将文化产品和服务的生产与传播环节纳入增值税征收范围，彻底解决重复征税问题；研究、实施文化创作环节税收优惠税率政策，激发文化创作热情；落实科技类文化企业的税收优惠政策，制定、出台“文化产业支撑技术等领域”的具体范围，使符合条件的文化企业享受到高新技术企业 15% 的企业所得税税率。完善鼓励文化企业跨地区、跨行业、跨所有制兼并重组的税收激励政策。完善对非营利性文化艺术机构捐赠的财税激励政策。做好现阶段税收优惠政策与长期扶持政策的衔接，增强各项税收政策之间的协调性和联系性，避免简单延长现有税收优惠政策的做法，避免出现文化领域优惠政策的空白期。

（4）加强文化和旅游基础设施建设

加大道路交通、游乐设施、宾馆饭店等文化旅游基础设施建设力度，切实解决交通保障等方面的瓶颈问题。一是加快航空旅游交通建设。加快兰州、敦煌国际航空港建设，开通兰州至迪拜、第比利斯、阿拉木图、莫斯科、曼谷、东京、首尔等亚欧国际航线，开通敦煌至日本、韩国等地的国际航线。开通更多省内兰州、嘉峪关、张掖等机场连接国内主要城市的航线，以引客入甘奖励政策撬动包机市场，开通南京—嘉峪关、杭州—张掖、重庆—张掖等更多国内重点旅游城市至甘肃的旅游航线。加快现有机场扩容和陇南、平凉等地的机场建设。二是加快铁路旅游交通建设。加快兰州通往阿拉木图等中亚西亚地区国际列车的点对点连接和直达，开通兰州至中亚西亚铁路旅游线路。开通更多省内城市至国内重要城市之间的直达列车。开通西安经甘肃至乌鲁木齐的“铁路旅游驿站”，开通“丝绸之路号”文化旅游列车，新建往返于陇东—河西的城际铁轨，构建兰州与西安、银川、西宁、乌鲁木齐相连接的城际轨道交通体系。三是加快公路旅游交通建设。提升新亚欧大陆桥甘肃段通达能力，实现连云港至霍尔果斯全线高速化。加快建设省内及连接周边省区的高速公路，建设各城市通往景区的高等级公路，增加高速公路通往大景区的出口。建设河西五市连接西宁、格尔木的旅游环线，强化甘肃各市州与周边区域的公路旅游合作。开放旅游客运市场，鼓励旅游客运公司跨省、跨市设立分支机构，组建旅游客运集团。

（5）打造“一机一包”智慧旅游发展平台

加快推进“一部手机游甘肃”市场化运营，打造适应 5G 时代需要的市场运营端、游客体验端和政府管理端垂直细分平台，通过文旅产业要素和业态创新，实现“资源一网打尽、消费一键预定、诉求一体响应、旅游一路畅通”的目标。打造“一包如意走丝路”文创产品和旅游商品品牌，充分挖掘敦煌飞天、铜奔马、伏羲娃娃等IP原型，用好《读者》文化元素，搭建艺术产品设计、研发、营销、品牌塑造全产业链平台，着力将“如意甘肃”品牌形象从抽象解读具化为可传播、可消费、可便携分享的“如意系产品”，以IP品牌化推进甘肃文创产品和旅游商品开发产业化①。

（6）强化法制保障

市场经济发展需要法制保障。明规则、立诚信，是破除资源流动障碍，降低交易成本与风险预期，借以引入区域内外、国内国际各种资源与市场主体最根本的保障。作为经济欠发达、市场经济体系不完善、市场规则意识不深入的甘肃，对于缺乏发展路径、发展模式完全经验的新兴文化产业来说，法制建设更是根基保障。

法制建设的重点在于建立文化产业负面清单制，政府依法行政，借鉴经济特区经验提供一站式投资服务，提供全方位的知识产权保护服务。

在现有文化产业法律法规的基础上，构建文化产业发展的法制支持体系。推动有关部门制定和完善专利权、著作权等无形资产的评估、质押、登记、托管、流转和变现的管理办法。重新梳理地方性文化法规，使其系统化和统一化。对相互矛盾、条款不明确、缺乏操作性、违背有关国际规则的法规，应采用修改、废除等措施，使之规范化和统一化。完善文化市场管理法规，规制经营主体的市场行为，打击盗版侵权、虚假广告、强迫交易等非法经营活动。放宽文化产业投资的法律准入，明确民间和外来投资的法律地位、退出机制、权益保护等问题，坚持谁投资、谁受益、谁承担风险的原则，以立法形式打破文化资源的不合理垄断。通过制定各种法律、法规和条例对文化产业投资进行指导和管理，使投资者所面对的政策风险降到最低。鼓励社会各方面投资文化产业和保护、开发、利用文化资源，制定各种鼓励性政策，促进企业和个人参与国内外的文化产业交流，开拓国际文化代理和中介服务，增强文化产业的核心竞争力。

5. 加强交流互鉴，推动对外开放互通

立足甘肃连接欧亚大陆桥的战略通道和丝绸之路的咽喉要道优势，发

① 新时代甘肃融入“一带一路”建设打造文化制高点实施方案（甘政办发〔2019〕106号）［EB/OL］. http：//www. gansu. gov. cn/art/2019/12/5. 2019－11－27.

挥甘肃在“一带一路”上文化交流、促进民心相通的独特作用，推动甘肃的对外开放互通。

（1）进一步发扬开放包容的文化气度

“一带一路”倡议弘扬丝绸之路精神：和平合作、开放包容、互学互鉴、互利共赢。甘肃是古代中西方文明交流的重要通道，是丝绸之路多元文化汇集展示的大观园，是丝绸之路多元文化和谐共处、融合发展的地区。甘肃文化里面既有中华民族文化的血脉，又有西域诸多国家的文化元素，形成了你中有我、我中有你、各美其美、美美与共的文化融合发展底色。以敦煌国际博览会等为重要交流平台的华夏文明传承创新区，依托甘肃独特的文化气质与底色，秉持开放包容的文化气度，为文化交流、民心相通提供了条件。应进一步增强互承互通的交流基础，以丝绸之路文化为天然纽带，不断挖掘并发扬光大，使大家都能找到相互之间的文化记忆，甚至物向的文化符号。

应进一步构建点、线、面相结合的发展路径。重点抓牢、线路串联、面域推广，是甘肃对外文化和旅游交流的路径。立足敦煌品牌，做好敦煌品牌，用足敦煌品牌，是甘肃加强文化和旅游开放交流的主要着力点。策划举办丝绸之路（敦煌）国际文化博览会，打造丝绸之路沿线国家文化交流合作战略平台，全面推进敦煌国际文化旅游名城建设，创建国家级文化产业示范园区、国家级旅游综合改革试验区、国家级文化生态保护实验区、国家级生态文明建设示范区。积极参与“丝绸之路影视桥工程”“丝路书香工程”建设，举办敦煌行·丝绸之路国际旅游节，成立丝绸之路旅游推广联盟，构建丝路沿线国家、地区的线路串接。通过《敦煌艺术展》《丝路花雨》《敦煌韵》《甘肃风情展》文化精品项目的展演，东干族留学生项目，孔子学院和华文教育基地等的建设，中医药交流合作，以及多种形式的文化贸易交流，构建对外交流面域推广。文化主体加网络与实体两翼是开放发展的趋势，甘肃通过“云上陇原、智慧甘肃”的建设，积极探索线上的网络交易平台与线下的实体交易平台相融合。

应进一步深化民族特色的国际表达。文化的交流要把“传下来”与“走出去”相结合，做到文化内容能够说出来、易感知、易对话，走向国际。甘肃的文化发展，应该重视特色民族文化内容，但更应该重视这些文化内容中具有跨地区、跨国际交流基因的部分，以这些内容为素材打造具有国际交流性的文化产品，推动地区的文化内容顺利融入“一带一路”

倡议。

(2) 打造“一会一节”国际交流合作平台

将丝绸之路（敦煌）国际文化博览会打造成国家级丝绸之路文化交流对话、城市文明展示和文化旅游商品交易的战略性平台，真正发挥博览会在丝绸之路经济带甘肃黄金段的重大战略支撑作用。积极拓展服务“一带一路”建设空间，巩固东联、向西为主、深耕南向、促进北拓，加快推动甘肃文化旅游品牌走出去。充分发挥文博会、旅游节、药博会、公祭伏羲大典等国家级品牌节会平台优势，提升会展经济效益。持续办好“五凉文化”论坛、中华文化与“一带一路”论坛等文化传播交流平台，举办“一带一路”国际美食节、设计周、舞蹈周、电影节等具有国际影响力的大型展会赛事，吸引国内外“大会大展”入驻敦煌，不断深化与丝路沿线国家的文化旅游交流合作。

(3) 打造“一带一路”国际旅游枢纽站平台

打造国际协同的丝绸之路文化旅游带，把过境流量转化为落地消费流量。会同重庆、广西、贵州与东盟十国旅游企业积极推进“东盟丝路新使者文化旅游联盟”建设，打造多省联动的国内文旅合作圈。围绕提升“甘、青、宁”西部旅游大环线品质，打造联动新疆、青海、内蒙古的敦煌戈壁旅游圈；推动黄河流域生态保护和高质量发展，打造联动陕西的祭祖、红色、秦源、黄河文化旅游圈；围绕建设藏羌彝文化走廊，打造联动四川、青海的生态、藏域（唐蕃古道）、康养、自驾旅游圈，打造联动形成中国北部地区由甘入川、入藏的大旅游枢纽站。

(4) 完善丝绸之路经济带人文交流合作机制

在巩固与丝绸之路沿线国家的现有文化交流成果和平台的基础上，拓展已有文化交流渠道，创新交流方式，丰富文化交流内涵，提升文化交流层次。

① 拓展人文交流合作渠道。

广泛开展与上合组织、中阿论坛、世界旅游组织、联合国教科文组织等国际组织的战略合作，建立丝绸之路沿线国家文化交流对话机制。构筑多层次交流合作平台，依托现有的华夏文明传承创新区、陇东南中医药养生保健旅游创新区、敦煌国际文化旅游名城、丝绸之路（敦煌）国家文化博览会、敦煌行·丝绸之路国际旅游节等人文交流合作战略平台，抓好各项重大战略部署和项目的破题、落实，拓展平台建设的思路、范畴、内容，加大在人文交流领域内容的比重，提高国际化水平，促进与丝绸之路经济带建设的深度融合。拓宽多方交流合作路径，构筑人文交流新平台。开发特色文化交流合作产品。加大对包括电影、电视剧、舞台剧、动漫、游戏等特色丝绸之路文艺精品创作。研发特色文化旅游系列产品，包括丝路精品特色旅游线路、重大体育节庆赛事、特色文化旅游产品等。做大做强特色文化示范园区和基地。研发特色文化出版产品。

② 丰富人文交流合作内容。

在文化交流上，积极呼应和参与国家“丝绸之路文化之旅”“丝绸之路艺术节”等国家级文化艺术交流活动，策划在丝绸之路沿线国家举办“甘肃文化周”，联合策划举办“丝绸之路（敦煌）电影节”“丝绸之路（敦煌）音乐节”“丝绸之路（敦煌）当代艺术双年展”“丝绸之路（敦煌）现代舞蹈节”等国际性艺术展演活动。加强市场化运作，支持省内企业和文艺团体走出去，实施好国家级文化艺术精品剧目西进工程，积极打造新的文化交流品牌。组织国内当代艺术名家开展丝绸之路主题写生创作活动，扩大与丝绸之路沿线国家在美术领域的交流。加大对丝绸之路沿线国家在文物修复、艺术人才培训、文博设施建设等对外文化援助方面的力度。巩固丝绸之路跨国联合申遗成果，构建丝绸之路沿线国家丝绸之路遗产保护协作平台，推动文化遗产保护、数字化等领域的学术交流、技术合作。依托国家正在策划实施的丝绸之路影视桥、已举办两届的嘉峪关国际短片展等平台，构建丝绸之路影视合作平台，推进与丝绸之路沿线国家的影视交流与合作，策划系列纪录片走进丝绸之路沿线国家展映和播出。深入实施国家主导的丝路书香工程，构建丝绸之路出版合作平台，加强与丝绸之路沿线国家在出版领域的交流与合作，依托甘肃文化翻译中心，实施丝绸之路文化翻译工程。依托甘肃与丝绸之路沿线 16 个城市缔结的友好城市关系，构建友好城市人文交流合作平台。加强教育、科技、卫生、体育等领域的人文交流合作。扩大获政府奖学金的中亚西亚国家留学生规模和孔子学院招生名额。依托省内高校建设中亚西亚国家研究中心、阿拉伯语教育基地。申办中亚地区华文教育教师短期培训项目，申报中亚本土汉语教师培训基地。突出甘肃敦煌学、古丝绸之路和中亚西亚研究上的特色和优势，整合省内院校和研究机构力量，建立综合性研究基地，加强与沿线国家的院校和科研院所合作，深入开展国际研讨和学术交流。依托甘肃在汉语教育、沙漠治理、古遗址保护与壁画修复、畜牧技术等领域的科研和学科优势，推动特色优势学科交流合作。推动丝绸之路沿线各国共同开展重大科技联合攻关，促进各国之间开展技术合作和技术援助，建立若干个科技应用孵化器，推动科研成果转化。依托甘肃在中医药产业、中医药文化领域的独特优势，构建丝绸之路中医药文化交流合作平台，推动中医药文化交流和产业合作。与丝绸之路沿线国家联合开展中医药临床研究，合作成立岐黄中医学院，在乌克兰、吉尔吉斯斯坦等国合作成立中医药中心。继续办好兰州国际马拉松赛、张掖户外运动节、嘉峪关铁人三项赛等重大国际国内赛事，构建丝绸之路体验健身长廊，促进丝绸之路沿线国际体育交流，促进体育与旅游深度融合，培育壮大体育产业。

③ 创新人文交流合作方式。

构建政府、企业、社会团体、科研院校等多元化的文化交流合作模式。转变政府职能，由强势政府转变为服务型政府，为民间资本、行业协会参与丝绸之路经济带文化旅游交流合作创作条件。积极培育一批外向型文化企业，发挥市场在资源配置中的决定性作用，发挥企业主导作用，坚持市场化运作。鼓励民间人文交流合作，壮大民间交流合作力量，充分发挥文化产业协会、行会、论坛、联盟等民间组织和活动的作用，充分调动社会力量参与，整合多方资源，凝聚共识，形成合力。鼓励各科研院校广泛开展学术交流、学者互访等活动，推动科研成果转化的战略性合作。

(5) 丝绸之路文化遗产交流合作项目

以丝绸之路跨国联合申遗为契机，依托省内敦煌研究院等文化遗产保护单位的先进技术支撑，推动丝绸之路沿线国家文化遗产保护、数字化等领域的学术交流、技术合作，成立丝绸之路文化遗产保护联盟，定期举办丝绸之路沿线国家文化遗产保护圆桌会议。在丝绸之路沿线国家巡回举办“敦煌艺术展”，策划推出甘肃三大丝绸之路世界文化遗产（莫高窟、麦积山石窟、炳灵寺石窟）联展，在丝绸之路沿线国家巡回展出。

6. 强化融资保障，夯实发展基础

(1) 强化政府投资职责

要在财力允许的情况下不断加大公共文化投入的力度。各级政府要清晰划分事权与财权，形成可持续的财政保障机制。有效整合公共资源，发

挥财政投入的应有效力。

明确政府投资范围。政府投资应坚持“有所为，有所不为”的方针，重点内容包括：为全社会提供公共产品和服务的公益性文化事业，如图书馆、博物馆、科技馆、美术馆等；涉及国家文化和信息安全的文化事业，如党报、党刊、广播电台、电视台等；代表国家水准和具有民族特色的艺术院团。对于公益性文化事业，各级财政应保证经费投入。除了政府的直接投资以外，对于代表国家水准以及具有民族特色的文化产品与服务，应更多地通过政府采购的形式来实现。

加大政府投资力度。要建立强制性的供给机制，把城乡公共文化、广播电视、公益演出、文化精品工程、文化遗产保护、民族地区文化建设的财政支出职责更具体地纳入法律法规的细则之中，各级人大要明确公共财政对公益性文化事业投入的法定职责，规定上述公益性文化事业投入占本级财政的比例，或规定公益性文化事业超前经济增长的幅度，从而确立财政文化投入的保障线，通过法律手段防止各级政府财政出资职责缺位、转移与推卸。

合理界定事权与支出责任。对各级政府文化和旅游支出责任与财政能力进行全面、系统优化调整。按照受益范围、成本效率、基层减负的原则，合理界定省、市、县三级政府的事权和支出责任，尽可能对各级政府的支出责任加以明确划分。在难以明确划分并且需要不同层级政府共同承担支出责任的领域，要明确责任，减少交叉和重叠。要通过调整不同层级政府的文化和旅游事权划分，有效地降低基层政府的筹资负担。应提高省级政府在公益性文化和旅游事业的支出比重，实施“省管县”的财政体制，由省政府直接承担落后市、县公共文化和旅游的投资职责，并不再要求市、县配套资金。实行财政绩效激励政策，设定中央和省级财政转移支付的激励与惩罚标准，对挪用下拨资金、不能按时达标、搞政绩工程的，停拨或减少转移支付数额，反之则增加资金投放力度。

整合公共文化和旅游发展投入机制。要把名目繁多的专项转移支付资金进行归类合并，形成高度集中统一的转移支付制度；要建立起统一的地方文化和旅游专项资金，专项资金来源于各类预算外收入、部分土地收益、部分国有资产收入、国家转移支付收入、地方债券收入等。专项资金通过项目补助、贷款贴息、以奖代补等方式支持重大文化和旅游项目。要通过体制创新促进公共文化和旅游资源的优化配置，在资源整合中拓展投融资来源。成立各类文化和旅游国有事业资产经营公司或投资公司，把分散的国有资产纳入公司进行重组，吸纳外部战略投资者，发展有规模、有效益、有竞争力的大型经营实体或产业集团。通过龙头企业对上下游企业进行兼并和重组，形成完整的产业链。打破市与县（区）界限，打破行政界限，统一规划布局，形成以点成线、以点带面的文化和旅游发展格局。

（2）促进文化建设项目投融资体制创新

按照文化和旅游建设各类投资项目的不同特性，分别实施不同的投融资体制。

对非经营性项目，重点是建立财政性投入、公益性基金和社会捐助相结合的投融资体制。通过增加国家和地方各级政府预算内资金，加强文化和旅游建设专项资金投入，设立文化和旅游产业发展基金等方法，加大财政的直接投入；通过发行文化和旅游产业彩票、福利彩票等方式，加大对公共文化和旅游服务体系建设的投入，努力拓展间接性财政资金渠道。运用减税免税等措施，鼓励国内企业、单位、个人和国外民间机构采取捐助方式，积极参与非经营性文化和旅游项目的投资建设，满足非经营性项目对建设资金的需求。

对准经营性项目，重点是建立政府财政性投资和政策性投融资相融合的新型投融资体制。政府应采取直接投入财政性资金的方式对相关建设项目进行补助、贷款贴息，设立政府性的投资担保公司对相关项目提供担保等降低项目融资成本和运营成本的措施，还应设立政府文化和旅游发展专项建设资金，以及政府文化和旅游产业投融资平台，争取国家政策性金融机构贷款。地方性文化和旅游发展专项资金应专款专用，重点用于支持准经营性领域的相关项目投资补助、贷款贴息、建设和运营成本补偿、贷款偿还等需要。

对纯经营性项目，重点构建适应当前金融市场发展需求的完善的市场化投融资体制。除传统的银行信贷融资模式外，还要积极引进国内外大企业、大集团等战略投资者，扩大民间和社会资本参与，大力发展企业债券、短期融资债、中期票据，企业股份制改组上市发行股票融资，设立创业投资基金、私募股权投资基金、产业投资基金等新型投融资模式和投融资运行机制，促进文化和旅游企业投融资体制由目前过于依赖银行间接融资的传统模式逐步向直接和间接融资相结合的模式转换。

（3）发挥政策导向作用

充分运用政策的激励机制，有效引导社会资金进入，调动文化和旅游投资者的积极性，降低投融资成本，规避投融资风险，提高投融资效益。

创新财政投入方式。对处于初创期的文化和旅游企业，因其筹集资金难度较大，经营风险较大，宜采用无偿资助、创业引导、风险补助等方式加以扶持；对处于成长期的文化和旅游企业，由于需要扩大生产规模，资金需求量较大，应采用贷款贴息、信用担保或资本金投入方式；对处于成熟期的企业，可采用有偿使用、贷款贴息或资本金投入方式；对创业投资企业、创业投资管理企业、具有投资功能的文化和旅游中小企业服务机构等，可采用创业引导等投入方式。在文化和旅游产业领域，要充分发挥财政补助与贴息资金的导向和带动作用。

健全担保服务体系。建立商业性担保为主、政策性与互助性担保为辅的中小企业融资担保体系。地方政府可以向商业性担保机构出资作为引导资金，但机构的运营管理必须按照商业化的模式来运作。适应文化和旅游等产业融资发展需要，通过财政出资、政策支持等方式提高相关担保机构的抗风险能力。省级政府每年从财政预算中安排一定比例资金，对政策性担保机构因赔付造成的担保资金损失，按担保额一定比例实行补偿。支持民间资本发起设立融资性担保公司。支持各类担保机构采用购并联合、引进嫁接等形式，做大做强，向集团化发展。探索建立新区的中小企业再担保体系。

创立产业投资基金。在借鉴发达国家和其他省市产业投资基金成功经验的基础上，由政府部门牵头或出资，吸收更多社会资金的参与，设立文化和旅游产业投资基金。文化和旅游产业投资基金的设立，可以采取省、市政府财政与国有文化和旅游企业共同出资方式，也可以采取国有传媒、出版企业与国家开发银行、民间资本共同出资方式。省综合性文化和旅游产业基金应按照母基金模式运作，即在母基金后，再利用自身信用、资金、行业等优势向出资人募集资金，形成子基金。委派专业人士管理不同类型的子基金，母基金不参与、不干涉基金管理人的投资决策与日常管理，从而充分发挥投资基金的引导作用。

（4）完善投融资服务体系

健全文化和旅游产业法律体系，规范发展各类中介服务机构，培育知识产权交易市场，建立科学的信用评级制度，建设文化和旅游投融资信息平台。

培育文化艺术产权交易所。按照国家规范文化产权交易所发展的有关要求，加快甘肃文化艺术产权交易所的建设。推动国有文化产权进场交易。省市属国有企业文化产权（资产）转让或租赁，行政事业单位文化产权（资产）和市政公共文化资源的有偿转让或租赁，应通过文交所进行交易。鼓励民营文化产权进场交易，充分发掘文化创意的市场价值，衔接创意制作、内容运营、衍生产品开发等环节，促进文化创意的深度开发和品牌塑造，放大文化产品的收益率和知名度，为甘肃各类文化企业和金融资本之间架设起沟通与合作的桥梁。建立文化产权交易的履约监督制度。通过设立履约担保金、交易者交易负责制等制度，尽可能减少交易者履约监督成本及经济利益损失后的索赔成本。

发展文化和旅游投融资中介机构。要在全面、准确把握文化和旅游市场现状的基础上，在一些较为成熟的市场领域培育经纪、代理、评估、鉴定、推介、咨询、拍卖等文化和旅游中介组织。成立具有权威性的文化艺术品评估鉴定机构，并与融资担保中介机构合作，建立“评估—质押”融资体系。文化和旅游中介机构应建立并完善现代企业制度，引进各种资本形式。组建文化和旅游产业协会，发挥行业协会作为文化和旅游产业企业与政府管理部门之间的桥梁和纽带作用。

建立科学的信用评级制度。应制定符合实际的统一的信用评估标准和规范，切实解决多家银行对一家企业重复评信，一家企业拥有不同的信用等级，评价标准不同等的问题。培育信用评估产品的市场需求，提高文化和旅游中小企业的评级意识。监管部门应更多地利用评级结果，增加信用评级业的强制性需求。以政府立法、行业组织立规来引导全社会对信用评估产品的需求。政府应将信用评级作为强制性措施和硬约束，把对中小企业信用评级的结果与其获得信贷资金、企业信誉及经营业绩结合起来，成为对其考核、监管的一项指标。

建设文化和旅游投融资信息平台。建立多部门信息沟通机制，搭建文化和旅游产业投融资服务平台。由政府牵头协调，加强部门之间、部门与企业之间的协作与配合，及时通报经济运行情况和今后一段时间文化和旅游发展思路、重点和方向，定期介绍当地文化和旅游发展规划和重点项目，帮助金融机构做好项目储备、开发和筛选，引导信贷资金投向，培育新的信贷增长点。建立由地方发展和改革委、财政、银行参加的政策协调联席会议制度，加强政策沟通，明确财政、金融的支持重点。建立文化和旅游企业投融资优质项目数据库，通过组织论坛、研讨会、洽谈会等形式，加强文化和旅游项目和金融产品的宣传、推介，促进政、企、银合作，对纳入数据库并获得宣传文化和旅游部门推荐的优质项目，金融机构应重点支持。建立银行间的协调协作机制，充分把握地方政府融资平台跨银行的资金流向，实现对政府融资平台授信额度的控制，避免多头授信和过度融资的问题。